知の社会学の可能性

栗原　　亘
関水　徹平
大黒屋貴稔

編著

学文社

目　次

第二部　知の社会学の展開

目　次

はじめに——本論集の成り立ちと各章の概要

栗原　亘・関水　徹平・大黒屋　貴稔

一　アルフレッド・シュッツと知の社会学

人は世界を経験している。経験とは世界のあらゆる出来事が現れる場であり、経験という場において、モノの領域（自然）とヒトの領域（社会）、自己と他者、男と女、哺乳類と魚類、ゴールデンレトリバーと柴犬、善と偽善等、様々な類型化が学ばれる。これらの類型の総体こそが、知に他ならない。

アルフレッド・シュッツ（Alfred Schutz）は「知」をこのように、生きられる現実を構成する根源的なものと位置づけた。彼は「知」にアプローチすることで、人間の経験のありよう、とりわけ社会を経験するありよう（社会的現実）を解明しようとした。

二　本論集の成り立ち

このアルフレッド・シュッツに深い関心を寄せ、その理論研究を通じて社会的現実の解明を試みてきた社会学者が、那須壽である。本論集は、那須教授の早稲田大学退職を契機として、かつて教授の下で学問研究の手ほどきを受け、共にシュッツの知の理論を学んだ教え子を中心として、知の社会学の可能性を問うものとして編まれた。

もとより、本論集に論稿を寄せた、那須教授を含む一五名は、それぞれが固有の研究テーマに基づいて研究を展開しているが、今回の論集では、広い意味での知に関連する論稿を執筆し、シュッツの知の社会理論、そしてまたシュッツ理論にとどまらない知をめぐる社会学の可能性を示すことを試みた。

三　各章の概要

以下、各章の概要を紹介しよう。本論集は四部構成である。

第一部「知の社会学の基礎」には、シュッツ理論ないし現象学的社会学の視角から知と社会の関係を理論的に考究した論文が収められている。

まず第一章の「知の社会学と現象学的社会理論」では、河野憲一が、知識社会学の成立期から現代に至る展開を、学説史的な視点から概観し、そのなかで現象学的社会理論を基礎にした「知の社会学」がいかなる位置にあり、どのような射程を有するものであるのかについて明示しようと試みている。

第二章の「時間の社会的構成——時間意識から社会的時間へ」においては、飯田卓が、シュッツがその方向性を示しつつも明確には論じてはこなかった、「社会的現在」を中心とする「社会的時間」の構成という問題について論究している。そうすることを通して飯田は、「現実の社会的構成」の在り方を問うという、「知の社会学」にとっての最重要課題と言える主題に対し、「時間」という観点から論じるための方途を示そうとしている。

第三章「予想外のことを予想する?——知職の一部としての好奇心」で、ヤン・シュトラースハイムが掲げるテーマは、知識と好奇心との関係である。好奇心は、知識の構成にとって不可欠な要素の一つであると同時に、時に知識の安定性を脅かす要因にもなる。こうしたことからも明らかなように、知識と好奇心との間には、分かち難くも複雑な相互関係が存在する。この点は、これまで、指摘されることはあっても丁寧に論じられることは稀であった。シュトラースハイムは、このミッシングピースを埋めることによって、知の社会学の基礎理論への貢献を果たそうとしている。

第二部「知の社会学の展開」には、シュッツ理論を踏まえたうえでの知の社会学の応用的展開や、シュッツとは異なる視角から知を問う三篇の論稿が収められている。

まず、第四章「曖昧さの論理と生活世界の社会学への問いかけ――アルフレッド・シュッツとチャールズ・サンダース・パース」においては、デニサ・ブトゥナルが、シュッツの現象学的な議論をチャールズ・サンダース・パース（Charles Sanders Peirce）のプラグマティシズム的な議論と関連付けることで、彼女が「曖昧さの論理」と呼ぶ概念に関する理論の構築を試みている。そうすることでブトゥナルは、知の間主観的な次元を踏まえた、より精緻な知の理論の枠組みを提示することを目指している。

第五章「分化したものと未分化なもの――ゲオルク・ジンメル（Georg Simmel）の形式社会学について」では、芦川晋が、ゲオルク・ジンメルの主要な社会学的著作である『社会分化論』『社会学』『社会学の根本問題』の相互関係を改めて問い直すことで、ジンメルの形式社会学の意義を再提示しようと試みている。

第六章「専門知への理論的アプローチ――ハリー・コリンズの専門知論と知識の集合的次元への視座」では、栗原亘が、科学知識社会学者のハリー・コリンズ（Harry Collins）の議論を参照しつつ、知識の集合的な次元としての専門知という観点を提示している。栗原によれば、この知識の集合的次元に関する問いをさらに探究していくことこそが、知の社会学のさらなる展開・応用を考えるうえで不可欠な課題の一つとなる。

第三部には、「日常知の社会学」として、現代社会における日常知のあり方を具体的な事例をもとに考察した三つの論稿を集めた。

まず第七章は、草柳千早による「可能性の場としての共在＝身体の相互作用――知識の受け継ぎ、謡の稽古を手がかりに」である。本章において草柳は、謡の稽古という場面における自分自身の経験を取り上げ、それをシュッツとアーヴィング・ゴフマン（Erving Goffman）の議論を手がかりにして見つめ直すことで、「知の受け継ぎ」の在り方について考察している。そうするなかで草柳は、今日ますます失われつつある、対面的状況に根差した知の継承の在り方の豊穣さを描きだしていく。

第八章「『回復の語り』との決別の困難をどうとらえるか――『生活の発見会』に関する社会学的研究の課題」では、櫻井龍彦が、生活の発見会という神経症者の自助グループを主題として取り上げ、「語り」という形で表明され、共有される知の在り方を問うとともに、その語りを研究するうえでの課題に関する検討をおこなっている。

第九章「無知の技法――U理論を枠組とした映画『アナと雪の女王』分析」では、矢部謙太郎が、個人と組織のイノベーションのための理論であるU理論を取り上げている。矢部は、U理論がわれわれの日常知と密接に結びついたものであるということを、映画「アナと雪の女王」というシンプルで、一般の人々にとっても親しみやすい素材を実際に分析することを通して示そうとしている。

第四部のテーマは、学知の社会学、とりわけ社会学知についての社会学である。第十章では、社会学知の「伝達」の側面（教育）が取り扱われ、第十一章から第十三章では、社会学知の「生成」の側面（研究）が取り扱われている。

まず第十章の木村正人による論文「氾濫する『〇〇力』の教育と大学の意義――社会学教員の認識を手がかりに」

は、二〇〇九年に那須壽を研究代表としておこなわれた調査の結果を再分析したものである。ここにおいて木村は、日本社会学会会員を対象としておこなった質問紙調査の結果をもとに、日本の社会学教員が何を高等教育の意義として認識しているかについて分析している。

第十一章は、大黒屋貴稔・鳥越信吾による「社会学総合誌にみる日本の理論・学説研究の歴史的動向（一九六四年から二〇一三年まで）」である。本章において、大黒屋と鳥越は『社会学評論』と『ソシオロジ』の掲載論文を対象に、日本社会学における理論・学説研究の戦後五〇年間の動向を実証的に検討し、一定の量的・質的な変遷がそこには見いだされるとしている。

第十二章は、柿沼涼平による「戦後日本の社会学における知の変容――社会学関連辞典を手がかりに」である。本章において柿沼は、社会学辞典を、それが編まれた時代の社会学者たちのレリヴァンスを反映したものであると捉え、その記述を読み解くことで、社会学知の変遷を捉えようとしている。

第十三章「ライフストーリー研究と複数の事実性――学知と日常知を問い直す方法論としての可能性」においては、関水徹平が、社会学の方法論の一つであるライフストーリー研究を取り上げる。関水は、特に桜井厚が提唱したライフストーリー研究法（対話的構築主義）を、桜井の依拠するシュッツの理論にさかのぼって検討し、学知と日常知を問い直すための手法としてのライフストーリー研究の在り方を問い直している。

そして、終章には、那須壽による「A・シュッツと知の社会学――知の社会学の新たな展開のために」が置かれている。那須は、シュッツが終生関心を抱き続けたレリヴァンス概念に導かれて、カール・マンハイム（Karl Mannheim）の知識社会学を批判的に検討し、さらにフリードリヒ・フォン・ハイエク（Friedrich von Hayek）とシュッツの知の捉え方の決定的な違いへと論を進める。レリヴァンス概念に基づく知の社会学の理論的立場を明示する論稿である。

以上が本論集の概要である。①シュッツ理論に関する論稿、②シュッツ以外の知の社会学理論に関する論稿、③日常知の在り方をめぐる論稿、④戦後日本社会学を中心とした学知の在り方をめぐる論稿と、知の社会学の可能性を広く問うものとなっている。本書が、シュッツの理論や知の社会学に関心を持つ方々の手に届き、知の社会学をめぐる議論や研究の活性化にいささかなりとも寄与することができれば幸いである。

第一部
知の社会学の基礎

第一章　知の社会学と現象学的社会理論

河野　憲一

一　「知の社会学」の含意

　およそいかなる「知」も、それ自体で「何ものかについての知」である。(1)「知」あるいは「知識」をめぐる社会学的研究に真摯に取り組む場合には、およそ必然的に直面する或る「問い」がある。その問いとは、「知とは何か」あるいは「知識とは何か」という問いである。十分に意義がある知識社会学的研究を展開しようとするならば、「知とは何か」あるいは「知識とは何か」という問いについて、少なくとも何らかのかたちで考察しておくことが必要であり、翻って、知識社会学的研究を進めた結果、「知とは何か」あるいは「知識とは何か」をめぐる何らかの新たな知見や洞察を得ることができないならば、その知識社会学的研究は成功裡に進んでいるとはいえないだろう。

　「いかなる知も、何ものかについての知である」という冒頭の命題は、現象学における「知の地平構造」をめぐる知見（第三節で後述）に深く関係する命題である。「知の社会学」と掲げて社会学的研究を進めるなかでは、繰り返しこの命題に立ち戻りつつ、自らが自明視している「知」あるいは「知識」の「地平」を問い直すことが欠かせない。

　「知識社会学」という言葉を目にしたとき、社会学に携わる研究者であれば、あるいは一定の程度以上社会学に親しんだ経験のある者であれば、これを疑問の余地なく「知識―社会学」(sociology of knowledge, Wissenssoziologie)とみなすに違いない。他方で、これまで社会学とはさほど縁がなく、「知識社会学」という言葉をほとんど初めて見る人びとのなかには、これを「知識社会―学」とみなす人もいるかもしれない。「知識社会―学」とみなされるこの場合には、たとえば消費社会や情報社会を対象とする、社会学以外の学問的アプローチを含む研究一般が消費社会論や情報社会論と呼ばれるように、「知識社会学」(「知識社会―学」)は「知識社会」を対象とする、社会学に限定されない何らかの研究だと想像されているとみてよいだろう。

「知識社会学」という言葉は、この言葉を目にする人がそれまで社会学に親しんできた度合いに応じて、「知識―社会学」とも「知識社会―学」ともみなされる可能性がある。これに対して、本書のタイトル(『知の社会学の可能性』)に含まれている「知の社会学」という言葉を使用する場合には、この言葉自体に対して解釈が異なることはおそらくない。「知の社会学」とは、「知」を研究対象とする「社会学的研究」である。

しかしながら、「知の社会学」という言葉を使用することによって、社会学の一領域としての「知識社会学」を熟知している社会学者から、また別の種類の問いが投げかけられることが予想される。その問いとは、従来の「知識社会学」と「知の社会学」とは、どのような関係にあるのか、という問いである。これらは、たんに呼称(あるいは訳語)が異なるにすぎないほぼ同一の研究領域とみてよいのか、あるいはまったく異なる研究領域として想定されているのか。

そして、「知の社会学」という言葉を掲げて真摯に研究を進める場合には、前述の知識社会学的研究一般が進められるケース以上に、そこで主題となっている「知」とはいったい何なのかという「難題」に根本的に取り組む必要性が高くなる。次節で述べるように、社会学の一領域としての知識社会学の歴史的展開の過程においては、「知識論」は排除されていく傾向にあった。だが、敢えて「知の社会学」という呼称を採用して「知」という主題に光を当てる以上、知識社会学の歴史も踏まえたうえで、「知とは何か」を問い直す契機が生まれるのである。

本章では、次節で、本書のタイトルに含まれている「知の社会学」が、従来の「知識社会学」といかなる関係にあるのかを示すために、それに必要な限りで知識社会学の歴史を確認する。そのうえで第三節では、「およそいかなる〈知〉も、それ自体で〈何ものかについての知〉である」という冒頭の命題を導きの糸とし、「知の社会学」を十分に意義のある研究として展開するためには、理論的研究であれ実証的研究であれ、現象学および現象学的社会理論を基礎に据えて研究すべきだといえる根拠について明らかにする。

二　知識社会学と知の社会学

知識社会学においては、社会学の一領域としての確立期以降、それと認識論（知識論）との関係の明確化が、その課題のひとつであった。徳永恂は、知識社会学とは、「広義の知識（認識、思想、意識、知的所産、文化的上部構造）と社会的存在との相互関係を究明する社会学の一分野」（徳永　1976a：1）だと定義する。そして、認識論と論理学を支柱とする知識論が「知識というものを、それ自身で独立した思考過程として承認し、純粋に内在的にそれを研究」するのに対して、知識社会学とは、知識の内在的把握にとどまることなく、知識を「知識の外にある社会的要因との関連で把握しようとする学問」だと特徴づけている（徳永　1976a：2）。

知識社会学の歴史的展開をめぐっては、V・メジャ（Volker Meja）とN・ステア（Nico Stehr）による「三つの段階」の区分（Meja and Stehr 1999：xvii-xviii）がよく知られている。簡潔に言及すれば、その区分では、知識社会学の歴史が（一）「先行期」、（二）「確立期」、（三）「展開期」の三段階に分けられている。さらに「三段階」のそれぞれについて少し具体的に述べると、（一）「知識社会学に先行するいわば〈知的前兆〉ないしは〈先行者〉による理論的アプローチの段階」（「先行期」）の研究者として挙げられるのは、A・コント（Auguste Comte）、K・マルクス

(Karl Marx)、S・フロイト(Sigmund Freud)らの名前であり、(二)「知識社会学が独立した社会学の専門領域として確立された段階」(「確立期」)に属する研究者としては、M・シェーラー(Max Scheler)やK・マンハイム(Karl Mannheim)、E・デュルケム(Émile Durkheim)、L・レヴィ=ブリュール(Lucien Lévy-Bruhl)、M・モース(Marcel Mauss)、M・アルヴァックス(Maurice Halbwachs)らが挙げられる。そして、(三)「〈ノーマリゼーション〉という過程を含む、知識社会学の領域が拡大を遂げながら再評価と再検討の作業を経験していく段階」(「展開期」)においては、R・K・マートン(Robert King Merton)、C・W・ミルズ(Charles Wright Mills)、T・パーソンズ(Talcott Parsons)、K・H・ヴォルフ(Kurt Heinrich Wolff)、W・スターク(Werner Stark)らの業績が注目されている。

本節では、「知の社会学」と従来の知識社会学の関係を考察するための補助線として、多くの社会学者に共有されているとみられる知識社会学の歴史的展開過程を素描する。そのために、前述のメジャとステアによる三段階の時期区分も踏まえ、知識社会学の系譜を三つの潮流に絞って整理し確認したい。第一の潮流は、ドイツで知識社会学が確立される段階(シェーラー、マンハイム)から、それがアメリカ合衆国において独自に展開していく(マートン)流れである。第二の潮流は、コントからデュルケム、そしてC・レヴィ=ストロース(Claude Lévi-Strauss)へと至るフランス知識社会学の流れである。そして最後の第三の潮流は、A・シュッツ(Alfred Schutz)の諸著作に多大な影響を受けたP・L・バーガー(Peter Ludwig Berger)とT・ルックマン(Thomas Luckmann)が開拓した現象学的知識社会学である。知識社会学の歴史をごく限られた紙幅で整理することは容易ではないが、次節で「知の社会学」の位置づけを検討し、「知の社会学の可能性」を幾らかでも展望するために必要な範囲で、右の三つの潮流を確認しておこう。(2)

（一）ドイツでの知識社会学の成立とアメリカ合衆国におけるその批判的展開

（A）シェーラー

知識社会学の創始者が、知識社会学に学問体系上の位置づけを与え、さらに自らの研究を知識社会学と呼び自覚的にこの仕事に取り組んだという意味でシェーラーだといえることは、共有された見解だとみてよいだろう。シェーラーは、「知識」が神学的、形而上学的、実証的段階の順で発展するというコントのいわゆる「三段階の法則」が、「人類の歴史における諸現象の事実的継起という意味での時間系列の法則」として提示されていることを批判する（Scheler 1926 : 5-6, 17=1978 : 24, 38）。シェーラーは、神学的、形而上学的、実証的知識とは、「持続的に常に存在し、人間精神の本質そのものとともに与えられている精神的態度ないし認識形式であり、互いに他に代わることのできない等根源的なもの」とみなしているからである（徳永　1976b : 19）。シェーラーのこの見解には、実証主義的知識論に対して「科学主義の相対化」を図ろうとする彼の動機が明確に現れているといわれる（徳永　1976b : 20）。

シェーラーは、「精神」と「衝動」という二元論に立ち、「精神」的で「理念的な因子」によって、より制約される「文化社会学」[3]（知識社会学）」と、「衝動」的で「実在的な因子」によって、より制約される「実在社会学」とを区別する（Scheler 1926 : 2-5=1978 : 21-23）。彼が、理念的因子が、実在的因子と結合した場合にのみはじめて現実化するもの（Scheler 1926 : 6=1978 : 25-26）と考えていることに注意しなければならないが、彼のいう「理念的因子」とは、「神話、伝説、宗教、形而上学、科学、技術」など（Scheler 1926 : 10-11=1978 : 30-31, 89）であり、「実在的因子」とは「政治権力、経済的な生産諸関係、人種の混合と人種間の緊張関係」などである（Scheler 1926 : 7=1978 : 26）。徳永（1976b : 23-24）の整理によれば、シェーラーの知識社会学は、実証科学主義に反対して「理念的因子と実在的因子との協働作用の秩序の法則を求める学問」であり、そうしたさまざまな理念的因子と実在的因子との複雑な関係を明らかにしようとしたのだが、「彼が実際に扱ったのは、宗教、形而上学、実証科学という三種の知識と実在的因子との関係の分析」であった。

(B) マンハイム

シェーラーが、自らの研究を知識社会学と呼び、自覚的にその仕事を進めたという意味で知識社会学の創始者といいうるのに対し、名実ともに知識社会学を社会学の専門領域として確立したのは、マンハイムである。彼は、シェーラーの知識社会学について、知識社会学が扱うべき多くの領域をみわたす全体プランを提示している点、また歴史的世界を捉えるうえで形而上学が不可避の前提となることを明確化し、事実認識と本質認識との連関をたえず問い続ける点で、一方で高く評価する。だが、他方で彼は、シェーラーが超時間的な「精神と衝動の二元論」の立場から知識社会学を構想していることを厳しく批判している。マンハイムによれば、シェーラーは、いわば「神の眼そのものをもって世界をみることを前提にしなければならないと考えている」点で誤っており、「絶対性を先取りすることからはじめるシェーラーは、動的なものには到達しない」のである（Mannheim 1925：637-639=1973：132）。こうした見解に立つマンハイムは、事実と本質とを、歴史という動的全体の部分として捉え、それらがともに「存在に制約されている」と考えることで、新しい知識社会学の端緒を開こうとする。この考えが、いわゆる「知識の存在拘束性」テーゼである。

マンハイムの「知識の存在拘束性」テーゼは、秋元律郎と澤井敦の整理（秋元・澤井　1992：91-100）を踏まえれば、「存在」「拘束性」「知識」という鍵概念に幾分踏み込んで説明を加えつつ、以下のように要約しうる。

まず、このテーゼにおける「存在」とは、「視座構造」および「世界解釈」という二つのレヴェルの「意味的存在」、および具体的な社会的集団を指す「社会的存在」を包括する概念である。意味的存在の二つのレヴェルの一方である「視座構造」とは、われわれが認識する場合に前提とされている、社会的に共有された思考の枠組みである。そして他方、「世界解釈」とは、その視座構造を含むと同時にその背景ともなっている世界経験の図式である。マンハイムによれば、具体的な個々の知識や認識は、「視座構造」と「世界解釈」という二つのレヴェルの「意味的存在」に関係づけられ、そしてこの意味的存在を媒介項として、さらに具体的な社会集団である「社会的存在」に関係づけられる。

次に、「拘束性」概念については、マンハイムがそれによって、或る社会的存在に共属する人びとと或る特定の知識との「決定」関係を想定しているのではなく、あくまで或る時代の或る社会においてみられる知識と存在の間の「親和性」、あるいは具体的な「対応」関係を考えていることに注意する必要がある。そして、「知識の存在拘束性」テーゼが適用される「知識」については、マンハイムは、かなり広範囲の知識を想定していたようである。というのも、彼は、「存在拘束的思考」の領域として、「歴史的思考（人が歴史をおもいうかべる、またそれを他者のために描き出す種類と仕方）、精神科学・社会科学における思考、日常生活における思考」を挙げているからである。要約すれば、「知識の存在拘束性」テーゼとは、次のことを意味していると解釈できる。すなわち、歴史的、（精神・社会）科学的、日常的知識などは、視座構造、さらには世界解釈という二つのレヴェルの「意味的存在」に関係づけられ、そしてこうした意味的存在を媒介項として、具体的な個々の知識や認識が、さらに「社会的存在」に関係づけられる。このとき、これらの「関係」とは、「決定」関係ではなく、「親和」関係ないし「対応」関係だということである。

(C) マートン

マンハイムをめぐる知識社会学的論議は、一九三三年にナチスが政権を獲得して以来、ドイツでは影を潜める。これに対して、マンハイムの知識社会学の路線が継承、展開されたのはアメリカにおいてである。一九三六年の『イデオロギーとユートピア』の英訳以降にマートンが行ったマンハイム批判（Merton 1941=1958; 1957=1961）が、その後のアメリカでの知識社会学の主要な展開を水路づけていく。

マートンは、マンハイム知識社会学を、一方で、存在拘束性の事実の経験的研究と存在拘束性の歴史的社会学的研究方法とからなる「実質的知識社会学」と、他方、「認識論的問題」とに分類しなおす。そのうえで知識社会学は、認識論的問題への深入りを避け、実質的知識社会学に重点を移すべきだと主張した。マートンのこの主張は、一方ではシェーラーを批判するマンハイムの立場を、さらに徹底するものと考えることができるだろう。マンハイムは、シェーラーが超時間的な「精神と衝動の二元論」を真理の体系として前提し、そうした静態的体系から動態的な歴史を理解しようとしたことを批判していたのであり、それゆえ、歴史という動的全体の生成そのものを、「知識の存在拘束性」テーゼのもとに解明していく知識社会学を構想した。徳永によれば、マートンは、マンハイムの議論に残る曖昧さを、知識社会学につきまとう「厄介な認識論的問題」に由来するとみなし、知識社会学を経験主義的方向に再編成しようとしたのである（徳永 1976b : 32, 36）。

マートンは、実質的知識社会学を科学社会学として主に発展させていった。(4) こうしてマートンによって切り拓かれた科学社会学は、T・クーンの『科学革命の構造』の登場による「パラダイム」論を踏まえ、「科学的知識の社会学（SSK）」や「科学・技術・社会論（STS）」へとつながっていく。

（二）フランス知識社会学の展開(5)――コント、デュルケム、レヴィ=ストロース――

大野道邦は、「フランス知識社会学についての理論的吟味は、マートン流の検討（分析パラダイムの構成による実証科学的精密化）を、歴史的真理や存在的真理の把握へとのりこえるのではなく、それとは異なった方向、すなわち根源的かつ実在的な人間精神（理性）の把握へとのりこえる道をさししめす」（大野 1976：69）と指摘している。ここから、フランス知識社会学は、前項のドイツ知識社会学からアメリカの経験主義的な知識社会学（そして科学社会学）に至る流れとは、異なる展開を遂げていることが窺い知れる。

コントが知識社会学に関係する議論を提示していたこと、そしてシェーラーが、コント批判をひとつの契機として自らの知識社会学を構想していたことについては前項で述べた。本項では、シェーラーのコント批判とはべつの文脈において、コントが暗黙のうちに想定していたと考えうる、彼の議論のなかのもうひとつの知識社会学的側面について指摘しておきたい。それは、コントが「人間精神」のうちに想定していた、知識ないし科学を規定する性質のことである。コントによれば、一方で「人間精神」とは「人類」という唯一の種にア・プリオリな本性であり、その人間精神の発露によって知識は生まれ、発展する。他方、彼は、「人間精神は社会の力によってしか発達し得ないものである」とも、「社会の発達と知性の発達は現実に不可分」（Comte 1830-42=1980：306）だとも述べている。この点で彼は、「人間精神」を社会的要因との関係で把握し、そのうえで人間精神の発露により生まれる「知識」に目を向けていたと考えうる。

デュルケムは、未開社会における宗教の特質を明らかにするなかで、コントが暗黙のうちに問いながらも、十分な考察は進めなかった知識と社会的要因との関係について明示的に検討した。彼は、「知識と存在=社会的要因との関係を具体的な社会種（主としてオーストラリア未開社会）のデータから帰納することによって、社会学の一つの重要な部門として〈知識（認識）の社会学理論〉（théorie sociologique de la connaissance）を設立」（大野　1976：75）しようとする。彼は、「人が世界と自己とについて行なった表象の最初の体系が宗教的起源のものであった」ことに言及したのち、「宗教が人間精神そのものを形成するのに貢献し……人はその知識の内容だけではなく、これらの知識がそれによって洗練された形態をもまた非常に多く宗教に負うた」と述べる（Durkheim 1912：12=1975：上29-30）。デュルケムにとって、「宗教は著しく社会的なもの」である。というのも、「宗教表象とは集合表象」であり、宗教的儀礼は、「集合した集団だけの中で生まれて、これらの集団の或る心的状態を刺激し維持しもしくは更新するはずの行動の様式」だからである。このとき、宗教的儀礼を可能にさせる、成員に共有された「カテゴリー」が宗教的起源であるとすれば、その「カテゴリー」もまた「集合的思想の所産」なのである（Durkheim 1912：13-14=1975：上30-31）。

知識は社会的起源（宗教的起源）をもつというデュルケムの見解は、以上のように要約できる。しかしながら、デュルケムの知識社会学は、集合表象（カテゴリー）の二つの側面を明確に区別して論じておらず、彼の知識社会学に内在していると考えうる二つの課題のうち、一方にしか道筋を与えることができていない。「集合表象」の二つの側面とは、相対的に結晶化（固定化）した集合表象としての側面と、相対的に流動的な集合表象としての側面である。言い換えれば、前者の集合表象は「一種独特な綜合」によって生じる、いわばモノとしての社会的事実のような集合表象を指し、後者の集合表象は、集合的思考そのものとしての集合表象にあたる。デュルケムの知識社会学においては、相対的に結晶化（固定化）した集合表象がもつ社会的機能の指摘（機能主義的知見）のみに終わっているのである（cf. 大野　1976：82-83; 2005：3-7; 丹下　1984：66-68）。

相対的に結晶化あるいは固定化した、「モノ」としての集合表象がもつ社会的機能を説明しようとする立場と、集合表象の（個人表象と同様の）「表象」としての心的特性に注目し、それに内在的な論理構造ないし「形式」を探究しようとする立場とは、一見、相反するようにみえる。しかしながら、レヴィ＝ストロースは、「無意識」レヴェルの心的構造に着目することによって、この二つの立場を綜合する道を切り拓いている。レヴィ＝ストロースは、第一に、集合表象（カテゴリー）の社会（形態学）的要因による説明にみられるような「知性に対する社会的なものの優位」というわばデュルケム的残滓を払拭して、「社会生活の前提をなす知的活動の形式的特性」を強調し、第二に、集合表象を無意識的な観念システムとして捉えることによって、それが心的・意識的でありながらも個人の主観的意識に還元されない客観的なリアリティであると確認した。こうしてレヴィ＝ストロースは、デュルケムの「集合表象」に含まれた二つの側面それぞれを個別に明らかにする二つの立場を、「人間精神の無意識的構造」の探究において綜合しているのである（cf. 大野　1976：89-95; 2005：7-10; 丹下　1984：81-83）。

フランスにおける知識社会学のその後の展開としては、P・ブルデュー（Pierre Bourdieu）の研究を挙げることができるだろう。彼が、彼独自の諸概念を活用した科学社会学的研究を展開しながら、他方で、「教育社会学は知識社会学の一分野」（Bourdieu 1989：13=2012：16）だと述べていることを踏まえれば、フランスにおいて知識社会学は、科学社会学や教育社会学等へと専門分化する方向で展開したとみることも可能である。また他には、B・ラトゥール（Bruno Latour）らのアクターネットワーク理論（Latour 2005）のように、知識生産において、人間以外の諸要素が果たす積極的な役割を強調する独特な立場も生まれている。

（三）バーガー＝ルックマンの現象学的知識社会学という着想

バーガーとルックマンが、シュッツの諸著作に多大な影響を受けつつ、従来の知識社会学にはみられなかった理論的パースペクティヴをもつ現象学的知識社会学を展開したことは、よく知られている。シュッツは、現象学の知見に基づいて「事実とはつねに、解釈された事実である」と述べ、「世界についてのわれわれの知識はすべて、すなわち科学的思考における知識はもとより常識的な思考における知識もまた、構成概念を必要とする」という洞察を提示している（Schutz 1962 : 5=1983 : 50-51）。シュッツが述べている「構成概念」とは、M・ウェーバーが提起した「理念型」概念を或る意味で拡張したものとみてよい。ウェーバーは、社会科学において研究者が用いる概念が、決して現実と一致しないことを指摘する。そのうえで彼は、現実とは一致しないとはいえ学問上の認識利得をもたらすものとして、社会科学における「理念型」概念の活用を提起した（Weber［1904］1988=1998）。シュッツは、科学の世界のみならず日常生活世界における概念の使用にあっても概念と現実は一致しない、という洞察のもと、社会科学の世界においてばかりでなく日常生活世界でもまた用いうるものとして、「構成概念」に言及しているのである。この「構成概念」をめぐる彼の洞察は、翻って、常識的思考における知識に光を当てている。バーガーとルックマンは、右に述べたようなシュッツの諸々の洞察に依拠して、知識社会学の対象は「社会において〈知識〉として通用するすべてのもの」（Berger and Luckmann 1967 : 3, 14-15=1977 : 5, 23）だと主張するのである。

バーガーとルックマンのこの主張は、従来の知識社会学の関心が、もっぱら理論的思考における知識だけに向けられてきたことへの批判でもある。彼らによれば、たしかに、理論的思考や観念、世界観は社会において重要な役割を果たしているのだが、これらは「知識」として通用している総体の一部をなしているにすぎない（Berger and Luckmann 1967 : 15=1977 : 23）。かくして、彼らは、「知識社会学はまずなによりも、理論的なものであれ、前―理論的なものであれ、人々がその日常生活で〈現実〉として〈知っている〉ものをとり上げなければならない」と考え、知識社会学は「現実の社会的構成」をとり扱うべきであり、「常識的な〈知識〉こそが知識社会学の中心的な焦点にならなければならない」と主張するのである（Berger and Luckmann 1967：3, 15=1977：5, 24）。

バーガーとルックマンは、知識社会学が研究対象とすべき「知識」に、日常生活を生きる人びとが用いている「常識的知識」を加えるべきことを主張し、それればかりでなく、そうした常識的知識こそが知識社会学の中心的主題となるべきだという見解を提示している。だが他方で、彼らは、知識社会学を社会学の経験的分野の一部とみなし、シェーラーやマンハイム以来、知識社会学を悩ませてきた認識論的問題と方法論的問題を社会学から排除すると述べる（Berger and Luckmann 1967：12-14=1977：19-22）。この帰結としては、「認識論的問題」を排除して、科学的知識ばかりではなく常識的知識をも研究対象とする社会学的研究としての「知識社会学」が導出される。この点で彼らは、知識社会学における「〈知識〉概念の一般化」（高坂　1976：56）を行ったともみなされてきたのだが、ここには注意すべき陥穽が潜んでいる。

「経験科学としての社会学」を自明視する社会学者は、「知識社会学から認識論的問題を排除する」というバーガーとルックマンの言明に、何の疑念もなく同意するかもしれない。しかしながら、じつはこの「認識論的問題」がいったいいかなる「問題」を指しているのかは、「認識論的問題」という言葉を使用するその都度、検討する必要がある点に注意を要する。なぜなら、「認識論的問題」としていかなる問題が暗黙裡に想定されているかは、社会学者によって捉え方に大きな違いがあるからである。それにも拘わらず、「知識社会学から認識論的問題を排除する」ことを多くの社会学者が慎重な検討もなしに同意した場合、個々の社会学者によってなかば恣意的に、知識社会学における特定の主題や問いを「認識論的問題」として排除することができてしまう。たとえば、知識社会学において「知識とは何か」を問う必要があるとしても、誰かが「〈知識とは何か〉という問いは〈認識論的問題〉である」と主張するならば、この問いは知識社会学から排除されることになってしまうのである。

バーガーとルックマンには、恣意的に知識社会学から特定の主題や問いを排除する意図は一切なかった可能性は高い。しかしながら、「知識社会学から認識論的問題を排除する」という言明がいわばスローガンとして多くの社会学者に受容されてしまった場合、本来は意義ある知識社会学的研究を展開するために十分に検討すべき主題や問いが、いったん恣意的に「認識論的問題」というラベルが貼られるとそのまま顧みられることがなくなるケースが少なからず生じうる。このようなケースが、決して知識社会学に限られるわけでなく、社会学のさまざまな領域で生じる可能性があることは、容易に想像できるだろう。このようなケースの多発を回避するためには、「認識論的問題」というラベリングによって、当の主題や問いを即座に（知識）社会学から排除することには慎重を期し、個々の主題や問いの探究が有する（知識）社会学における意義について、開かれた議論を通じて可能なかぎり各々の研究者が自身の責任において吟味する態度を保持するしかないだろう。

三　知の社会学と現象学的社会理論

（一）知識社会学の展開と知の社会学の位置づけ

前節の整理をもとに、知識社会学の歴史における「三つの潮流」と、本書のタイトルに含まれる「知の社会学」との関係について検討することができる。そのために先に確認しておきたいのは、ドイツ知識社会学のアメリカにおける経験主義的展開をめぐって、K・H・ヴォルフが鳴らす「警鐘」についてである。ヴォルフは、ドイツのダルムシュタットに生まれ、フランクフルト大学でマンハイムのもとで学んだのちに、一九三三年にナチスを逃れてイタリアに、次いで一九三九年にアメリカ合衆国に渡った社会学者である。彼は、〈sociology of knowledge〉という英語の名称のもとで想定されている〈knowledge〉が、ドイツでシェーラーやマンハイムが創始した

〈Wissenssoziologie〉における〈Wissen〉よりも狭い意味に限定されてしまうことに注意を促し警鐘を鳴らしている。ドイツ語の〈Wissen〉は、哲学的、形而上学的、神学的、芸術的、宗教的といった種類の知識をも包含する。これに対して、英語の〈knowledge〉という語は、主として実証的ないし科学的知識を指しているがゆえに、アメリカにおける〈sociology of knowledge〉（知識社会学）がきわめて限定された学問領域となってしまうのではないか、と彼は危惧していたのである（Wolff 1995：55=2000：125-126）。

前節第一項で確認したとおり、第一の潮流、すなわち「ドイツ知識社会学のアメリカ合衆国における批判的展開」においては、マートンが、知識社会学からいわば認識論的位相を切り落とし、経験主義的方向に知識社会学を再編成しようとしていた。もちろん、この潮流から現在の社会学の一領域として確立している科学社会学という研究領域が生まれたことは評価すべきである。しかしながら、「知識（knowledge）」社会学から科学社会学が生まれ、この領域の研究が充実していく一方で、「知（Wissen）」の社会学が狭く限定されたものとして捉えられ、この意味で矮小化されたといわざるをえない側面があることも、またたしかである。それゆえ、本書のタイトルのように「知の社会学」と掲げる場合には、そこにおける「知」とは、はたして狭義の「知識（knowledge）」に近いのか、あるいは、より広義の「知（Wissen）」として捉えられているのかが、第一に問われるのである。第一節で提示しておいた「知識社会学」と「知の社会学」の関係をめぐる問いに対する回答は、「知の社会学」を自覚的に展開しようとする研究者（たち）が、「知」をどのように捉えているのかに言及することによって、はじめて可能となる。

かりに、「知の社会学」における「知」が、もっぱら科学的知識を指すのだとすれば、そうした一連の研究を「知の社会学」と呼ぶことは、むしろ混乱や誤解を招くことになるに過ぎないといってよい。その場合には、「知識社会学」と掲げるか、あるいは「科学社会学」「科学的知識の社会学」等の現今の社会学において広く使用されている名称を使用して研究を進めるほうが明らかにわかりやすいだろう。しかしながら、そうではなく、敢えて「知の社会学」と掲げるとするならば、それは、「知」を科学的知識（≈知識（knowledge））に限定することなく、より広義に捉えた社会学的研究を進めることの表明にほかならないのではないだろうか。

このことを踏まえて、「知の社会学」を知識社会学の歴史のなかに位置づけようとするのであれば、「知の社会学」は、「知」をより広義に捉えている知識社会学の潮流と親和的だといえる。知識社会学の歴史的展開における三つの潮流（①ドイツ知識社会学のアメリカにおける批判的展開、②フランス知識社会学、③現象学的知識社会学）のうち、現在の時点で、まずもって「知」を広義に捉えているといえるのは、現象学的知識社会学の潮流である。この潮流では、「知」を科学的知識に限定せず、常識的知識も含むものとみなす社会学的研究が展開されている。

他方では、知識社会学の歴史を過去に遡ることによって、別様の可能性も見出される。たとえば、第一の潮流のアメリカでの経験主義的展開以前の議論に遡り、シェーラーやマンハイムの知識社会学を再検討する位置から「知の社会学」を展開する道があるだろう。そして、第二の潮流のフランス知識社会学における、「無意識」レヴェルの知にまなざしを向ける伝統の発想を継承し、そこから「知の社会学」を構想する道を採る可能性もある。このように考えれば、「知の社会学」は、知識社会学の歴史における「知」をより広義に捉える研究者の理論を源泉とすることで、そのいずれの地点からも歩みを進めることが可能だといえる。

しかしながら、ここには新たな陥穽も待ち受けている。アメリカにおける知識社会学が、狭義の「知識（knowledge）」概念に基づき、科学的知識に照準した科学社会学の道を歩み、生産的展開を遂げたといえるのに対して、「知」を広義にとらえる「知の社会学」は、必然的に研究の焦点が拡散してしまう可能性が高くなる。それゆえ、むしろその広義の「知」の捉え方が、研究の焦点を曖昧にしてしまい、研究成果の集中的な蓄積を妨げてしまうことになりかねないとも考えられるからである。

この「陥穽」を回避するために、「知」を広義にとらえる「知の社会学」の可能性を信じる者は、「知とは何か」をあらためて問い直す必要がある、というのが私の考えである。「知とは何か」を問い直し、そこで得られた「知」をめぐる根本的かつ本質的な洞察に基づいて「知の社会学」が展開されるならば、研究領域が拡散したとしても、その諸領域におけるいわば枝葉としての研究成果を、幹としての「〈知〉をめぐる洞察」に絶えず関連づけることで、前記の「陥穽」を回避しつつ十分に意義のある知識社会学的研究を展開することができるはずだからである。

「知とは何か」という問いは、もともと知識論（認識論）との深い関係のもとで探究されていたドイツ知識社会学においては、一定の議論がなされていた。とはいえ、残された紙幅でこの問いに本格的に取り組むことは不可能である。ここでは、「知の社会学の可能性」を開示するためには、必要に応じて「知とは何か」という問いの再検討が要請されることを指摘するにとどめ、以下では、私が別稿（河野　2017）で提示した新たな現象学的知見を参照しつつ、「知」の或る位相に光を当て、「知の社会学」の可能性のひとつを示すことによって本章を締め括りたい。

（二）知の社会学と現象学的社会理論

E・フッサール（Edmund Husserl）は、『経験と判断』（Husserl 1939=1975）において「述定的明証性」が「経験の明証性」に基礎づけられているという洞察を示し、「述定的明証性」とは区別される「前述定的明証性」についての優れた考察を残している。しかしながら、彼の明証性理論では、「前述定的明証性」と「述定的明証性」を区別することの必要性が繰り返し主張されているものの、「前述定的明証性」とはいかなるものであるのかという主題自体については、必ずしも十分に分節化された議論が提示されているわけではない。それゆえ、拙稿（河野　2017）では、現象学者との議論[6]や意見交換を経たうえで、フッサールの「前述定的明証性」概念におもに三つの位相（個物の経験の明証性の位相、最終的基体の明証性の位相、生活世界的経験の明証性の位相）が混在していることを指摘したうえで、「最終的基体の明証性」に近似する、自然的態度における「〈何か〉としか規定しえない〈何か〉の体験の明証性」こそが、あらゆる志向的体験に含まれている最もシンプルかつ最基層に位置する前述定的明証性にほかならないことを明らかにした。

現象学においては、「およそいかなる意識体験も、それ自身で何ものかについての意識である」という、いわゆる志向性テーゼが共有されている。ただし本章の文脈において留意すべき点は、志向性テーゼで述べられている「何ものか」とは、前述した最もシンプルなレヴェルの「〈何か〉としか規定しえない〈何か〉」を指す場合から、きわめて高度で複雑な複定立的作用の結果得られた「概念」や「事態」等が該当する場合まで、さまざまでありうるということである。

この志向性テーゼを踏まえて「知とは何か」を問い直すならば、管見の限り従来の知識論では言及されたことがない、「知」の或る特徴を見出すことができる。それを端的にいえば、「知」は、「何ものかについての意識」である志向的体験のなかで、つねに「何ものか」との関係のもとでかたちづくられているということである。ここでいうところの「何ものか」とは、前述のとおり、「〈何か〉としか規定しえない〈何か〉」から、「概念」や「事態」等まで、さまざまでありうる。そして、もしそれが一定の期間に及ぶ諸々の複定立的作用の結果得られた「概念」である場合には、その「何ものか（=概念）についての知」は、原理的には、その「概念」の把握に至るまでに複定立的になされた構成過程に支えられているのであり、必要であればその構成過程を逐一辿ることができるはずなのである。もし、その「何ものか（=概念）についての知」をめぐって、各々の個人の意識体験におけるその構成過程を厳密に記述することができるならば、あらゆる「知」に含まれる「主観的知識」の位相と「社会的知識」の位相を見出すことが可能なはずであり、最終的には、最も端的な志向的体験としての「〈何か〉としか規定しえない〈何か〉」の前述定的体験にまで遡ることになるだろう。(7) これが、本稿の冒頭で掲げた、「およそいかなる知も、それ自体において何ものかについての知である」という命題の含意である。

那須壽は、「シュッツが考えていた知（knowledge）の概念にしたがえば、地平構造こそがすべての知にとって本質的なもの」（Nasu 2014：22〔翻訳は筆者による〕）だと指摘する。そのうえで、「情報（information）」とは、意識的にであれ無意識的にであれ、「諸々の対象や出来事から〈地平〉の相を切り落とす」ものであり、それゆえに、「知と情報は似て非なるものである」（Nasu 2014：22〔翻訳は筆者による〕）ことを強調している。簡潔に補足すれば、知が「対象―地平」構造（cf. 河野 2016：第四章）あるいはレリヴァンス構造を有していることを踏まえれば、知へのアプローチにおいて、必然的にその「構成過程」にまなざしを向けることになる。そして、知の「構成過程」にまなざしを向けるときには、知の生成の原初的位相の把握が要請される。前述の「いかなる知も、何ものかについての知」だという命題は、地平構造に「知」の本質があることを端的に述べているシュッツと那須の見解を「知の社会学」の礎とすべく、現象学のいわゆる「志向性テーゼ」と「〈何か〉としか規定しえない〈何か〉」の前述定的明証性をめぐる新たな現象学的知見を綜合することによって、私が試みとして案出した命題である。

シュッツと那須による、「知」の本質をその「地平構造」にみる見解、そしてその見解に深く関係する「いかなる知も、何ものかについての知」だという命題は、従来の知識社会学の歴史を踏まえたうえで、それとは区別される「知の社会学」の開拓を試みようとする社会学者にとって、繰り返し立ち戻るべき基本的知見といってよいのではないかと私は考えている。なぜなら、この基本的知見を踏まえてはじめて、「知の社会学」は、「特権的観察者視点の陥穽」に嵌ることなく、「知」という現象そのものにアプローチする回路が生まれるはずだからである。[8]

「知の社会学」は、その社会学的研究の対象を、狭義の「知識（knowledge）」というよりも、常識的知識あるいは日常知を含む広義の「知（Wissen）」とすることによって、その学問的可能性は開かれる。そして、そうした広義の「知」を扱う「知の社会学」は、「知の地平構造」をめぐる知見や「いかなる知も、何ものかについての知」だという命題を踏まえ、「知」の構成過程をその根源にまで遡ることを可能にする現象学および現象学的社会理論の土台に立ってはじめて、十分に意義のある研究となるに違いない。

【注】

（1）フッサールは、「およそいかなる意識体験も、それ自身で何ものかについての意識である」（Husserl 1950=2001：68-9）と述べる。このテーゼは、いわゆる「志向性テーゼ」として現象学者に共有されている。本文冒頭で掲げた命題については、第三節で詳述する。

（2）本節の議論は、二〇〇五年に立ち上げた「〈知の社会学〉第一次プロジェクト」（那須 2016：1）の発足メンバーで定期的に開催していた研究会で私が発表した報告原稿を加筆修正したものである。この「第一次プロジェクト」は、メンバー間で知識社会学の歴史を確認し共有するところから始まった。そして、メンバー各自が、知識社会学の歴史を踏まえて「知の社会学」をどのように考えるかを理論的に検討したうえで、実証的調査研究に入ることになった。なお、知識社会学の歴史に関する当時の研究の一部は、拙稿（河野 2006）の前半で整理している。

（3）シェーラーは、「文化社会学の一部としての知の社会学」（Scheler 1926：1=1978：19）について言及している。

（4）マートンは、「科学社会学」（Merton 1957=1961；1979=1983）と「マス・コミュニケーションの社会学」（Merton 1957=1961；1946=1970）として実質的知識社会学を展開した。

（5）本項におけるフランス知識社会学の展開をめぐる整理は、おもに大野（1976；2005）と丹下隆一（1984）に依拠している。もっぱら彼らの議論に基づいて整理した段落については、参照頁を当該段落の末尾に示す。

（6）二〇一六年一一月に開催された日本現象学会年次研究大会（於高千穂大学）の一般報告部会での討論において、またその後のやりとりを通じて、村田純一、宮原勇、池田喬、ヤン・シュトラースハイムらの現象学者から、とくに有益な助言をいただいた。

(7) 例を挙げれば、赤子は、「ミルク」に関する知識が一切ないとしても、その「何か」を口にして栄養を摂取することが可能である。そして、かつては赤子だった私たちは、その後のいずれかの段階で、その「何か」が先行者たる人びとによって「ミルク」と呼ばれていて、自らがそれを繰り返し飲んできたことを知る。この例のなかに、最も端的な志向的体験としての「〈何か〉としか規定しえない〈何か〉」の前述定的体験、そして主観的知識および社会的知識の位相が含まれていることは明白だろう。

(8) 「特権的観察者視点の陥穽」とは、社会学者を含む研究者が、自らが思い描く仮説や理論を「プロクルステスの寝台」として、当事者たちが体験・経験している「現象としての社会」あるいは社会的現実を、非当事者としての研究者自らにとって都合のよいように切断してしまう「陥穽」である（河野　2016）。学問の生産の場が、松本三和夫（2018）が批判する「競争のための競争」に奔走せざるをえなくなりつつある状況にあっては、研究業績産出の効率性を求めてこの「陥穽」に嵌るケースは少なくない。個々の事例を逐一挙げることはしないが、調査データを用いて「仮説」を「検証」するタイプの社会学領域の学術論文において、仮説に適合するデータだけに言及し、仮説に適合しないデータを容易に切り捨てる傾向が増加しているとすれば、この傾向は、社会学の「危機」を招くことになるだろう。それが社会学の「危機」であることに気づくかどうかが、その研究者が「プロクルステス」の地位に立ってしまっているかどうかの試金石となるのかもしれない。

【引用・参考文献】

秋元律郎（2004）「知識社会学の現代」大梶俊夫・杉山由紀男・船津衛・山崎純一編『現代の社会学　二一世紀へ』北樹出版、pp.28-40.

秋元律郎・澤井敦（1992）『マンハイム研究――危機の理論と知識社会学』早稲田大学出版部

Berger, P. L. and Luckmann, T. (1967) *The Social Construction of Reality*, Anchor Books.（=1977, 山口節郎訳『日常世界の構成』新曜社）

Bourdieu, P.（1989）*La Noblesse d'etat*, Minuit.（=2012, 立花英裕訳『国家貴族Ⅰ・Ⅱ』藤原書店）
Comte, A.（1830-1842）*Cours de Philosophie Positive*, 6 tomes.（=1980, 部分訳、霧生和夫訳「社会静学と社会動学——『実証哲学講義』第四巻より」清水幾太郎編『コント・スペンサー』中央公論社、pp.235-334）
Durkheim, É.（1912）*Les Formes élémentaires de la Vie religieuse, Le Systéme totémique en Australie*, P.U.F.（=1975 古野清人訳『宗教生活の原初形態（上・下）』岩波書店）
Husserl, E.（1939）*Erfahrung und Urteil : Untersuchungen zur Genealogie der Logik*, Academia Verlagsbuchhandlung.（=1975, 長谷川宏訳『経験と判断』河出書房新社）
———（1950）*Cartesianische Meditationen und Pariser Vorträge, Husserliana* Bd. I, Martinus Nijhoff.（=2001, 浜渦辰二訳『デカルト的省察』岩波書店）
河野憲一（2006）「〈知〉としての笑い——〈知の社会学のために〉」『ソシオロジカル・ペーパーズ』15：48-68.
———（2016）『自明性と社会——社会的なるものはいかにして可能か』晃洋書房
———（2017）「現象学的社会学の立場からの前述定的明証性理論序説」『現象学年報』33：67-75.
高坂健次（1976）「現代アメリカにおける知識社会学の展開」徳永恂編『社会学講座一一　知識社会学』東京大学出版会、pp.44-67.
Kuhn, T. S.（1962）*The Structure of Scientific Revolution*, Univ. of Chicago Press.（=1971, 中山茂訳『科学革命の構造』みすず書房）
Latour, B.（2005）*Reassembling the Social : An Introduction to Actor-Network-Theory*, Oxford University Press.
Mannheim, K.（1925）"Das Problem einer Soziologie des Wissens," *Archiv für Sozialwissenschaft und Sozialpolitik*, Bd. 53：577-652.（=1973, 秋元律郎訳「知識社会学の諸問題」『現代社会学体系八　マンハイム シェーラー　知識社会学』青木書店、pp.69-150）
松本三和夫（2018）「公共知の社会学——学術と社会の境界面で想起すべきこと」『社会学年誌』59：39-59.
Meja, V. and Stehr, N.（1999）"Introduction," Meja, V. and Stehr, N.（eds.）, *The Sociology of Knowledge*, vol. 1, Cheltenham : xiii-xxvi.

Merton, R. K.（1941）“K. Mannheim and the Sociology of Knowledge,” *Journal of Liberal Religion*, vol. 2.（=1958, 小口信吉訳「カール・マンハイムと知識社会学」阿閉吉男編『マンハイム研究』勁草書房、pp.227-258）

――――（1946）*Mass Persuasion : the Social Psychology of a War Bond Drive*, Harper & Brothers.（=1970, 柳井道夫訳『大衆説得――マス・コミュニケイションの社会心理学』桜楓社）

――――（1957）*Social Theory and Social Structure*, The Free Press.（=1961, 森東吾・森好夫・金沢実・中島竜太郎訳『社会理論と社会構造』みすず書房）

――――（1979）*The Sociology of Science : An Episodic Memoir*, Southern Illinois Univ. Press.（=1983, 成定薫訳『科学社会学の歩み』サイエンス社）

那須壽（2016）「〈知の社会学〉の構築に向けて――プロジェクトの概要」『学知と社会の関係に関する理論的・実証的研究』二〇一三～一五年度科研費補助金研究成果報告書［基盤研究（C）］課題番号25380645, pp.1-6.

Nasu, H.（2014）“Transformation of Knowledge and a University ‘Crisis’ in Japan” *Schutzian Research* 6 : 11-25.

大野道邦（1976）「フランス知識社会学の展開」徳永恂編『社会学講座一一　知識社会学』東京大学出版会、pp.68-100.

――――（2005）「フランス社会学の理論的な展開とそのアクチュアリティ――デュルケーム、ギュルヴィッチ、レヴィ=ストロース、ブルデュー」大野道邦編『日仏社会学叢書　第二巻　フランス社会学理論への挑戦』恒星社厚生閣、pp.1-26.

Scheler, M.（1926）*Die Wissensformen und die Gesellschaft*, Neue Geist Verlag.（=1978, 浜井修・佐藤康邦・星野勉・川本隆史訳『シェーラー著作集一一　知識形態と社会（上）』白水社、弘睦夫・津村裕三訳『シェーラー著作集一二　知識形態と社会（下）』白水社）

Schutz, A.（1962）*Collected Papers I : The Problem of Social Reality*, Nijhoff.（=1983-1985, 渡部光・那須壽・西原和久訳『アルフレッド・シュッツ著作集　第一巻　社会的現実の問題［Ⅰ］第二巻　社会的現実の問題［Ⅱ］』マルジュ社）

丹下隆一（1984）『意味と解読――文化としての社会学』マルジュ社

徳永恂（1976a）「序論」徳永恂編『社会学講座一一　知識社会学』東京大学出版会、pp.1-16.

――――（1976b）「知識社会学の成立と展開」徳永恂編『社会学講座一一　知識社会学』東京大学出版会、pp.17-43.

Weber, M.（[1904] 1988）"Die 'Objektivität' sozialwissenscaftlicher und sozialepolitischer Erkenntnis," Johannes Winckelmann (hrsg.), *Gesammelte Aufsätze zur Wissenschaftslehre*, 7. Aufl., J. C. B. Mohr : 146-214.（=1998, 富永祐治・立野保男訳、折原浩補訳『社会科学と社会政策にかかわる認識の「客観性」』岩波書店）

Wolff, K.（1995）*Transformation in the Writing : A Case of Surrender-and-Catch*, Kluwer Academic Publishers.（=2000, 那須壽・澤井敦・伊藤智樹・矢部謙太郎訳『危機と人間主観――サレンダー・キャッチと社会理論』マルジュ社）

第二章　時間の社会的構成——時間意識から社会的時間へ

飯田　卓

一　はじめに

知識社会学の課題が、現実の社会的構成のあり方を問うことにあるならば（Berger and Luckmann 1966）、同様の試みが時間についても求められなければなるまい。なぜなら、「時を経る」という「形而上学的事実」（Schutz 1970：126, 179）には、本章の議論でその一端が明らかになるように、「社会的事実」に置き換えられなければならない側面が存在するように思われるからである。

本章で取り上げたいのは、各私的な意識の流れから、両者に共通するような「社会的時間」はいかにして構成されるのか、あるいは各私的な時間意識と「社会的時間」を架橋するものはなにか、という問題である。かつて私たちは、この問題にアプローチするなかで、アルフレッド・シュッツの（Alfred Schutz）「同時性」に関する議論とそこに含まれる「主観的時間」の共有の問題を検討し、事実として時間を共有するのではなく、時間を共有していると思える機制と社会的条件を明らかにすることによって、一定の結論を導いた[1]。

だが、そこでの結論は、たしかに本章の議論の前提たりえても、時間の共有という問題の半面が扱われているにすぎず、また議論の方向性も、私と他者の時間を区別する点で消極的な試みにとどまっている。時間の共有という問題についてより積極的に考察しようとするならば、私によって構成された「主観的時間」と、他者によって構成された

「主観的時間」とを区別したうえで関係づけようとするのではなく、はじめから実際に他者に巻き込まれている社会関係から出発しなければなるまい。そこでは、何らかの実体的なものを想起させる共有というよりも、むしろ時間の共構成が中心的な問題となろう。具体的に言えば、シュッツ自身はその方向性を示すにとどまり、ほとんど着手していない単独の行為を超えた観点、とりわけ他者との現実的協働から成る相互行為の観点から、「社会的現在」を中心とする「社会的時間」の構成について検討する必要がある、ということである。すなわち、私と他者が協働するひとつの行為連関のうちに「社会的時間」が構成される機制を主題化するのである。

そのためには、まずはシュッツの動機連関の議論とレリヴァンス連関の議論を時間連関の議論として読み解くことによって、単独の行為者による時間構成の水準を超えた、その意味で創発的な「社会的現在」の構成のあり方について考察する必要があろう。単独の行為者の主観的な「過去」、「現在」、「未来」には還元できない時間様相、これこそがまさしく「社会的時間」にほかならないからである。シュッツが論じるように、行為が「内的時間」と「外的時間」とを結びつける媒介項として位置づけられるならば（Schutz 1962：216）、相互行為は、私の「主観的時間」と他者の「主観的時間」とを結びつけるとともに、それらと「外的時間」とを結びつける媒介項として位置づけられるだろう。

以下では、まずシュッツの相互行為論における動機連関の議論を確認し、そこに見出される動機の結びつきが、「主観的時間」の水準にあることを指摘する（二節）。つぎにレリヴァンス連関の議論を確認し、レリヴァンスの結びつきは、動機連関とは異なり、単独の行為内在的な観点を超えた結びつきであることを指摘する（三節）。そして、これらの議論を踏まえて、行為連関における「主観的時間」の交差について検討し（四節）、「主観的時間」の交差と「客観的時間」との統合が、「社会的現在」の構成要件となることを指摘する（五節）。最後に、「社会的現在」を中心とする「社会的時間」の構成について論じ（六節）、従来捉えられてきたような「社会的時間」と「主観的時間」との二項対立関係を相対化する（七節）。

二　相互行為と動機連関

シュッツは、マックス・ウェーバー（Max Weber）の「社会的行為」という概念を批判的に検討し（Schütz 2004 : 96, 291）、行為の意味が社会的であること、すなわち、行為の意味が企図によって他者と関係づけられている行為を「社会的行為」として定式化する（Schütz 2004 : 295）。それゆえ「社会的行為」とは、他者が企図の中心を占める行為であり、そのかぎりで他者の態度や行為に関係づけられ、その経過においてそれらに方向づけられている行為を意味している（cf. 那須 1992, 2000）。シュッツは、このような「社会的行為」の議論を出発点にして、相互行為の形式を行為者間の動機の結びつきに求めている。

行為論において「主観的に思念された意味」は行為がもつ意味、すなわち動機として考察されるが、シュッツはウェーバーが曖昧なまま用いた動機という概念を「目的動機」と「理由動機」とに区別する。「目的動機」は、行為者の観点からみれば、未来の行為によってもたらされるべき事態、すなわち行為の企図のなかであらかじめ空想的に想像されている事態（目的）を意味している。それに対して「理由動機」は、当該企図そのものを生み出すものとして、事後的な反省的まなざしにおいて捉えられる過去の諸経験を意味する（Schutz 1962 : 21-22）。そして、シュッツは、相互行為において「目的動機」と「理由動機」が連関していることを、つぎのように説明する。

私は質問を企図する際、相手が私の行為を質問として理解するであろうこと、そして、そのように理解することによって相手は、自らの行動を適切な応答として、私が理解できる仕方で行為するようになるであろうということを予想している。（中略）私の行為の目的動機は適切な情報を得ることであり、この特定の状況において、そのような目的動機は、私の目的動機を相手が理解するならば、適切な情報を私に提供するという目的をもった行為を遂行するための相手の理由動機になるであろうということを、あらかじめ前提している。(Schutz 1962：23, cf. Schütz 2004：309-313)

しかし、ここで動機の結びつきとはいっても、それは事実としての結びつきではなく、私が行為を企図するなかでの予想、すなわち私の行為の「目的動機」が相手の対応行為の「理由動機」となり、逆に相手の行為の「目的動機」が私の対応行為の「理由動機」となるだろう、という「主観的時間」における予想――予想される相手の行動についての構成概念――である点に注意しなければならない。この予想は、それまでの十分に検査された私の経験から、他者に帰せられる諸々の動機は、その他者と類型的に類似した事情のもとにいる私自身や諸々の他者の動機と類型的に同一であるという想定を可能にする「動機の相互性の理念化」(Schutz 1962：23) に基づいている。

ただし、多くの場合、私が知りうるのは、相手の行為のうち私に明示されている断片、すなわち遂行された行為やいまだ進行中の行為の過ぎ去った諸位相にすぎない。なぜなら動機は孤立した要素ではなく、ヒエラルヒー的に秩序づけられている大きなシステム――「目的動機」であればライフプラン、予定表等、「理由動機」であれば過去の多様な経験に基づく社会的パーソナリティのシステム――に組織されており、それゆえ、ある行為がそのなかに位置づけられているより高次の単位の文脈について、すべて知ることは原理的に不可能だからである。そうした理解が成り立つためには、両者の思惟の流れが完全に同一である必要がある。行為者自身にとっての単位行為、すなわち行為がいつ始まりどこで終わるのか、その行為がなぜ完遂されていると言えるのかは、当の行為者にしか知りえないのである（Schutz 1962：24）。次節では、レリヴァンスの観点から、このような事情を改めて確認する。

三　相互行為とレリヴァンス連関

シュッツは、先に確認した他者理解に伴う困難を、「内在的レリヴァンス」と「賦課的レリヴァンス」という概念を用いて、つぎのように論じている。なお、「内在的レリヴァンス」は、選択された関心の結果を意味し、その関心が自主的な決定によって設定されるのに対し、「賦課的レリヴァンス」は、選択された関心とは結びつきがなく、自由裁量による行為からは生じない状況や出来事を意味している（Schutz 1964：126-127）。

いかなる社会的相互行為においても、各当事者の内在的レリヴァンス・システムのある部分は他者には共有されないままである。（中略）ポールの行為の対象であるピーター――は、彼すなわちピーターが共有していないポールの特定の目標を考慮に入れなければならないかぎり、ポールの内在的レリヴァンスはピーターにとって賦課的レリヴァンスである。逆の場合も同様である。（中略）第二にピーターは、自分自身の内在的レリヴァンス・システムについてのみ十分な知識をもっている。ポールの内在的レリヴァンス・システムに、全体としてピーターは十分に接近できない。ピーターがポールの内在的レリヴァンス・システムについて部分的な知識しかもたないかぎり――少なくとも何が賦課されているのかは知っているだろうが――賦課によってピーターに関連があるにすぎないことが、ピーターの内在的レリヴァンス・システムの一要素であるとしても、この部分的な知識は、十分な程度の精確さを決して持ちはしないだろう。賦課的レリヴァンスは、空虚で充実されない予想にとどまって

いるのである。(Schutz 1964：128)

ここで注目すべき点は、第一に、動機連関の議論と同様に、各当事者の「内在的レリヴァンス・システム」のある部分は他者には共有されないという点である。しかし、当面の目的にとって私たちは、他者の動機を、個人的なライフプランの諸地平やその動機の背後にある個人的諸体験、またその動機を規定している独自な状況とその動機の結びつきを含めて把握する必要はない。なぜなら、「私は他者との相互行為の関係に、私の全体的パーソナリティをもって参与するのではなく、パーソナリティの特定の層をもって参与するにすぎない」(Schutz 1962：19) からである。私たちは明示された断片を単位行為と見なさざるをえないにもかかわらず、観察された行為をもとに、その行為の基層にある「目的動機」を見出し、行為者の主観的観点から解釈することができる。要するに他者の行為を類型的な状況、目的、手段などと類型的な動機との結びつきを含めて、その行為の類型的な動機まで還元できれば、当面の目的にとっては十分なのである。かくして反証が現れるまでは、行為者にとっての行為の意味と観察された行為の意味は対応していると仮定するのである。

第二に、社会的行為は、他者の「内在的レリヴァンス」が行為者に賦課され、行為者が自らの「内在的レリヴァンス」の体系を表明してそれを追求してゆく自由が、他者からの「賦課的レリヴァンス」によって制限されているという事実によって特徴づけられる点である。すなわち「トピック的レリヴァンスは、個人や社会集団としての私たちの同胞や私たち自身の作用によって規定されている社会的相互行為によって賦課される」(Schutz 1970：29) のである。端的に言えば、他者は私の企図を妨害するものとして立ち現れる、ということである (Schütz 1981：81)。したがって、たとえばチェスのプレイヤーは相手の一手ごとに自らの企図した行為経路を変えていかねばならないし、同じく司令官は、敵の出方に合わせて戦術・戦略上の計画を調整しなければならない。またビジネスマンも、競争相手や顧客などの行動にしたがって自らの方針を調整しなければならないことになる（Schutz 1970 : 113）。

ここでは、二節で確認した私の行為の「目的動機」が相手の対応行為の「理由動機」となり、逆に相手の行為の「目的動機」が私の対応行為の「理由動機」となるだろうという一人称的観点からの予想は、私の行為の「内在的レリヴァンス」が相手の対応行為の「賦課的レリヴァンス」となり、逆に相手の行為の「内在的レリヴァンス」が私の対応行為の「賦課的レリヴァンス」となるという俯瞰的観点からの事実に置き換えられ、そのかぎりで単独の行為者に内在的な視点を脱しているように思われる。それでは、このような動機連関とレリヴァンス連関はいかなる関係にあるのだろうか。先に指摘したように、動機連関が「主観的時間」の水準に位置づけられるとすれば、レリヴァンス連関もまた同様の水準に位置づけられるのだろうか。それとも「主観的時間」とは異なる時間の水準に位置づけられるのだろうか。次節では、時間的な観点からそれぞれの連関を検討することによって、両者の違いと関係を明らかにする。

四　相互行為と時間の交差

二節で確認したように、相互行為を予想という「主観的時間」の枠組みのなかで考えた場合、私の「目的動機」（未来）によって導かれた行為（現在）が相手の「理由動機」（過去）となり、その「理由動機」が相手の「目的動機」（未来）を構成し、その「目的動機」によって導かれた行為（現在）が私の「理由動機」（過去）となり、その「理由動機」が私の「目的動機」（未来）を構成し、その「目的動機」に導かれた行為（現在）が……というように、時間様相はあくまで私の「未来」という大枠において未来→現在→過去→未来→現在→過去……という仕方で推移するような予想にとどまっている。

たしかに、そうした予想が現実の人間や社会を動かしている側面もあるし、空虚な予想の充実を待っていたのでは、とりわけ未来を先取る精神によって特徴づけられる市場経済は成り立たない。しかし、ここでは私と他者による時間の構成を問題にしており、たとえそのときどきの「現在」において実際に予想が充実したりしなかったりすることが判明するとしても、動機連関が「主観的時間」における「未来」という時間様相に位置づけられる点を確認するだけで十分である。

それに対してレリヴァンス連関は、さしあたって私の「目的動機」の枠組みのなかで（内在的レリヴァンス）、その「目的動機」に動機づけられて相手の「理由動機」が現実に生じ（賦課的レリヴァンス）、その「理由動機」が回答という相手の「目的動機」を構成し（賦課的レリヴァンスの内在的レリヴァンスへの変換）、この相手の「目的動機」を実現するための行為が同時に私の「目的動機」の実現になる、ということを示している。すなわち、私による相手の「目的動機」の理解というよりも、(2) 相手自身の「目的動機」を実現するための行為が、私の「目的動機」を実現する手段となり、私自身の「目的動機」を実現するための行為が、相手の「目的動機」を実現する手段となるという仕方で、それぞれの「目的動機」の実現が、相手の行為に依存しているのである。

それゆえ、先にさしあたってという表現を用いたのは、一方で私の「目的動機」もまた、他者の「目的動機」に動機づけられたものでありうること、他方でそれぞれの「目的動機」の区別がしだいにメビウスの帯のように無意味になってゆくことを意図してのことである。私の「目的動機」と相手の「目的動機」がひとつに収斂してゆくと考えてもよいだろう。この意味で、私の「目的動機」と相手の「目的動機」を包括するようなより上位の「目的動機」は、しばしば想定されるように相互行為の前提ではなく、相互行為の結果として見出されるものなのである。そうした

「目的動機」は、相互行為の具体的なあり方に応じてさまざまなものが考えられるし、もちろん結果として見出されないことも考えられるだろう。

このようなレリヴァンス連関を時間的な観点から見ると、たとえば、私が何らかの状況において不明点を解消するために適切な回答を得る、という一連の企図（未来完了時制の事態）を実現するために、「現在」において質問するとしよう。すると、相手はその質問に動機づけられて（過去）、適切な回答をして私の行為を方向づけるという企図を実現するために、後続の「現在」において回答することになる。

ここには、両者の時間の交差を見出すことができる。それは、私の「未来」が私の「現在」とともに、相手の「過去」、「未来」、「現在」を新たに構成し、相手の「未来」が相手の「現在」とともに私の「過去」、「未来」、「現在」を新たに構成するというように、私が構成した「未来」に、私だけでなく相手の「現在」の行為も方向づけられ、相手が構成した「未来」に、相手だけでなく私の「現在」の行為も方向づけられるような両者の協働による時間構成である。すなわち、時間の交差とは、企図がそれぞれの時間意識における「現在」を統一するだけではなく、そのようにして統一された両者の「過去」、「未来」、「現在」という時間構成が交差することによって、ひとつの「社会的現在」が共構成されることを意味しているのである。

かくして、動機連関はレリヴァンス連関における時間の交差に支えられていると考えることができる。言い換えれば、「目的動機」の理解は「目的動機」の共構成に支えられている、ということである。それゆえ、「主観的時間」における予想は、いつもすでに「社会的現在」における予想であり、「動機の相互性の理念化」は、両者の協働による時間構成に基礎づけられていると言えよう。

しかし、このような両者の「主観的時間」の交差によって、ただちに「社会的現在」が構成されると言えるだろうか。人間が単一の状況においても多様な目的・関心をもちうる存在であるかぎり、この「社会的現在」には、当面の諸目的とは関係がないような諸行為や、そうした行為によって構成される時間様相も含まれうるだろう。また、「社会的現在」ということが意味をもつためには、それと対比される「過去」と「未来」が必要だろう。それでは、各人の構成する時間様相はいかにして統一され、両者にとってひとつの「社会的現在」という単位はいかにして画定されるのだろうか。

五　社会的現在の統一

ここで、単独の行為における「現在」の構成と、行為連関における「社会的現在」の構成の違いについて補足しておかねばなるまい。単独の行為においては、「現印象」を中心に「予持」と「把持」という時間地平がひとつの「現在」を構成するのに対し、行為連関においては、「現在」を中心に「未来」と「過去」という時間地平がひとつの「社会的現在」を構成する。もちろん、「社会的現在」に含まれる時間地平は、各人の諸目的に応じて複数ありうるが、ここでは煩雑さを避けるために単一化して考える。それでは、「現在」とその時間地平を統合して、ひとつの「社会的現在」を構成するものは何だろうか。

単独の行為においては、すでに述べたように、企図が「過去」と「未来」から境界画定された「現在」を統一する（Schutz 1964 : 291）。しかし行為連関においては、先に見たように、「現在」という時間様相（位置づけ）が私と相手では異なるのであるから、「社会的現在」の統一を企図という内的契機にのみ求めるわけにはいかない。そこで重要な鍵となるのが、外的な「客観的時間」である。時計時間や暦に代表される「客観的時間」は、天体運動をはじめ、現在では振り子や水晶の代わりに、セシウム原子の状態を変化させる電波の振動を基準に構築されているが、このような「客観的時間」は外延的な規定にすぎず、それ自体に時間的な意味はほとんどないし、そこに時間的な流れも見出せない。

時間に意味と流れをもたせるためには、時間という現象を、意識あるいは行為と、天体あるいは時計の運動の相関のうちにあるものと捉える必要がある。私たちは「志向的体験」における企図をとおして意識に内在した「主観的時間」を構成し、行為を現実化する際に、この「主観的時間」を、意識を超越した「客観的時間」に外在化する。すなわち、そこに「主観的時間」を反映させるという仕方で「客観的時間」に意味を付与する、ということである。ここには同時に、「客観的時間」が「主観的時間」のあり方を照射するという相互反映的構造が見出せる。このようにして「主観的時間」と「客観的時間」が交差するところに「社会的時間」[3]が構成されるのである（飯田 2009）。シュッツによれば、「社会的時間」とは、「自然的態度のうちにある相互主観的な日常生活世界の普遍的な時制構造」であり、それは「私たちすべてに共通しているがゆえに、個々人で異なるプランの体系を相互主観的に調整することを可能にする」ものである（Schutz 1962：222）。

だが、ここでまず問題としなければならないのは、シュッツの論じる「社会的時間」という概念についてである。[4]シュッツは単独の行為者を想定しているため、「主観的時間」と「客観的時間」が交差するところに、基準としての「社会的時間」が構成されると考えているが、この考え方には、私と他者がそれぞれ別々の「社会的時間」を構成しうることが含意されてしまっている。それゆえ、両者は自らの「主観的時間」が反映された「社会的時間」を調整するために、その前提となっている「客観的時間」という基準を再び参照せざるをえないという問題が生じる。

本章では、そうではなく、「主観的時間」の交差と「客観的時間」との統合から、「社会的時間」が構成されると考える。すなわち、「社会的時間」が構成されたあとに相互行為が生じるのではなく、相互行為のなかで「社会的時間」

が構成されると考えるのである。ここに、本章で用いる「社会的時間」とシュッツが用いる「社会的時間」とを区別して論じなければならないひとつの根拠がある。さらに言えば、この意味での「社会的時間」には、単独の行為者が構成する「社会的時間」とは異なり、「過去」と「未来」がいまだ構成されていない。この点については、六節で検討する。そうすると、つぎに問題としなければならないのは、いかにして調整がなされるのか、という点である。

いかなる相互行為であっても無際限に続けることはできず、また実践的な諸目的のための相互行為には、締切りをはじめとする制約がつねに存在する事情に鑑みて、――「客観的時間」が反映された――「社会的時間」が示す日付や時刻を用いて当該時間を少なくとも二点で区切るならば、区切りの一方を「より後」の目的等が置かれる「未来」、他方を「より前」の「過去」、それら両者のあいだを「現在」とみなすことができよう。ただし、ここでの「未来」と「過去」は、単なる時点にすぎないことに留意する必要がある。これらに実質的な意味内容をもたせるためには、六節の議論を待たねばならない。いずれにせよ、行為連関における「社会的現在」は、時間の量化によって定められた日時までに目的を達成するという合意によって決められるのである。

もちろん、このように画定された「社会的現在」は、四節で考察したように、「主観的時間」の交差によって支えられている。それゆえ厳密に考えると、各々異なる行為者がいかにして合意に達するのかということが問題となろう。しかし、もはや「社会的現在」は、それぞれの「主観的時間」に還元できるものではないし、何よりここでは、本当に合意しているかどうかはさほど問題とはならない。問題は、合意していると思えること、すなわち時間を共有していると思えることであって、それを前提として、相互行為が滞りなく進むかどうか、ということである。だからこそ、いったん構成された「社会的現在」には「今なすべき」という社会的価値が付与され――あるいは当面の目的にとって関係のある事柄とない事柄とを規定するような社会的レリヴァンスが構成され――、各行為者の「主観的時間」とは独立に存在することによって、各々の行為を拘束することになる。すなわち、いわゆる個人的な行為は、今なすべきことから逸脱した行為として可視化され、そのつど他者から否認されたり、行為の修正が求められたりすることによって、「社会的現在」は支えられているのである。

六　社会的現在の地平と社会的時間

以上により、「社会的現在」は、各行為者が構成する「主観的時間」の内的統合、およびそのようにして統合された「主観的時間」の交差と「客観的時間」との外的統合という、二つの統合によって構成されると考えることができる。「社会的現在」は、諸目的を達成するための社会的行為が現実に進行する時間様相であり、その意味で「生ける社会的現在」といってもよい。そして、ひとたび構成された「社会的現在」は、それぞれの行為を外在的に拘束し、これら二つの統合を安定させる機能を果たす。すなわち、「社会的現在」という契機において、内的統合と外的統合が行為者間で統一されるのである。

しかも、これらの統合は、たんに現実の「社会的現在」を構成するだけではなく、同時に「主観的時間」の交差と「客観的時間」との可能的・潜在的な統合が、「地平としての社会的現在」を構成する。この「社会的現在」の地平において、一方で先行の「社会的現在」が「社会的過去」として、他方で後続の「社会的現在」が「社会的未来」として、実質的な意味内容を伴って措定され、「社会的時間」が構成されるのである。

加えて、その垂直レベルにおいて、私の「主観的時間」と他者の「主観的時間」がそこにおいて交差しうる「志向的体験」の位相が、「地平としての社会的現在」の地平を構成することになる。「志向的体験」は、時間地平の時間地平として「社会的時間」という構造的まとまりをはるかに超えて拡がってゆくのである。ここには、「志向的体験」

から「主観的時間」が差異化され、そうした「主観的時間」の交差と「客観的時間」の統合が「社会的時間」を構成し、この「社会的時間」の地平として、「主観的時間」と「志向的体験」が構成されるという自己言及的循環が見出せる。この意味で、「志向的体験」は、すでに社会性を帯びた体験であり、相互行為における時間の交差の背景には、地平としての「志向的体験」の共有が見出されるのである（同時性）。

そして、「社会的未来」に位置づけられる諸目的が達成されようとなかろうと、基本的には、あらかじめ定められた日時を迎えることによって「社会的未来」が「社会的現在」へ、「社会的現在」が「社会的過去」へ移行し、「社会的時間」が推移することになる。ただし、このような推移がまさしく推移として成り立つためには、空間化された量的時間だけでなく、「過去」へ移行しないような地たる背景が必要となろう。そうした背景こそ、時間様相を伴う「主観的時間」と差異化されているがゆえに、各行為者に共有される「志向的体験」にほかならない。(5)

もちろん、私たちは、このような「社会的時間」とは別に、あるいは同時に、自分自身の「主観的時間」や個人的なプランを生きることもできよう。かりに社会的意味連関と主観的意味連関とを区別するならば、両者の関係は、一方の内部に他方が組み込まれたり、他方の内部に一方が部分的に組み込まれたり、両者が平行したり、とさまざまな形式がありうるだろう。しかし、社会的存在たる私たちが純粋に「主観的時間」を生きることは不可能であると考えるならば、主観的と社会的という両者の区別は相対的なものとなるだろう。すなわち、社会関係を前提にして、その関係の直接性や能動性、あるいは顕在性の程度に応じて、主観的または社会的であると恣意的に言いうる、ということである。

七　結論

このように見ると――「間柄」における実践的行為連関を強調する和辻哲郎（和辻 2007：278）と同様に――私の「過去」の社会関係は、私の「主観的記憶」というよりも、むしろ社会関係のなかで構成される「社会的記憶」であり、「未来」の社会関係もまた私の「主観的予想」というよりも、むしろ社会関係のなかで構成される「社会的予想」であると考えることができる。社会関係における体験や時間を、私自身の体験や時間に還元することはできない、ということである。意識が「現印象」を超える時間地平を伴い、行為が「現在」を超える時間地平を伴うのと同様、社会的行為も「社会的現在」を超える時間地平を伴っている。社会的行為は、このような時間地平において、すなわち「社会的過去」に規定されながら、「社会的現在」において「社会的未来」を目指すという構造によって特徴づけられる。「社会的時間」は、社会関係のなかで構成されると同時に、そのように構成された「社会的時間」が社会関係を構成するという仕方で、社会関係そのものがすでに「社会的時間」を前提し、そのなかにおいてのみ成り立つのである。

かくして、「社会的時間」について考察しようとするならば、社会関係のひとつの契機としての「主観的時間」や、その環境として位置づけられる「客観的時間」を主題化するだけでは不十分である。また、本章で見てきたように、「主観的時間」に定位して、「社会的時間」を考察しようとする試みにも限界がある。「社会的時間」は、社会関係のなかで「主観的時間」の交差と「客観的時間」とが統合されるところに成立し、その意味で個人に還元することはできない創発的な社会関係そのものの時間と考えられるからである。(6)

しかし、だからといって、このような創発的な社会関係に対して、創発特性を帯びていない行為を想定しているわけではない。先に指摘したとおり、「志向的体験」はすでに社会性を帯びた体験であり、行為もまたさまざまな程度で他者と関係づけられているからである。したがって、「主観的時間」と「社会的時間」もまた截然と区別することはできない。ともすれば、私たちは、相互行為を通じて「社会的時間」が構成され、そうした相互行為から離れて「主観的時間」が構成されると考えがちであるが、このような過程が繰り返されるということは、実は「志向的体験」を下地にして、円を描いていると考えることができるだろう。すなわち、「社会的時間」を構成することは、同時に「主観的時間」に向かうことであり、「主観的時間」を構成することは、同時に「社会的時間」に向かうことなのである。円周上のどの一点も、「主観的時間」と「社会的時間」の両方の意味をもっている。しかもこの円環は、それを社会化（Vergesellschaftung）の過程として捉えるのであれば、同一の円がたんに循環するようなものではなく、螺旋状に循環するような創造的な円環となる点に留意する必要があろう。この意味でもまた、「主観的時間」と「社会的時間」は切り離して考えることはできない。そしてこのかぎりにおいて、「主観的時間」とは、すなわち「社会的時間」である[7]、と言いうるのである。

【注】

(1) そこでは、時間意識の観点からシュッツの「同時性」概念を検討し、「同時性」の水準のもとでは時間地平は分節化・差異化されておらず、そのかぎりで私と他者の意識の流れに差異がないこと、真の問題は「主観的時間」の共有にあることを指摘した。そして「同時性」における時間地平の構成、とくにシュッツの論じる「相互主観的現在」の構成について確認し、そこに見出される「主観的時間」の理解の問題を、顕在化させることなく繰り延べするような機制、すなわち時間を共有していると思える機制とその社会的条件を「否定の否定」の手続きと「標準的時間」の構成に求めた（飯田 2019）。

(2) 「理解」という概念に孕まれる諸問題については、とくにベルンハルト・ヴァルデンフェルス（Bernhard Waldenfels）

の一連の議論（Waldenfels 1971, 1980=1987）を参照されたい。彼は、「私は誰かとともに何事かについて諒解しあう」という「相互諒解」という考え方から、相互行為における他者は客観としてではなく、共同主観として登場することを指摘し、私の行為はその意味を他者の行為と分け合う点を強調している。同様の方向性をもった試みとして、リヒャルト・グラートホフ（Richard H. Grathoff 1970）、および中村文哉（1997）の議論を、また動機連関を規則に支配された動機の相互乗り入れと捉える浜日出夫（1985）の議論も参照されたい。

（3）精確に言えば、「外的時間」（客観的時間・宇宙的時間）と「内的時間」が交差するところに構成される時間は、「市民的時間」あるいは「標準的時間」と呼ばれる（Schutz 1962：222）。だが、「生活世界的時間」に関わる別の文脈では、「疑問の余地のない世界の時間構造の特徴は、内的時間という次元が、身体の生物学的時間、自然の宇宙的時間、そして社会的時間と交差するところにある」（Schutz 1970：181）、「[限定的意味領域の一つの認知様式である]特有の時間パースペクティブは（中略）自然科学における同質的な時間と空間から区別されるし、またつぎの時間から、すなわち内的時間と世界時間の交差点に起源をもち、なおかつ相互主観的な生活世界の普遍的な時間構造の基礎として働く社会的な標準的時間から区別される」（Schütz und Luckmann 1979：53）、あるいは「生活世界的時間の構造は、意識の流れ、すなわち内的持続の主観的時間と、生物学的時間たる身体のリズム、世界時間たる季節、社会的時間たる暦の交差において構築される」（Schütz und Luckmann 1979：75）と論じられるように、「標準的時間」の代わりに、それとほぼ同じ意味内容をもつ「社会的時間」という表現も用いられている。以上の事情により、本章では「標準的時間」と「社会的時間」をほぼ同内容の概念とみなし、もっぱら「社会的時間」という表現を用いる。

（4）以下で指摘する問題と関連するものとして、「社会的時間」がその時間的意味とともに行為者間で同一の基準として妥当するのは、同一の限定的意味領域における「時間パースペクティブ」を共有する行為者間に限定されてしまうという問題もある。この問題については、「ワーキング・ワールド」は日常生活世界の極限概念として理念化されており、そういうものとして主題化される「日常生活世界」にはいまだ多様な内容をもった意味領域が構成されていないという事情を、またかりに意味領域が構成されているとしても、共通の「時間パースペクティブ」は事後的に構成されうるという事情を指摘することによって対処したことがある（飯田　2009）。

（5）このような背景は、そこから「顕在的現在」が分化するような「見かけの現在」（志向的体験）という潜在的地平に求められるだろう。「見かけの現在」においては、先行の体験を把持的変様として同時に構成しつつ、他方で後続の体験へと「予持」によって同時に方向づけられた継起的な体験連関が見られるだけであり、「過去」、「現在」、「未来」という時間様相が構成されていない点がポイントとなる（飯田　2017）。

（6）意識や行為というよりも、むしろ社会が時間を構成する側面を強調することは、情報・通信技術の発展とともに、私たちがいつでもどこでも誰とでも顕在的・潜在的に結びつくこととなった現代社会を分析するにあたって、とりわけ大きな意義をもつだろう。このような社会は、過剰な「賦課的レリヴァンス」が課せられる一方、「内在的レリヴァンス」が縮小してゆく傾向にあると見ることができるからである（Schutz 1964：129）。私たちは、自ら時間を構成し、時間を制御する主体性を失い、社会によって構成された時間に制御される客体になりつつある、ということである。マルティン・ハイデガー（Martin Heidegger）の言葉を用いれば、「社会的時間」を通して社会に用立てられているのである。こうした状況を踏まえた時間の問題については、稿を改めて論じるつもりである。

（7）このような即一観には、仏教教理に向上と向下の二方向を見出し、両者の一致を説く長尾雅人の思想が反映されている（長尾　2014）。

【引用・参考文献】

Berger, P.L. and Luckmann, T.（1966）*The Social Construction of Reality : A Treatise in the Sociology of Knowledge*, Anchor Books.

Grathoff, R.H.（1970）*The Structure of Social Inconsistencies : A Contribution to a Unified Theory of Play, game and Social Action*, Martinus Nijhoff.

浜日出夫（1985）「シュッツと『意味』の社会学」江原由美子・山岸健編『現象学的社会学』三和書房、pp.91-107.

飯田卓（2009）「行為と時間——生活世界的時間の解明に向けて」『早稲田大学大学院文学研究科紀要』54（1）：67-81.

———（2017）「「見かけの現在」の再検討——A．シュッツの行為論の観点から」『東京情報大学研究論集』21（1）：89-101.

———（2019）「同時性と時間意識——社会的時間の解明に向けて」『東京情報大学研究論集』22（2）（刊行予定）

長尾雅人（2014）『「維摩経」を読む』岩波現代文庫

中村文哉（1997）「A. シュッツの現象学的社会理論における相互行為の問題系」『現代社会理論研究』7：33-44.

那須壽（1992）「現象学と社会学——社会学の『基礎づけ』の諸相」『情況別冊』9：86-103.

——（2000）「社会学的概念を『厳密化』し『根源化』する試み——『社会関係』概念を手がかりに」『早稲田大学大学院文学研究科紀要』45（1）：111-127.

Schutz, A.（1962）*Collected Papers I : The Problem of Social Reality*, Martinus Nijhoff.

——（1964）*Collected Papers II : Studies in Social Theory*, Martinus Nijhoff.

——（1970）*Reflections on the Problem of Relevance*, Yale University Press.

——（1981）*Theorie der Lebensformen*, Suhrkamp.

——（2004）*Der sinnhafte Aufbau der sozialen Welt*, UVK.

Schütz, A. und Luckmann, T.（1979）*Strukturen der Lebenswelt*, Bd.1, Suhrkamp.

Waldenfels, B.（1971）*Das Zwischenreich des Dialogs*, Martinus Nijhoff.

——（1980）*Der Spielraum des Verhaltens*, Suhrkamp.（＝1987, 新田義弘・千田義光・山口一郎・村田純一・杉田正樹・鷲田清一訳『行動の空間』白水社）

和辻哲郎（2007）『倫理学（一）』岩波文庫

第三章　予想外のことを予想する？——知識の一部としての好奇心

ヤン・シュトラースハイム（関水　徹平　訳）

一　はじめに

好奇心をもつことが世界の未知の側面を発見する助けとなるかぎりにおいて、知識（Wissen）は好奇心を前提にしている。しかし、何かを探求するなかで、既知のことを放棄するに至るような場合には、好奇心は知識を妨害することもある。このような緊張関係は、一見、ある種の「分業」によって緩和されるようにみえる。すなわち、好奇心をもって新しい知識を生み出すのは学問（Wissenschaft）の仕事であろう。他方、日常生活ではどうかというと、私たちは、ルーティーンや自分たちがすでに有用であると知っているようなものに関する諸々のカテゴリーに固執するのだ、といったようにである。だが、これは本当だろうか？　私たちの日常生活とは、好奇心を欠いたルーティーンの問題なのだろうか？　もしそうだとすれば、どのようにして、またなぜそもそも学問のような好奇心に満ちた企てが発展しえたのだろうか？　学問的な好奇心は、われわれの日常生活における諸問題にとってもっと「有用」なものであらねばならぬ、との要求を、私たちはどのように理解すればよいのだろうか？

本章では、アルフレッド・シュッツ（Alfred Schutz）の現象学的社会学を批判的に参照しつつ、知識と好奇心の関係にアプローチしたい。第二節では、行為と経験の類型的なパターンが知識と好奇心の両方に対して果たす役割からみた、知識と好奇心の逆説の関係を手短に概観する。本章の最大のパートである第三節では、日常生活と学問の両者に及ぶ抽象的な「人間学的」分析水準でこの問題を取り上げる。そのうえで、最終節（第四節）において「学問的」好奇心の形成に寄与したであろういくつかの歴史的な側面について考察しよう。

異なった文化的状況における学問的な好奇心の展開の一因となった社会学的・歴史的・認識論的な諸要素を記述することは、私の専門知識をはるかに超えている。そのため、この最終節では、哲学者ハンス・ブルーメンベルク（Hans Blumenberg）の著作（1988）に大きく依拠し、好奇心という概念がヨーロッパの歴史のなかでどのように明示的な仕方で思考されたのかということだけに言及する。これを背景として、最終節は、学問的な好奇心が社会にとって「有用である」べきなのかどうかをめぐる、より最近の議論についての短い推測的な記述でしめくくられる（四節二項）。

二　知識と好奇心

知識は類型と関係する。つまり、知識は類型的なパターンを認識するか、あるいはそれを再生産する能力と関わっている。このことは、私たちの経験と行為の両方にあてはまる。(1)

（a）経験における類型的パターン。すでに知っている類型に含まれる対象に遭遇するとき、私はその対象の類型的な特徴や行動を認識することができるし、予測することさえできる。そして、私は別の環境下でも、また別の事例に対しても、このことを繰り返し行なうことができる。たとえば、私が猫とは何かを知っている場合、私は個々の動物の無限の多様性を猫として理解し、それがネズミを追いかけ、ニャーと鳴くと予測することができるだろう。

（b）行為の類型的パターン。何かをどのように行なうかを知っていることは、類型的な状況において類型的な結果をもたらすであろう類型的な手続きをもつことを意味する。もし私がパンクしたタイヤの直し方を知っているならば、それがおおよそ私の知っている自転車の一類型であるかぎり、私は多くのいろいろな自転車を修理できる。「猫」のような類型を知っていること、あるいはタイヤを直す類型的な手続きを知っていることで、私は多くの状況を、それらが私のすでに知っている類型的な諸特徴を備えているかぎりにおいて、「おなじみの（old）」状況と同じように慣れ親しんだ（familiar）ものとして経験することができる。日常生活において、私たちはこうした慣れ親しんだ「おなじみの」諸側面に強い関心を抱いている。そのひとつの理由は、そうした諸側面が、私たちにとってしばしば「有用（useful）」だからである。私たちは、類型を理論的な目的のために用いることもできるし、より実践的な目的のために用いることもできるし、あるいは楽しみのために用いることもできる（たとえば猫と遊ぶ場合のように）。

だが、私たちがまだ知らない何かに遭遇した場合はどうだろうか。私が知っている類型のどれにも対応しないような状況は、私にとって慣れ親しんだものではなく、見慣れない（strange）ものである。私にとってそれは「おなじみの」状況ではなく、新たな（new）状況である。そのため、私はおそらくこの新たな状況がどのように自分にとって有用であるのかが分からないだろう。ここまで述べてきたようなことを聞くと、次のように予想するものもいるかもしれない。すなわち、人びとはそうした状況を、もしできるのであれば避けようとするのではないか、と。だが、実際のところ真相は逆である。見慣れない、新たな、そして明らかに有用でない諸側面は、しばしば私たちの関心を惹きつける。私たちはまさにそうした諸側面に特有の関心をもっているようである。この特有の関心を好奇心と呼ぶことにしよう。

こうした関心を表す英語は「curiosity」である。この英単語を他の言語に翻訳してみると、この関心の多様な様相が明らかになる。日本語の「好奇心」は、見慣れないもの、奇（rare）なもの、私たちが「普段（usually）」見いだす、あるいは私たちが「通常（normally）」従うパターンにフィットしないものへの選好という側面を強調している。ドイツ語のNeugierは、私たちがすでに慣れ親しんでいるもの、その意味で「おなじみの」ものとは対極にある、文字通り「新たな（neu）」ものへの「貪欲さ（Gier）」を表している。英語の「curiosity」は、ラテン語のcuriositasに基づいている。それは無用さ（uselessness）という側面を捉えている。すなわち、curiositasという語は、私たちがもつべき関心を超えた、事物への過剰な「関心」や「注意（cura）」を強調する。この後者の側面は、好奇心についての見方の歴史を遡及的に指し示している。この点については後に立ち返ることにしよう。ここでは、次のことだけを書き留めておきたい。私たちが何に関心をもつべきかということに関するあらゆる考えは、私たちが「類型的に」有用にあるいは望ましく思い、それゆえ私たちの関心に値すると考えるものと関係する。このことを示すのは、英語の「curious」という形容詞が、奇妙な、あるいは通常ではないがゆえに私たちの興味を喚起するようなものを指すこともあるという事実である。

このように説明される「curiosity」は、あたかも「知識」の対極にあるように聞こえる。ある意味では、その通りである。この二つは、私たちを正反対の方向に連れて行く。知識は、それが類型的なパターンに基づいているかぎりにおいて、私たちの経験と行為における慣れ親しんだ諸側面へと、類型的に期待される仕方で繰り返し生起し反復されうる諸側面へと、類型的な使用に役立つ諸側面へと、私たちを方向づける。対照的に、好奇心は私たちにとって見慣れない新奇な（novel）諸側面へと私たちを方向づける。それはまさにそうした諸側面が類型的なパターンにフィットしないためである。同じ理由から、見慣れない新奇な物事の多くは、いかなる類型的な使用にも役立たない。さらにいえば、好奇心は強力な関心であるため、見慣れない新奇な物事は私たちの「気を逸らせ（distract）」、安全で従うに足るものだと私たちがすでに知っている類型的なパターンから私たちを引き離す。多くの労働災害、交通事故、疑似科学の理論、会話における意図せざる失策は、好奇心をもち過ぎて、確立されたルーティーンにたんに忠実であることができなくなってしまった人びとと関係している。

一方で、知識はある程度の好奇心を必要とする。このことが最も明白なのは、新しい知識を獲得する際である。多くの科学的発見、技術の発明、政治的アイディアは、その時代と場所における類型的な知識を厭うことなく乗り越えた好奇心あふれる人びとのおかげである。彼／彼女らの好奇心は、はじめはまったく役に立たないものに見えたかもしれない。しかしそれは、時を経る中で、後に標準的な知識となるような新しい類型を生み出すに至り、それまでは想像すらされなかったような新しい効能をもたらしてきたのである。そうした新たな知識のうちのいくつかは、それまでは疑問視されることのなかった知識を無効にさえした。同様に、しかしそれほど劇的ではないにせよ、私が先生や両親から常識を学ぶ時、この学習は私がたった今まで自明視していた知識を踏み越えることを求める。おそらくは、私のかつての知識のいくつか（たとえば、コウノトリが赤ちゃんを運ぶこと、太陽が空を「動いて」行くこと）を手放し、はじめは私にとって見慣れない新たなものに思える何かに置き換えることさえも要求するのである。このようなことは、学ぼうという能動的なレディネスによって可能になっている。そして、こうしたレディネスは、やはり好奇心を指し示しており、もしも私たちのすることがすべて私たちのもつ類型的な知識にしがみつくことでしかないのだとしたら説明がつかないものだろう。

言い方を変えると、知識と好奇心は逆説的な仕方で関わり合っている。好奇心は知識の獲得にあたって少なくとも重要な役割を果たしており、知識についての説明はこうした役割を考慮に入れるべきである。しかし、知識が類型的なパターンに従い、一方で好奇心が私たちを類型的なパターンから逸らすという点で、両者の概念的な統合は単純な問題ではない。私たちは知識と好奇心を互いにどのように関係づけるべきなのだろうか？

三 「人間学的」要素としての好奇心

本節では、行為と経験の構成において、類型的なパターンとそうしたパターンからの逸脱とがどのように関わり合っているのかを考察することで、知識と好奇心の関係を抽象的なレベルで検討する。このレベルでの分析を「人間学的」（シュッツ）と呼ぶにせよ「プロト社会学的」（ルックマン）と呼ぶにせよ、ここでの文脈におけるそのような分析の重要性は、それが日常生活と科学的活動の両者に及んでいることである。

（一） 類型の中心的な役割

私たちは、そもそも行為と経験において、なぜ類型的なパターンに従うのだろうか？ 私たちがそうするという事実は、はじめは自明であるようにみえるし、「自然」であるようにさえみえる。だが、別の傾向性、つまり「好奇心」の存在自体が、既存の類型やルーティーンに従うだけが唯一可能なやり方ではないことを示唆している。人間には新しいことの探求につねに徹底的に好奇心をもち、類型的な知識をつくり上げるために用いられえたものすべてを絶えず投げ捨てる可能性が理論的にはある。実際にはそうではないという事実は、説明を要する。

アルフレッド・シュッツは人間が無限の世界における有限の存在であることを強調する。私たちの知識は、私たちが知りうる事柄のわずかな断片に及ぶにすぎない。世界の大部分は私たちにとって未知である。また、私たちがそのような仕方で限界づけられているという事実に私たちは慣れ親しんでいる。私たちは、自分たちがまだ知らないことが数多くあるということ、そしていくつかの事柄については決して知ることがないだろうことを知っている。シュッツが言うように、全体としての世界は私たちにとって「不透明（opaque)」（Schutz 1966：130=1998：201）であり続けることを、私たちは知っている。このことを前提とすると、人びとが類型的なパターンに従うことは理解しやすい。世界は私たちがまだ知らない機会を保持しているかもしれないが、それはまた未知の危険や失敗のリスクであるかもしれない。経験と行為の類型化は、過去に成功したと私たちがすでに知っているやり方に忠実であることを可能にし、失敗を繰り返すはめに陥ることを避けられるし、そうしたやり方を見出すために必要なコストを払うことも避けられる。類型化は過去に私たちが遭遇した諸側面に焦点化し、そうした諸側面を、同様の諸側面が再来するだろうという予測、あるいは私たちは同じ結果を再びもたらすことができるだろうという予測として、未来に投影する。このようにして、知識はいったん獲得されると私たちの「知識の集積」(Schutz 1966：121=1998：191) の永続的な財産となりうるし、繰り返し用いられる準備ができた状態になる。

いいかえれば、私たちを取り囲む世界、そして私たちの内にある世界がもし鬱蒼とした変わりゆくジャングルであるならば、その大部分は私たちにとって「不透明」であり、類型的なパターンに注目することによって、未来の移動においても引き続き従うことが可能な、安全な小道を切り開けるようになる。さらに、類型的なパターンによって、私たちはそうした小道同士を結びつけ、道の全体的なネットワークを形成することもできる。私たちの行為と経験における類型的なパターンの多くは、類型的に安定した結びつきによってたがいに関係づけうる、ということを私たちは発見する。このことによって、私たちの知識を体系的に統合することができる。シュッツが「料理教則本的知識」と特徴づけた私たちの日常知において、類型的な行為と類型的な経験はより複雑な「レシピ」の一部となりうる (Schutz 1964a)。たとえば、私が「ニャー」(ドイツ人なら「miau」) と呼ぶ類型的な音や、私が「ネズミ追い」と呼ぶ類型的に観察可能な行動は、「猫」という私の類型的な概念においてひとつになる。この「猫」という概念は、猫と関わり合うある一定のやり方は類型的に私を楽しませるが、また別のやり方は引っ掻かれることによる痛みへと類型的にいたる、といったような経験と結びついている。「猫」に関わる諸類型のこの全体的な複合体は、猫との未来の遭遇に適用可能である。それはまた私のレジャー・プラン（たとえば猫カフェに行くとか、猫を飼っている隣人の家に行くとか）の要素ともなりうるし、私の日常的な仕事（たとえば動物の飼育員として、猫の飼い主を訪ねざるをえないセールスマンとして）の要素ともなりうる。

同じくらい重要なこととして、類型的なパターンによって、私たちは知識を伝達することができる。さまざまな状況をまたいで持続的に繰り返し類型的に起こる事柄を、類型によって保管しておくことができるので、さまざまな個人が別の場所、別の時点で同一の類型を用いることができる。結果として、類型に基づく知識が共有されうる。個人の視点からすれば、知識を獲得するためのコストを二度も負わなくてよくなるだけでなく、コストを一切負うことなく他の人びとから知識を獲得することができる。もし、ジャングルの世界のなかで、私たち森の部族のメンバー一人ひとりが彼／彼女自身の小道のネットワークを切り開かなければならないとして、すでにいくつかの小道があり誰かがそれらをうまく使っているのだとしたら、それらを使わないということはあるだろうか。それはおかしなことである。したがって、私たちの個人的な知識の大部分が「社会的に獲得され」(Schutz 1964c : 131ff.=1991 : 185ff.)、しばしば世代を超えて引き継がれるということは驚くべきことではない。大勢のさまざまな個人が同一の類型を共有し、適用してうまくいく程度に応じて、その基礎にある類型的な予期は、その正当性を立証され、確証される。それゆえ、知識はそれが「社会的に是認される」場合に強化される (ibid.)。

最後に、類型的なパターンは知識それ自体を伝達するプロセスにとって決定的である。なぜなら、この伝達プロセスはコミュニケーションの一種だからである。過大な歪みや誤解がないように「同一」の類型を伝達するためには、コミュニケーションのメディアとして、社会的に共有された知識が必要とされる。そうした知識のもっとも重要なレパートリーは、私たちが共有する日常言語である。言語コミュニティの語彙や文法は、類型の「宝庫」である（Schutz 1962b : 14=1983 : 62）。対象や出来事の類型についての知識、そうした類型間の結びつきについての知識、対象や出来事に関連して追求されうる目的と行為についての知識は、語り手と聞き手の幾世代にもわたって精錬され、知識の継続的な伝達のためのメディアとして役立つ言語の中に結晶化される。

要するに、可能性としては無限な世界における有限な存在としての人間の実存は、たんに欠陥なのではなく、創造性と自己決定の源泉でもある。ひとりの人間の生のどの一瞬も、諸側面の無限の可能性を含んでおり、他の瞬間との結びつきの無限の可能性を含んでいる。私の生のいかなる瞬間であっても、その諸側面と結びつきの全体性において把握することは不可能である。私の経験と行為が高度に選定的（selective）であるからこそ、私はかくかくしかじかの「状況」としてこの瞬間を経験できるのであり、この状況において特定の行為を行なうことができるのである。この選定性を通じて、私は状況を「思考的、行為的、感情的に定義する」のであり（Schutz 1966 : 123=1998 : 193）、行為を「選択する（choose）」のである（Schutz 1962a）。そして、類型的なパターンを通じて、さまざまな時点における私の「定義」と「選択」はたがいに結び合わされ、また他の多くの人びととの定義と選択と結びつけられ、さらには文化全体とそれをつくり上げた幾世代もの人びとと結びつけられる。いいかえれば、無限の「コスモス（kosmos）」のなかにある私たちの小さな存在が、私たち自身がそのなかで生きる「小さなコスモス」（ギリシャ語でいうコスミオン（kosmion）、これはエリック・フェーゲリン（Eric Voegelin）の用語である：Srubar 1988）をつくり上げることを可能にする。

(二)「新たな」ものの問題

概観してきた類型的な知識についてのシュッツの考え方は、一貫しており、説得力もある。同時に、それはシュッツが認識してはいたがその生涯のなかでは解決できなかった理論的な困難へと通じている。

何よりもまず、シュッツはなぜ規則や構造ではなく「類型」について語ったのだろうか？　これは、再び、世界の豊かさと変化し続けるという性質のためであり、その大部分が私たちにとって「不透明」なためである。私たちの類型は、個人としての私たちが、あるいは文化が、これまでにたまたま遭遇し、類型化した、世界の断片からつくり上げられている。しかし、こうした断片からつくり出された類型が、未来において、あるいは私たちがその類型を適用しようとするあらゆる状況において、精確で有用なものであり続けるという保証はない。一見永遠にみえるある類型の有効性を、さらにいえば私たちの類型の体系全体を破壊するであろう事例に、私たちがこれまで遭遇しないできたことは、まったくの幸運以上のものではないのかもしれない。いいかえれば、経験や行為のいかなる類型も、未来において「問題」(この用語については後で立ち返る）に直面するかもしれない。初めは慣れ親しんだ状況にみえたものが、突如として見慣れないものだと判明することもある。これまでつねに有用であったルーティーンが、突然役に立たなくなるかもしれない。いかなる類型も、いずれかの時点では、間違っていたと証明されうる。これが、私たちがある類型を「自明視」していたとしても、私たちは「さらなる気づきが生じるまで」そうしているに過ぎないのだとシュッツが述べる理由である（e.g. Schutz 1962b : 7=1983 : 54; Schutz 1966 : 116f.=1998 : 203)。私たちが行為と経験における類型的なパターンに「疑問をもたずに」依拠している場合でさえ、このパターンを疑問視しはじめる状況が、いつ何時生起するかもしれないのだ。

さらにいえば、豊かでダイナミックな世界において、個々の状況はユニークである。同様に、固有の生活誌

（biography）、身体とパーソナリティをもつ個人と、まったく同一の個人は存在しない。いかなる二匹の猫の個体であっても、よくよく見れば、たがいに区別することができる。二つのまったく同型の壊れた自転車でさえも、完全に同じではない。あるいは、タイヤを修理する同一人物の動きが二度とも完全に同じということはない。したがって、類型によって経験と行為のなかで繰り返されることに忠実であることが可能になるという場合、厳密にいえば繰り返し（repetition）というようなものは存在しない、と付け加えなければならない（Schutz 1964b：114f.=1991：163）。類型によって、過去に「繰り返し」起きてきた同一の側面を予期することができる、という場合、この予期は厳密にいえばつねに充足されないだろうと付け加えなければならない（Schutz 1964d：287=1991：382）。いいかえれば、類型は、シュッツがフッサール（Edmund Husserl）とともに「以下同様（and so on and so forth）」「私はそれを繰り返し行うことができる（I can do it again）」と呼ぶ「理念化」に基づいている[2]（Schutz 2011：126）。

難しくなるのは、新たな行為を要求するかもしれない新たな経験に関してである。「おなじみ」の諸側面が私たちにとって類型的に慣れ親しんだものであるとすれば、新たな諸側面とは私たちがすでに用いている類型的なパターンに収まらないものである。類型が知識を形づくる以上、新たな諸側面は私たちにとって未知である。シュッツ（2011：185f.）は私たちの類型的な知識と未知なものとの関係を、ジグソーパズルにたとえている。私たちの知識のなかに「空隙（vacancy/Leerstelle）」が現れる。それは私の現在の知識に基づいて埋めることはまだできない「ギャップ」であるが、その外的な「輪郭」は私の現在の知識によってすでに「予描」されている。あたかもジグソーパズルの欠けたピースの輪郭のように、である。シュッツはこの比較のいくつかの難点に言及しているが、彼の記述は解決策のないままに終えられている。ジレンマのひとつはこうである。もし私の知識のなかのギャップが、私の現在の知識によって明確に「予描」されているのであれば、そして欠けた「パズルのピース」がすでに手元にあるのであれば、その場合、ここまで概観してきた知識の理論は、類型的なパターンに基づいて私がどのようにそのギャップを埋めることができるかを容易に説明する。しかし、この場合、私が求めている知識を、私がすでに所有しているということになる。[3] 対照的に、もし欠けたピースが、私の手持ちの類型的なパターンが「予描」しないという意味で、私にとって本当に「未知である」とすれば、多くの疑問が生じてくる。私の類型が私の予期を導かないとしたら、私は未知である何かが起こることをどのように予期できるのだろうか？　私の類型が私の経験を形作るのだとしたら、私はどのようにして「新たな」経験をすることができるのだろうか？　新たな経験は、ろうのテーブルに押印されるように、何らかの仕方で受動的に私に「印象づけ」られるのだろうか？（それはシュッツが拒否した考え方である）。私の類型が私の行為を動機づけるのだとしたら、なぜ私はこれまでにしたことがないことをしようとするのだろうか？

　シュッツは、私の類型的な知識の状態とはまったく関係づけることのできない完全に見慣れぬ「新奇な（novel）」経験という極端なケースを参照して、未知なものについて議論している（Schutz 2011：134）。だが原理的には、類型的な知識を、慣れ親しんだ類型に属する「新たな（new）」事例へと単純に適用する場合でさえ、同じ困難が生じる。その理由は、類型がたんなる「理念化」である一方で、私が類型を適用するあらゆる状況は、厳密にいえば、ユニークだからだ。「その類型について慣れ親しんでいるとしても、〔新たな経験は〕それがそのユニークさと特有さにおいて非類型的であるかぎりにおいて、見慣れないものである」（Schutz 2011：125）。

　私たちの知識と未知なものとのつながりがかなり単純であるようにみえるひとつのケースは、類型的なパターンの破綻や中断を引き起こす「問題（problem）」の発生である（Schutz 1966）。通常のやり方でパンクを修理しようとする試みが失敗した場合、類型的な予期から逸脱する状況の側面を探すよう、私はうながされるだろう。私の道具のひとつが故障しているのだろうか？　この自転車は、新たな「見慣れない」モデルなのだろうか？　この仕事をするには私は年を取りすぎたのだろうか？　いわば、私をつまずかせている障害を探すように私は強いられるのである。シュッツが述べるように、ギリシャ語の「プロブレーマ（pro-blema）」はもともと「私の前に投げかけられたもの」を意味する（Schutz 2011：107）。それにもかかわらず、こうした単純なケースを超えて、私がいかなる「問題」にも直面していないのに、私の行為と経験が「新たな」側面を含むのはなぜなのかということは、はっきりしないままである。

さらにいえば、「問題」への言及はそれ特有の理論的難点をともなう。類型は、すでに述べたように、「以下同様」と「私はそれを繰り返し行うことができる」とシュッツが呼ぶ理念化に基づいている。しかし、「問題」はこうした理念化が失敗することを私に明らかにする。かなりの頻度で、私はそれを「繰り返しする」ことができないということに直面する。その場合、なぜ私はこうした理念化を保持し続けるのだろうか？　シュッツは後期の草稿のなかで自分自身にそう問いかける（Schutz 1996b：197）。シュッツの疑問に対するひとつの可能な答えは、私たちは実際のところ、厳密な仕方でその理念化を保持するわけではない、というものだ。私たちは、物事が自分たちの知っている類型的なパターンに従うだろうと単純に予測するわけではない。私たちの行為と経験はより複雑であり、このことが私が「好奇心」と呼ぶ新たなことへの興味と関係しているのではないだろうか。

（三）　相互依存的な要素としての類型と好奇心

トーマス・ルックマン（Thomas Luckmann）は、彼の師の死後、シュッツのアプローチを引き続き発展させた。彼は好奇心を「問題」の発生によって引き起こされるものと簡潔に特徴づける。何らかの出来事が、類型が基づけられていた理念化を「失望」させる場合に、ルックマンが「好奇心」と名づける「非個別的な（nonspecific）態度」が生じる。この態度は「理念化を維持することへの関心から生まれる」。それは「問題的」状況によって引き起こされ、究極的には類型的なパターンを回復することを目指すものである（Schutz and Luckmann 1973：224f.=2015：441f.)。ルックマンはシュッツ以上に断固として、好奇心（とそれが私たちを導く新しい経験）を類型的なパターンに従属させようとする。(4) これは疑いなく、シュッツが遺した複雑な省察に対して、より体系的な枠組みをうち立てようとすることである。この枠組みは、そうした分析の道筋がもつ難点をより明確に際立たせている。

ルックマンが「好奇心」と呼ぶものは、注目すべき現象を説明する。いまだ未知である何かが起こり、私にとっての既知の、物事の類型的な進行を中断する。その動揺させる出来事は、意思に反して、私を立ち止まらせ、物事の類型的な進行を再開することに立ち戻ることを助けるような、何らかの「新たな」状況の要素を探すよう、私に強いる。状況によっては（ひとつの極端な例は、原子炉内の事故に直面したエンジニアだろう）、私はひどく心配して、自分の通常のルーティーンの安全性に戻ることができなくなることへの恐怖から、大慌てで「問題」を特定しようと努めるかもしれない。

それでもなお、これは私たちが普通「好奇心」と呼ぶものではないようにみえる（あるいは、少なくとも、極めて限定されたケースである）。たしかに、好奇心は新たなものへの関心である。だが、好奇心という関心は必ずルーティーンの撹乱によって引き起こされなければならないものだろうか？　この関心は、類型的なパターンに従う私たちの傾向性にとって、手段的なものなのだろうか？　そうではない。日常の経験は好奇心がしばしばルーティーンから逸脱しようとする能動的な衝動であることを示唆している。好奇心は「問題」によって喚起される必要はなく、問題を解決しようとする欲求によって駆動される必要もない。類型的なパターンを邪魔するのは、私たちの好奇心であることもある。私たちは能動的に新たな未知のものを求める。それらは、それ自体として興味深いからである。時には、私たちの好奇心は、類型的なルーティーンと類型的な期待の安全性を危険に陥れる。時には、好奇心は、私たちが退屈だと感じたり抑圧的だと感じたりする類型的なパターン（たとえば、繰り返しの仕事や「あまりに快適」になってきた結婚生活）を捨て去ったり、破壊したりするよう、私たちを駆り立てる。

いいかえれば、ルックマンの記述する「好奇心」は、この言葉で私たちが理解することの多くの部分をつかみ損ねている。この意味で、それは私たちの行為と経験の一定部分を捨象している。だが、重大な難点は、もしこのような捨象が徹底された場合、全体としての私たちの行為と経験の分析が不十分なものになってしまうということにある。

以下のようなシナリオを考えてみよう。ある離島に住む人間集団は、類型を中断し「好奇心をもつ」ように仕向ける「問題」が起こらないかぎり、つねに類型的なパターンに従っている。このシナリオは、類型が経験と行為を形づくるという前提に合致しているだろう。また、類型が当該集団のメンバーに共有される知識の集積を形成する「レシピ」という複雑な体系へと組織化されているという前提にも合致しているだろう。この人びとの行為と経験は、単純なロボット掃除機の振る舞いと似た仕方で進んでいくことになる。ロボット掃除機は障害物にぶつかるまでまっすぐに進み、障害物によって立ち止まり、進路を変える。同様に、「ルンバ人間」たちは、確立された儀礼に沿って、島を歩き回り、働き、休憩を取り、関わり合う。「ルンバ人間」たちは、自分たちが類型的に予期し、類型的に有用だとみなす環境の側面だけを知覚する。時折、「ルンバ」は問題にぶつかり、立ち止まり、熟考せざるをえなくなるだろう。しかし、そうするのはできるだけ早くおなじみの方法に復帰するためなのだ。このような仕方で、彼／彼女たちには、新たな、時には「新奇」でさえある経験をする能力があるし、おそらくは創造的な行為を工夫することもできる。しかし、それは「問題」によってそうするように仕向けられた時だけなのである。

このようなシナリオは、日常生活における自分たちの実際の行動について、私たちが知っていることと一致しない。

人間が実際には「ルンバ人間」ではないことは、幅広い領域で確認されうる。

私たちの行為と経験は、ある程度の「自生性（spontaneity）」を含んでいる。(5) 結局のところ、類型はただの類型でしかなく、理念化でしかない。類型が適用される個々の状況は、類型と比較して何かしらユニークな側面、何らかの差異を含んでいる。それゆえ、類型的な知識を単純に適用する場合にさえ、「新たな」側面が含まれている。そして、ここで主張したい点は、私たちの行為と経験は、私たちを立ち止まらせ、状況のなかで何か新たなものを意識的に探させるような「問題」が発生しなくとも、通常、これらの新たな側面を組み込んでいる、ということである。ほとんどの場合、スムーズな、ルーティーンなやり方のなかには、新たな側面が含まれており、私たちは何が起きているかに気がつきさえしない。これは、人間をロボット掃除機とは異なったものにしていることのひとつである。「好奇心」という語で新たなものへの関心を理解するならば、この遍在する暗黙の自生性は、確かに、ルックマンが記述した「問題」への反応ほど際立ったものではない。だが、この自生性を欠いたとすれば、私たちは実際のところ、「ルンバ」のような仕方で行動するだろう。それゆえ、たとえしばしば暗黙のものであったとしても、新たなものへの「関心」がなければならない。それは、ルックマンの記述したような、類型に従いそれを維持する関心に従属したものではない。私たちがいつも未知のものに「ぶつかる」のでないとすれば、私たちは何らかの仕方で事前に未知のものを予想できていなければならない。類型的知識を具体的なケースに適応することは、新たな側面に開かれていること（an openness）と関わっている。もし私たちが「ルンバ」のシナリオを避けたいと思うのならば、この開かれていることは「おなじみ」のものへの関心からは独立したものでなければならない。その場合、開かれていることは新たなものそれ自体への関心である。このことは、それを「好奇心」と呼ぶ根拠となるだろう。

たとえば、以下のことが私たちの言語使用についても一人ひとりの他者に対する態度についても示しうる。(6) すなわち、（a）私たちが日常生活において言語を使用する場合、言語は高度に柔軟であり、ある程度まで創造的である。私たちは言葉を比喩的に使うし、その意味を状況に合わせて拡張したり狭めたりするし、皮肉っぽく話したり、冗談っぽく話したりする。たいていの場合は、使っている言葉が「類型的に」意味するものからは逸脱しているということに気づくことさえない。（b）私は、ある種の人物や職業について類型的な知識をもっており、ジェンダー、年齢、あるいは文化に関するステレオタイプをもっている。それを、私たちは周囲の人びとにあてはめる。しかし、その人をそうした類型に還元することなく、個々の人を知るようになり、人びとと関わり合うようになることもまた、ユニークな諸側面に開かれていることと関わっており、そうした諸側面のある部分は、私の類型的な予期に反することさえある。

すでに述べたように、類型は過去の経験を未来の予想に移入することを可能にする。「好奇心」についてのルックマンの考え方においては、あらゆる予期は類型的な予期である。もしルックマンが正しければ次のように言わなければならない。「問題」が私たちにそれを強いれば、私たちは非類型的な事柄を経験することは可能だが、そうした事柄を予期することはできない、と。この視点からは、「問題」に依存しないような類の「好奇心」は、あたかも私たちが「予想外のことを予想している」ように映る。だが、このことが矛盾であるのは、あらゆる予期が類型的な予期であることを前提とする場合にかぎられている。つまり、この前提は正しくなく、矛盾は存在しないのだ。私たちの行為と経験は、物事が確立された類型的なパターンに従い続けないこともあるという――しばしば暗黙の――予期によっても形成されている。とりわけ、物事がつねに類型的に予期された通りに進むわけではないことを私たちに痛感させる「問題」の発生は、類型的に予想外のことを予想するように、つまり好奇心をもつように、私たちを動機づけるのではないだろうか。

これら二種類の予期は私たちを正反対の方向に導くものであるため、私たちの行為と経験は、ある内的な緊張によって形作られている。正確な分析のためには、一方を他方に還元することは避けるべきである。類型的な知識と好奇心は、概念的には対立させられるが、二つがともに機能するという前提においてのみ私たちの日常生活の諸現象についての説明力を有するのである。(7)

四　好奇心の歴史的構成

ここまで論じてきた人間学的水準においては、学問的な「好奇心」と日常的な「ルーティーン」の間には、原則的に何の区別もなかった。なぜなら、類型的な知識を単純に適用することにおいてさえ、日常のルーティーンはある程度の好奇心を含むからである。歴史的にみると、日常生活から学問が展開することは、好奇心に関するかぎり、根本的な跳躍を必要としたわけではない。初期の学問は、好奇心を「発明」する必要はなかった。すでにそこにある好奇心を利用することができたのである。だが、このような一般的な水準では連続性があるものの、学問的研究に関わる好奇心の程度ないし強度は、日常生活の大部分における好奇心より高度なものであることは明らかである。好奇心はすでに存在したが、学問が誕生するためには、それは強化され、あるいは拡張される必要がある。そして、少なくとも近代社会においては、この差異は次のような類型化と関係している。すなわち、彼/彼女の日常生活においてそうであるよりも、より強い好奇心をもつことが「学者」の「仕事」である。類型化された期待によって規制される学問的機構というシステムにおいて、学者は好奇心をもつべきであると類型的に期待される。この学者の好奇心についての期待は、好奇心についての言説と密接につながっている。学問的な好奇心を形成し、動機づける類型化の多くは、好奇心についての知的言説に反映されていると考えられる。逆にいえば、こうした言説は、学者に向けられる類型的な期待に貢献し、期待を固定させたと考えることができる。例として、ハンス・ブルーメンベルク（1988）が辿り直した、好奇心がヨーロッパの著述家たちによっていかに思考されてきたのかについての歴史を主に参照したい。

（一）好奇心についてのヨーロッパの言説

ヨーロッパの好奇心の歴史において、影響力のある言明は、アリストテレスの『形而上学』（980a）の始まりの一文である。「すべての人間は、生まれつき、知ることを欲する」［アリストテレス『形而上学 上』（出隆訳、岩波文庫、一九七九年）二一頁］。アリストテレスは、これが知識を既存の目的のためではなく、ただそれだけのために獲得したいという欲求であることを強調している。そしてその証拠として、歴史的にみて、あらゆる基本的な生の必需品が十分に提供された後でのみ、人びとは哲学すること（すなわち学問）を始めたという事実を彼は引き合いに出す。私たちの文脈においては、アリストテレスは好奇心を人間学的な水準での人間の特徴と認識しており、同時に学問的な好奇心（「哲学」）を日常生活と区別している。

しかしながら、アリストテレスの時代と私たちの近代を大きく隔てる違いは、人間が住む世界はコスモス、つまり秩序化され、意味をもった全体性であるという、古代ギリシャとヘレニズム[8]に支配的な確信である。ブルーメンベルク（1988 : chs. 1-3）が主張するように、この確信は、好奇心の評価にとってアンビヴァレントな役割を果たした。

私たちと同様に、そしておそらくあらゆる人間と同様に、古代ギリシャ人たちは、自分がもっている知識が世界のほんの断片にすぎないことに気がついていた。それにもかかわらず、世界がコスモスであるという彼らの信念にしたがえば、世界の今のところ未知の部分についても、原則として妥当で正確な知識を得ることが可能だった。世界のなかの人間の有限な場は、すでに確立された秩序の内側に与えられているとみなされており、その秩序は、ギリシャの都市国家の日常生活という小さな「コスミオン」とより大きなコスモスとを結びつけるものであった。それゆえ、人間の好奇心は原則として満たされうる。すでに用いたシュッツの用語でいえば、ギリシャ人は、未知なものを、彼らがすでにもっている行為と経験の類型的パターンと基本的に調和するものと考えた。未知なものは「新奇な」何かであるというよりは、「新たな」何かとして考えられたのである。

この見解はなぜアンビヴァレントなのだろうか？　一方で、この見方は、好奇心を、原則として充足されうる人間の自然な欲求として正当化し、励行しさえする。しかしながら他方で、この見方は、不必要なもの、気を散らすものとして好奇心を抑止することもある。それはまさにこの見解において、この世界における私たちの有限な場が、有意味な全体性の一部分として私たちに与えられているからである。ギリシャ人はより大きなコスモスを信頼するかぎりにおいて、自分たちがすでに知っていることが自分たちにとって役立つ重要なものであることが保証された。確立された知識という、この有限ではあるが中心的な領域を超えた知識を追求することは、かならずしも有害ではないにせよ、有用でもない。死を免れない存在としての人間の有限な資源を考えれば、好奇心は重要だと知られている事柄から逸れている可能性がある。このような見方をすると、哲学はあらゆる実践的な必要性が充足された後でのみ発展しうるというアリストテレスの主張は、哲学は他者の仕事から得られた果実に頼って生活する人びとのためのぜいたく品であるということを表現するものと解釈することもできる。同様の調子で、理論的な好奇心は私的な活動でありローマ共和国の市民としての公的な義務のあとになされるべきだ、と後にキケロは主張することになる（ibid.：ch. 4)。

この後者の立場にたって、聖アウグスティヌスは、近代初期にいたるまでキリスト教の思考に重大な影響を与えることになる、好奇心についての批判をつくり上げた（ibid.：chs. 5-7)。冒頭〔本章二節〕で述べたように、ラテン語のcuriositasは、気遣うべきことを超えた、物事に対する行き過ぎた「関心」や「注意（cura）」を意味する。アウグスティヌスと後期のキリスト教の著述家たちの文脈において、私たちにとって重要であるべきものは、キリスト教のコスモスの内部での有限な場である。なぜなら、魂は自らをつくり出した神の御許に戻ることを目指すべきだからである。聖書の黙示を超えて知識を追求することは、危険で無用なこととみなされた。真実はただ神のなかにのみ見出されうるからである。好奇心は悪徳となり、あらゆる学問は神学に従属させられた。

ここまで概観してきたブルーメンベルクの「理論的好奇心」の歴史の重要な点は、ヨーロッパにおいて近代の学問的思考の直接の基盤を形成した好奇心に対する評価が、好奇心へのこうした差別に対する反動として推進力を得た、ということにある（ibid.：ch. 8）。未知なものは、たんなる未開示の地平ではなくなり、禁じられた土地という様相を帯びるようになった。新たなものそれ自体に関心をもつことの明示的な正当化は、こうした関心に対して過去に行われてきた体系的な攻撃に対する挑戦的な姿勢から発展してきた。ルネサンス期の好奇心の高まりは、知識の境界を超え、実験を行い、「驚異の部屋（cabinets of curiosites）」と呼ばれたコレクションをつくり上げるその態度とともに、古代のたんなる「再生」（ルネサンスの元の意味）だったのではなく、コスモスについての古代の考えの一部として、多かれ少なかれ飼いならされてきた好奇心を、意識的に肯定することであった。

古代とその近代における「再生」（ルネサンス）の決定的な違いは、非常にアンビヴァレントな役割を果たしてきた包括的なコスモスへの堅固な信念が、次第に失われたことである。この違いは、初期近代の学問を特徴づけ、その後ずっと経験的諸科学を導いてきた数量化（*quantification*）という特異な理念においてはっきりと表現された（ibid.：ch.9）。ギリシャの哲学者たちもまた数学に魅了されていたが、「コスモス的」な保証を数学に帰属させた。すなわち、コスモスが数学的に有意味な全体性であるならば、数学には無謬で正確な知識の見込みがある、と。だがそれまでの間、キリスト教の権力者たちの方はといえば、無謬で正確な知識は、神からのみ得られると主張していた。神学の外では、つまり、神の導きなしには、有限な人間存在の好奇心は、可謬で不正確な知識を生みだすことしかできない。教会のこのような排他的な主張に対するルネサンスの思想家たちの応答は、神の導きなしにやっていくことであり、それどころか、可謬的で不正確な知識に焦点化することであった。

　このことは、数学の別の使い方を示唆した。コスモスそれ自体が永遠の数的関係という点から秩序づけられている、あるいは神は「すべてを、測り、数え、計量して按配された」（Wisdom of Solomon : 11, 20）〔『旧約聖書外典　下』（関根正雄編、講談社文芸文庫、一九九九年、七七頁）〕と、古代と中世の知識人たちは推測した。しかし、この理念的な秩序は、日常生活の乱雑な測量とは異なっている。それは次第に、教会だけが、あるいはもっといえば神のみがアクセス可能な知識を意味するようになった。代わりに、近代初期の思想家たちの多くは、有限な存在が環境に対処するための道具として、数を利用した。測量の単位が人間の産物であり、その意味で恣意的であるという事実、数えられた対象が厳密には同一ではない（あるいはシュッツの言葉でいえばただその「類型」に関してのみ同一である）という事実、そして、計算の産物が近似値ないし蓋然性でしかないという事実、彼／彼女たちはこうした事実を受け入れた。ある程度の不正確さが受け入れられたために、数量化は学問の正統で生産的な要素となった。

　関連して、可謬性が受け入れられた。神あるいはコスモスからの保証を放棄した人間の学問が、ある時点で根本的に間違っていると判明すること、あるいは有用でなくなることはありえないわけではない。世界についての人間の洞察は部分的でしかなく、また古代人にあったようなコスモスへの信頼は失われたので、私たちは永遠の真理を約束することはできない。唯一可能なのは、学者が幾世代にもわたって、次のような好奇心に駆り立てられて研究を続けることである。それは、未知なる地平へと歩を進めるだけでなく、これまで自明とされてきた真実に疑問を投げかける権利を得た好奇心である。

好奇心へのこのような態度をシュッツの用語で表現すれば、近代初期ヨーロッパの思想家たちは、自分たちの知識が、可謬的で不正確な類型化によって支えられた有限な「コスミオン」の内部で生み出され、有効とされるという事実、そしてこのコスミオンが、そうした類型化と本質的に一致するコスモスの不可欠な要素であるというよりも不透明な世界の小さな部分であるという事実を受け入れたのだと、そう言えるかもしれない。いまや未知なものは、たんに新たな（new）ものであるというよりも根本的に新奇な（novel）ものでありうる、というはっきりとした自覚があった。

（二）「有用な」学問への今日の要求

ブルーメンベルクによる、ヨーロッパにおいて近代学問をつくり上げるに至った好奇心についての言説の歴史は、二つのことを示唆する。（一）学問的な好奇心は、類型的に有用であることが「知られている」既成の秩序の名のもとにたびたび抑制された。（二）そうした抑制は、逆説的だが、この既成秩序への疑問と既成秩序に抗う学問的な好奇心の正当化を誘発する。

学問は「有用である」べきだという今日の要求のなかには、このような歴史の残響が見いだされる。何より、どのようなものであれこうした要求には、暗黙のうちにあるいは明示的に、「有用である」とはどのようなことであるのかについての何らかの考えを前提にしている（Nasu 2014 : 19f.）。有用性についての既成の考え方が知識として呈示される場合、その知識には、類型的な諸目的やこれらの目的に到達するために類型的に役立つ諸側面、類型的なリスクやそれを避ける方法、その目的とリスクを予測し認識する方法等々が含まれるだろう。だが、どれほど複雑なものであっても、コスミオンの内部で人間が確立し体系化する経験と行為のあらゆる類型的なパターンは、可謬的かつ不正確であり続ける。この事実を認め、知識のあらゆる既成の秩序を疑問視することが、ヨーロッパにおいて、近代的な学問の始まりを特徴づけた類の好奇心の基盤であった。この意味で、学問的な好奇心を知識の既成秩序に従属させることで学問的な好奇心を抑制することは、近代学問の核心への攻撃である。そのような攻撃は、学生のそれであれ、学者のそれであれ、「知的好奇心」(Schutz 1996a：114) を抑え込もうとする歴史的な試みを思い起こさせる。

「有用である」べきだという学問に対する今日の要求において前提にされている知識は、もっぱら経済学的思考を本拠地とするようにみえる。それは日本にあてはまる (Nasu 2014) が、たとえばヨーロッパ連合にもあてはまる。ヨーロッパ連合は二〇〇〇年に「世界でもっとも競争力があり、ダイナミックな知識基盤経済となること」をその目的に置き、教育を「雇用可能性 (employability)」という目標へと方向づけた (Rodriguez, Warmerdam and Triomphe 2010：11f.)。この政策は、ヨーロッパの諸大学に重大で持続的な変化をもたらしている。

学問的な好奇心に対する歴史上の挑戦と比較すると、このアプローチは興味深い混合体である。一方で、このアプローチは、経済的有用性が優先されるべきであり、市場競争のようなプロセスが社会全体に利益をもたらす、と主張する。経済学的な「コスモス」が想定されているといっても過言ではないだろう。経済学的「コスモス」は、(アダム・スミスの言うところの)「見えざる手」を要求しない場合でも、複雑さという点で、ギリシャの自然哲学、ローマ共和主義、あるいはキリスト教神学に匹敵する。他方で、経済学的「コスモス」は主として、費用便益計算、評価基準 (benchmark)、ランキング、指標 (indexes) などといった数量化の形式で表現される。これは皮肉なことだ。数量化は、ヨーロッパにおいて初期近代学問が知識の可謬的で不正確な性格を受け入れ、それによってコスモスという無謬で正確な秩序への古い信念に対抗し好奇心を正当化した、その形式だからである。

ブルーメンベルクの分析が示唆するように、学問的な好奇心を抑制することは、好奇心をよりいっそう強く刺激するという逆説的な効果をもちうる。数量化可能な経済学的有用性を支持する主張が同様の効果をもつのかどうかは、現時点ではまだ分からない。

五　結　論

「知識」は行為と経験の類型的なパターンに基づいており、そうしたパターンを固定させる傾向がある。「好奇心」は、本章が示したように、類型的なパターンから逸脱したり、それを超えたりするように私たちを導く関心である。これら二つの側面の間にある逆説的な関係は、アルフレッド・シュッツがその生涯では解くことのできなかった理論的困難へとつながっている。その困難は、シュッツの弟子であるトーマス・ルックマンによって、よりはっきりと露わにされた。これらの困難は、本章で述べたように、類型的な知識と好奇心を、私たちの行為と経験を一緒になって形作る、相互依存的な二つの要素とみなすことによってのみ克服できる。考察のこの人間学的な水準では、好奇心は私たちの日常生活にとってもまた不可欠な部分である。このように考えることで、あらかじめ好奇心を含む基盤からどのように学問が発展したのかを、より容易に理解することができる。

学問にはそれにもかかわらず日常生活におけるそれよりも高度な好奇心の強度が含まれるということ、そして、このことは学者が何をすべきで何をすべきでないかについての類型的な期待と関連しているということを踏まえて、本章では例示の目的で、ヨーロッパにおいて好奇心をめぐる知的言説がどのように展開してきたのかについての、ブルーメンベルクの分析の一部を素描した。この歴史からみれば、社会にとってより「有用である」べきだという学問に対する近年の要求は、アンビヴァレントなものにみえる。そうした要求が、「有用である」とはどのようなことなのかについての経済学的な考えを参照しているためである。一方で、経済学的諸側面が最も重要であるという信念は、本質的に既知であり知ることのできる「コスモス」への古代の信仰、ヨーロッパにおいて中世後期まで学問的な好奇心を抑制するために用いられてきた信仰と、その機能において響き合っている。他方で、この信仰の現代経済学バージョンは、しばしば数量化という手法で表現されるが、それはもともと近代初期の思想家たちが学問的な好奇心の抑制に抗って、学問的な好奇心を再確認し強化した形式であった。

近代の学問的な好奇心は、無限の世界において有限な人間によって知識が生み出されるということの明確な認識に基づいている。〔無限な世界において有限な人間が知識を生み出すという〕この事実は、私たちが類型的なパターンを当てにすることと、どれほど疑問の余地がないようにみえようともあらゆる類型的なパターンを私たちに疑問視させる好奇心、このどちらをも動機づけている。

【注】

（1）ここではわかりやすさを優先し、「経験」と「行為」という、大雑把な、日常言語的な区別を選んだ。現象学的にいえば、すなわち少なくとも私が本章で採用するシュッツの視点からいえば、行為は広い意味での「経験」の一部である。

（2）再びおおまかにいえば、前者の理念化は経験に、後者の理念化は行為に言及している。

（3）これはプラトンの「質問のパラドクス」（メノン：80e）の一種である。

（4）たとえば、ルックマンは、シュッツが疑問をもった「ジグソーパズル」の例えを含む草稿のタイトルを彼の編集した『生活世界の構造』の序文（Schutz and Luckmann 1973：xxiv=2015：34）で言及しており、その草稿を補遺に含めているにもかかわらず、本文には「ジグソーパズル」の問題を含めていない。

（5）この論点については、Strassheim（2016b）も参照。

（6）以下の事例については、Strassheim（2016a）も参照。

（7）より一般的なレベルで、類型的な知識と好奇心は、シュッツや他の論者のいう「レリヴァンス」がもつ二つの側面を表している（Strassheim and Nasu 2018 を参照）。

（8）「古代ギリシャ」や「ルネサンス」の思想等に関する以下のすべての記述も、もちろん単なる類型化にすぎない。

【引用・参考文献】

Blumenberg, Hans（[1973] 1988）*Der Prozeß der theoretischen Neugierde (Die Legitimität der Neuzeit, Teil 3)*, Frankfurt a.M.：Suhrkamp.（＝2001，忽那敬三訳『近代の正統性』第三部「理論的好奇心に対する審判のプロセス」法政大学出版局）

Nasu, Hisashi（2014）“Transformation of Knowledge and a University ‘Crisis’ in Japan,” *Schutzian Research* 6：11-25.

Rodriguez, Ricardo, Warmerdam, John and Triomphe, Claude Emmanuel eds.（2010）*The Lisbon Strategy 2000-2010. An analysis and evaluation of the methods used and results achieved*, Brussels：European Parliament / Directorate General for Internal Policies.

Schutz, Alfred（[1951] 1962a）“Choosing Among Projects of Action,” In：*Collected Papers I. The Problem of Social Reality*, The Hague：Martinus Nijhoff, pp. 67-96.（＝1983，渡部光・那須壽・西原和久訳「行為の企図の選択」『アルフレッド・シュッツ著作集 第１巻 社会的現実の問題［Ｉ］』マルジュ社）

――――（[1953] 1962b）“Common-Sense and Scientific Interpretation of Human Action,” In *Collected Papers I : The Problem of Social Reality*, The Hague：Martinus Nijhoff, pp. 3-47.（＝1983，渡部光・那須壽・西原和久訳「人間行為の常識的解釈と科学的解釈」『アルフレッド・シュッツ著作集 第１巻 社会的現実の問題［Ｉ］』マルジュ社）

――――（[1944] 1964a）“The Stranger: An Essay in Social Psychology,” In *Collected Papers II : Studies in Social Theory*, The Hague：Martinus Nijhoff, pp. 91-105.（＝1991，渡部光・那須壽・西原和久訳「よそ者――社会心理学的一試論」『アルフレッド・シュッツ著作集 第三巻 社会理論の研究』マルジュ社）

――――（[1945] 1964b）“The Homecomer,” In *Collected Papers II : Studies in Social Theory*, The Hague：

Martinus Nijhoff, pp. 106-119.（=1991, 渡部光・那須壽・西原和久訳「帰郷者」『アルフレッド・シュッツ著作集 第三巻 社会理論の研究』マルジュ社）

———（[1946] 1964c）“The Well-Informed Citizen：An Essay on the Social Distribution of Knowledge,” In *Collected Papers II：Studies in Social Theory*, The Hague：Martinus Nijhoff, pp. 120-134.（=1991, 渡部光・那須壽・西原和久訳「見識ある市民――知識の社会的配分に関する一試論」『アルフレッド・シュッツ著作集 第三巻 社会理論の研究』マルジュ社）

———（[1959] 1964d）“Teiresias, or Our Knowledge of Future Events,” In *Collected Papers II：Studies in Social Theory*, The Hague：Martinus Nijhoff, pp. 277-293.（=1991, 渡部光・那須壽・西原和久訳「テイレシアス、あるいは未来の出来事についての知識」『アルフレッド・シュッツ著作集 第三巻 社会理論の研究』マルジュ社）

———（[1957] 1966）“Some Structures of the Life-World,” In *Collected Papers III: Studies in Phenomenological Philosophy*, The Hague：Martinus Nijhoff, pp. 116-132.（=1998, 渡部光・那須壽・西原和久訳「生活世界の構造」『アルフレッド・シュッツ著作集 第四巻 現象学的哲学の研究』マルジュ社）

———（[1953] 1996a）“The Scope and Function of the Department of Philosophy within the Graduate Faculty,”In *Collected Papers IV*, Dordrecht：Kluwer, pp. 112-117.

———（[1958] 1996b）“On the Concept of Horizon,” In：*Collected Papers IV*, Dordrecht：Kluwer, pp. 196-200.

———（[1951] 2011）“Reflections on the Problem of Relevance,” In：*Collected Papers V: Phenomenology and the Social Sciences*, Dordrecht; Heidelberg; London; New York：Springer, pp. 93-199.

Schutz, Alfred and Luckmann, Thomas（1973）*The Structures of the Life-World*, Vol. 1, Evanston, Ill, Northwestern University Press.（=2015, 那須壽監訳『生活世界の構造』筑摩書房）

Srubar, Ilja（1988）*Kosmion: Die Genese der pragmatischen Lebenswelttheorie von Alfred Schütz und ihr anthropologischer Hintergrund*, Frankfurt a.M.：Suhrkamp.

Strassheim, Jan（2016a）“The problem of ‘experiencing transcendence’ in symbols, everyday language and other

persons," *Schutzian Research*, 8 : 75-101.
——(2016b) "Type and spontaneity: Beyond Alfred Schutz's theory of the social world," *Human Studies*, 39 (4) : 493-512.
Strassheim, Jan and Nasu, Hisashi eds. (2018) *Relevance and Irrelevance : Theories, Factors and Challenges*, Berlin; Boston : de Gruyter.

第二部

知の社会学の展開

第四章　曖昧さの論理と生活世界の社会学への問いかけ
——アルフレッド・シュッツとチャールズ・サンダース・パース

デニサ・ブトゥナル（高艸　賢　訳）

一　はじめに

間主観的関係の構成は、その基礎となる原理に関する数々の論議を呼び起こした。アルフレッド・シュッツ（Alfred Schutz）の現象学的分析は、この点でいくつかの答えを提供するかもしれない。社会的現実の構造に関する彼の分析は、私たちが携わる様々な種類の行為を説明することを意図している。これらの行為やなんらかの行為に結びつく私たちの決定の基礎に何があるのかを理解するために、他の諸要因の中で私たちの主観的意識がそれらの行為を実現させる可能性について考えることができるだろう。シュッツの分析はエトムント・フッサール（Edmund Husserl）が発生的現象学において展開した多くの概念を取り戻し変形させている。この点で、例えば「レリヴァンス」の概念（Schutz 1970=1996）は最も独創的な概念の一つである。

シュッツはフッサールの間主観性概念に反論し、間主観的関係の可能性を生活世界のレベルで考察するもう一つの側面を強調しようと試みた。したがって、シュッツは自然的態度の現象学（Phänomenologie der natürlichen Einstellung）（Schütz [1932] 2004 : 130）を作り上げている。自然的態度の現象学は、あらゆる可能な知識の基盤を示す構造に関する新しい理論の展開を可能にしている。それゆえ、間主観性と生活世界は知識の構成に関する現象学的議論において相互依存的な要素である。古典的なフッサール現象学はしばしば自我論的な超越論的領域の分析に関心を寄せているが、これは現象学的エポケーの結果として生じていることである。[1] 本章の主題は生活世界の論理のための諸原理であるが、これはまた別のレベルで探求されるべきである。シュッツの考えでは超越論的に還元された領域を記述するのに用いられるのと同じ過程が内世界的レベルにおいて依然適用可能であるとしても、である（Schütz [1932] 2004 : 130=2006 : 74-75）。

主観的意識を特徴づけているア・プリオリ構造は、自らを自分自身で正統化することができない。実際これがシュッツがフッサールに対して提起した異論であった。私たちが有するいかなる種類の知識も初めから社会的に規定されている。それゆえ、フッサールによって擁護された超越論的還元は自我の意識の潜在性にのみ限定されることはできない。それは必然的に、間主観的環境に条件づけられた、沈殿した図式的な意味の布置（Schutz [1959] 1964e : 283=1991 : 377）に関係する。超越論的自我は自らを自然的態度から引き離す。しかし超越論的自我は決して孤独ではない。超越論的自我の持つ一切の知識は、他の主観についての知識と強固に結びついている。「自我を探究するということは他我を探究するということであり、自我を探究しないということは他我を探究しないということだ」（Nasu 2006 : 386）と主張することもできよう。日常生活の論理の地位を問うことで、主観性についての探究が間主観性を考慮することなしには行いえないということが明示的に確認される。

ある主観の持つ知識は、他者なくしては妥当性を持たない。これが、「曖昧さの論理」という概念を理論化する可能性を開く状況である。本章においてこの種の論理は、無限につづく記号化の運動として理解され、社会的知識およびその生活世界との関係に関するシュッツの理論とチャールズ・サンダース・パース（Charles Sanders Peirce）によって展開されたいくつかの概念とを並行して考える中で、構築されることになる。

シュッツとは異なり、パースは生活世界の領域に関心を持っていない。パースは「現象学的」プログラムを提起しているが、しかしパースの現象学は部分的にのみフッサールの現象学と関連させることができる。(2) 根本的な違いの一つは、パースが初めから知識の手段としての直観を否認している点にある。現実世界をあらゆる可能な知識が生じる主要な場として捉えることで、パースは直観主義に対する非常に強力な批判者になった。彼の見解では、私たちの経験はすべて「認知可能である」という性質を帯びており、あらゆる認知は先立つ認知と結びついているものと理解される。しかし、本章が「曖昧さ」の論理として擁護しようとしているものにとってのパースにおける最も重要な展開は、推論に関する彼の分析である。

パースの主要目的が、彼の作り上げている諸関係の論理学によって「いかにして私たちの観念を明晰にするか」を検討することだとしても、パースは私たちの観念がいかに絶えず変化しているかを説明している。私たちの認知に寄与している三種類の推論（アブダクション／リトロダクション、帰納、演繹）の分析は、事実の解釈と事実の説明の両方に関係する論理体系を作り上げるのに寄与している。間主観的関係の実現、およびその実現の基礎を表す知識類型を考慮に入れるとき、この視座は特に重要となる。「曖昧さ」の論理の可能性を擁護するために、この視座はシュッツのカテゴリーと比較されることになる。そのようにするうえで、本章の二節では社会的知識の構成と生活世界の構造に対するその相関物に関するシュッツの考えを述べる。三節ではパースのプラグマティシズムの主要概念を引き出し、シュッツの視座と相互に関係づけ比較する。さらに両者の理論的立場は、知識の構造を問うこと、その構造が「曖昧さ」の論理に対して有する関係を問うこと、そして最終的には生活世界の社会学にとってのいくつかの帰結を問うことを可能にするのである。

二 「曖昧さ」の論理のためのシュッツ的準備作業

(一) 知識の可変性とそれがレリヴァンス体系に対して持つ関係

曖昧さの論理に関する「仮説」を作り出すのを可能にする第一のカテゴリーは、利用可能な知識集積(3)である。これは私たちが行為し人間たちの行為を解釈するために用いるものである。知識集積は、結合する多くの要素の結果であり、決して完遂されることはない。知識集積は主観の個人史、すなわち生活史的に規定された状況に影響を受けている。つまり、主観が住まう文化的世界の文脈と諸規範に影響を受けている。知識集積は必然的に他の主観の存在を伴っているのである。知識の組織化は同時に過去と現在の経験の産物である。すでに経験された層は以下のことを確証する。すなわち、

[知識集積は] 以前の状況についてのかつての定義に関するわれわれの経験全体の沈澱以外の何ものでもない。そうした経験は、かつて実際的に到達可能な範囲内、回復可能な範囲内、獲得可能な範囲内にあったわれわれ自身の世界を指示したり、あるいはその他に仲間、同時代者、先行者 [の世界] を指示するであろう。定義されるべき状況は、われわれの前知識の点からすれば、以前に定義された状況と類型的に同様なもの、類型的に類似のものとして、あるいは以前に定義された状況の変様ないしは変異したものとして、さもなければ全く新奇なものとして……現われるであろう。(Schutz 1966b：123=1998：192-193)

知識集積が過去の経験の結果であるという事実によって、この知識の組織化は「何度も繰り返し」という論理規則

のもとで理解される。つまり、反復可能な思考と行為のモデルとして理解される。この過程は、発生的現象学において「再認の綜合」(Synthesis der Rekognition) として知られる働きの実現を保証する。この働きは知識の類型の構成および類型化について議論するうえで非常に重要である。(4) しかし知識集積はすでに獲得された経験の観点から新しい経験を想起したり、再び特徴づけたり、再認したり、把握したりする可能性を与えるだけではない。知識集積は絶えざる変化の中での心的組織化である。それはすべての要素がいかなる時点でも変化しうるということを仮定している。そうした心的組織化の最も明らかな特徴は柔軟性である。利用可能な知識集積は、主観的意識の成果であるから、意識が示すあらゆる変化と調節に従う。「厳密にいえば、それぞれの経験は独自なものであり、たとえ再現される同一の経験といえども、それは再現なのであるから、まったく同一なのではない。それは再現的な同一性であって、再現されるものとして異なった文脈において、また異なった輪郭をもって、経験されるのである」(5) (Schutz [1959] 1964e : 285=1991 : 379)。私たちの経験内容を特徴づけるところの様々な類型は、変動する。それらの類型は地平性の特徴を示す。加えて、個々の経験は意識の場におけるばらばらの配置なのではなく、様々な図式的秩序に関係しており、諸可能性の地平に囲まれて現れる。ある経験された出来事やある対象は「統覚」されるのであって、単に知覚されるだけではない。これは、私たちが操る様々な解釈図式――つまり開かれた可能性――の発現を確証する特徴である。しかし、非類型的な布置に直面したとき、図式は変化するかもしれず、それゆえ問題的可能性になるかもしれない。(6)

類型が確証するのは、知識の組織化は様々な度合いの明晰さや曖昧さを持っているということである。新たな主題が主観の注意を引きつけている場合、意味の措定に用いられている類型は修正されるかもしれない。注意の焦点は核から縁暈(7)に移行し、それゆえ対象の新たな経験次元はすでに知られているものへと統合される。類型の修正の可能性

は、類型が、

空虚な予想、未来の展開の地平、チャンスと可能性への関わりを伴っていた［ということを示している］。いまそれを振り返ってみれば、こうした予想は、すでに充実されているかいないかが判明する。パースペクティヴはすでに変化してしまっている。単に地平があっただけのものが注意の中心へと移っているか、もしくは全く消失してしまっている。また以前のチャンスが現実となっていたり不可能だと判明する――要するに以前の経験はいまやもう別の意味を帯びているのである。（Schutz［1945］1964c：115=1991：163-164）

利用可能な知識集積はレリヴァンス体系と相互に深く関係している。したがって前者の変化は後者の変化に関係している。レリヴァンス体系は、「レリヴァンスの測高法的等高線」ないし「等測高線」によって、明晰さと不透明さの領帯へと境界づけられている（Schutz［1944］1964a：93=1991：135）。レリヴァンス体系は、ある個人が示す関心がいかに日常生活の様々な実践と関係しているかを説明する。私たちがそれによって知識を獲得するところの類型の沈殿に従うこれらの領帯は、完全には互いに孤立しておらず、「極めて多重な相互浸透と飛び地をなし、その縁暈を隣接する部門へと伸ばし、かくして漸次的な変化を起こしているぼんやりとした領帯を産出しながら」（Schutz［1946］1964d：126=1991：178）つながっている。これが意味するのは、これらの領帯の組織化に寄与している類型は「推移的」要素だということである。それらはある領帯から別の領帯へと「移住」しうる。それらは意識生の柔軟性と流動性を、したがって知識の構成の柔軟性と流動性を、強調するのである。

（二）　親近性と異邦性――探究の基盤

知識集積を特徴づけるもう一つの重要な特性は、知識集積によって親近性と異邦性という観点で経験を特徴づけられる、ということである。この特性は、知識集積の構成要素と知識集積が互いに結びつけられているところのレリヴァンス体系を指している。類型が現れる仕方に応じて、またそれらの類型が含む「知識」の度合いに応じて、類型は様々な形式の知識をを構造化する。これらの形式と度合いを特徴づけるために、シュッツは直接の知識と～についての知識という二つの概念を論じている。これらの概念は知識の構成に関するウィリアム・ジェームズのテクストから取られている。これらの概念は以下のことを指している。すなわち、

レリヴァンスの等高線によって被われた領野内には、目指されていることについての明示的な知識の中心がいくつかあり、そのようないくつかの中心は、その背景にある十分であると思われることに関する知識によって環状に取り巻かれている。さらにその外側には単に「信じている」ことだけで事が足りる地帯regionがあり、それに隣接する丘陵地帯は、あてのない諸々の希望と想定の生まれる場所である。だが、これらの領域間には、完全なる無知の領帯が横たわっているのである。（Schutz［1944］1964a：93=1991：135-136）

シュッツは知識の類型に関するジェームズの分類をさらに洗練させている。シュッツは手の中の知識と手元の知識を区別している。この区別を主張することで、シュッツは親近性の概念について問うている。そしてシュッツは、ある対象が私たちにとって親近的なものとして現れうるとしてもその親近性には様々な度合いがある、と論じている。それは、「手元の目的にとって十分な親近性」（Schutz 1996b：68）である。親近性や異邦性は、私たちが示す関心

に応じて私たちの知識が変動しうるところの諸段階を表していると言える。この二つの次元は「われわれが世界について解釈する際の一般的な範疇」（Schutz［1944］1964a：105=1991：149）を表している。しかし、親近性は主観的観点においても、間主観的に構成されたひと組の類型としても、理解されるべきである。親近性は生活世界の現実を特徴づける知識の類型をも指している。

知られている生活世界――これらすべての十分な親近性の度合いにおいて知られている――は、単にさらなる気づきがあるまで自明視されているだけである。疑問視されていないとしても、それはさらなる問いかけの開かれた可能性の一般的な枠である。私たちが十分に親しんでいるすべてのものの焦点であるがゆえに、自明視された世界は主として規定可能な未規定性の地平を形成している。（Schutz 1996b：68）

親近性という概念は二重の観点から理解される必要がある。第一に、主観的経験の観点である。これは主観的な知識集積の存在と微細な差異に関係している。第二に、生活世界の間主観的次元に属する親近性である。手元の知識は、親近性の個人的側面と間主観的側面の結果である。手元にあるということが意味するのは、経験の客観性を特徴づける意識の受動的な諸層を突き止めている記号構造を扱うということである。より詳しく言えば、これは「かつて知られていたがそうこうしている間に欠落しそれゆえ忘れられてしまったものごとに関する潜在的知識（回復可能な知識）と、一度も知られたことはないがなんらかの探究の条件の下で知ることのできるものごと（到達可能な知識）を指しているる」（Schutz 1996b：68）。第二の知識類型、つまり到達可能な知識は、私たちの経験の意味の構成と沈殿におけるもう一つの重要な点につながっている。すなわち、探究のそれである。探究は、曖昧さの論理をさらに裏づける操作である。

探究は信念という概念との関係において論じられる。なぜなら、探究は信念に基づいて発生するからである。私たちが普段新たな経験を統合するのに用いている類型が疑問視されていない限り、信念の状態は決して疑問視されない。類型化の過程が行っていることは、新たな経験要素を類型に変換し、それによって「新奇さ」や「非類型性」によって引き出される探究の状態を乗り越えるということである。「非類型性」は異なる諸条件の下で理解されうる。

それ［「非類型的」という用語］が意味するのは次のことであろう。すなわち、現在の状況において経験されているものとして「非類型的」な条件は、その現在のものが比較されるかつて経験された諸状況の類型化と両立可能であるということ、あるいはもし二つの類型のうちの一つが一段高次の親近性へともたらされるならば、現在のものがかつての類型化と両立可能であるか、両立可能にさせられるということ、あるいは最後に、いま主題的に関連するものが、以前に獲得された知識の集積のいかなる要素とも一致するようにはなりえない完全に新奇の諸特徴を示すということ、こうしたことを意味する。(Schutz 1966b : 128=1998 : 199)

知識集積の基本的特徴は絶えざる変化であるから、私たちが新たな経験を特徴づける類型は、調整され豊かになる。経験が類型と完全に両立不可能である場合、経験の内容は「異邦性」のラベルの下で孤立させられる。そして、探究の過程が終了しても、その内容は知識集積に統合されず、「非類型的」なものとして保持されるだろう。新たな出来事が絶えず類型に変換されることは、つねに探究の過程に続いて生じる。これが意味するのは、ある現象が問題の「標識」として提示される限りで主観はそれを特徴づけようとする、ということである。しかしそれが知識集積におけるなんらかの図式に統合されるにもかかわらず、新たな経験内容は新たな現在化に応じて異なる仕方で経験されるものである。それゆえ、当該の経験の発生を動機づける出来事はさらなる探究に付されるかもしれないのである。

したがって、知識の過程は絶えざる働きであり、利用可能な知識集積の諸要素と「新たな」経験との間の絶えざる相互作用、ならびに新たな経験の前に知識集積を構成していた諸要素の間の相互作用に基づいている。シュッツ自身が論じているように、問題を「解決した」後で獲得されるものは、「さらなる気づきがあるまでの確実さ」なのである。

(三) 未来の予想とそれが知識集積に与える影響――「空虚さ」の役割

知識の諸図式が柔軟であることとそれらの図式が確固たる一貫性を持っていることとは、相互に排他的ではない。この考え方において、シュッツは例えば「われわれの諸々の予想は、まさにその類型性のゆえに必然的に多かれ少なかれ空虚なものであり、そしてこの空虚さは、ひとたび出来事が現実化されれば、その出来事を個々の独自な生起事象たらしめる、まさしくその出来事のもつ諸特質によって充たされることになる」(Schutz［1959］1964e：286=1991：381) と述べている。そして、「われわれの利用可能な知識の集積の範囲のみならず、その構造化もまた絶えず変化している。ひき続く経験が立ち現われるごとに、われわれの現勢的な関心の変化が、そしてそれとともにわれわれのレリヴァンス体系の変化が、たとえそれがどんなに小さなものであろうと、必然的に生じるのである」(Schutz［1959］1964e：286=1991：382)。これら二つの特徴は曖昧さの論理を仮定することに理由を与える。曖昧さの論理は生活世界の構造を密接な形で特徴づけている。

現実が記号化される過程は、実践理性に割り当てることができる。しかし知識を統合し変換するのに寄与している知識の諸図式が組織化される規則は、様々な変化に従う。そうした変化は時折かなり根本的な変化である。この点で、利用可能な知識集積の布置は変化の観念を容認し、その知識集積が「(1) 整合性に欠け、(2) 部分的にしか明晰ではなく、(3) 矛盾から全面的に解放されていない」(Schutz [1944] 1964a：93=1991：136) ということを確証する。しかしシュッツは、知識集積にはある程度の同質性を持った部分が存在すると確言している。だがこの特徴は、日常生活を特徴づける知識ではなく、科学領域に特有の知識にのみあてはまる (Schutz [1959] 1964e：288=1991：383)。

知識の図式の現在化されていない可能性を表す空虚な枠の広範さにもかかわらず、知識集積の中の類型は経験内容のある種の整合性を許容し、それゆえ意味形成を可能にする。私たちが利用する知識は、一時的にのみ規定されているが絶えず規定可能であり続ける領帯を伴っている。それゆえに、この種の知識は過去の沈殿の問題であるだけでなく、企図、予想、計画の基礎なのであり、したがってこの種の知識は明白に予持の次元を示すのである。

> いかなる類型や様式も、単一の対象に限定されてはいない。もっと言えば、知識集積の中の一般化された対象の一つの部類に属する孤立した類型ないし様式などといったものは、存在しないのである。私たちの体験における一切の類型や様式は、それぞれの類型や様式が様々な仕方で相互に関係している体系を形成している。例えば、「もし～ならば…である」「～であるか…であるか」等々といった形式の経験の類型ないし連なりである。利用可能な知識集積が類型の体系へと組織化されていることは、私たちが未来を予想する上で非常に重要である。
> (Schutz 1996a：54)

予想的特性は、必ずしも私たちが達成したいと思っている目標が実現されるという事実に結びつくわけではない。予想とは、私たちが未来完了時制ですでに経験したことがらの通りに何らかの状況を近似することである。この未来完了時制が、この種の推論の仮説的特徴を証明している。予想作用の目的は確実さを囲い込むことではない。生活世界の論理を考える場合は特にそうである。見積もられたことと最終的に達成された結果の間には違いがある。これは、なされるべき再調整と類型の「空虚」という特徴を確認できるだけである。[8] 私たちが見積もるものの距離、つまりある文脈の中での私たちの信念とある現実の経験構造との間の距離は、未来の出来事によって疑義をさしはさまれうるのであり、また私たちのかつての知識を再調整するのに寄与しうるのである。「私たちは逆説的に次のようにいえるだろう。すなわち、日常生活の常識的思考においては、生起していることがいずれも正確にその通りに予期されえたというわけではなく、また生起すると予期されてきたことがその通りには決して生起しないのである、と」(Schutz [1959] 1964e：286=1991：382)。予想の過程は、その未規定性において類型の空虚な枠および「非知」(Schutz and Luckmann 1973：176=2015：352) の形式を示す。この「非知」は、「知識の真の空隙」(Nasu 2006：393) と相互に関係づけることができる。

非知は曖昧さの論理を考える際に特別な地位を得るのであり、これはシュッツによって「潜在的知識」と呼ばれている。この知識類型は回復可能な知識と到達可能な知識を指している。回復可能な知識——これは前述定的レベルにおいて同定される——に関しては、時折「知識の喪失」が生じる。これが意味するのは、私たちは類型構造から一般的な枠を手にするのみであり、いくつかの詳細は「忘却」されているということである。

類型のすでに経験された組織化としての非知は、「覆い隠された知識」として残存する。それは「かつての肯定的な規定から、すなわち、廃棄され、新たな肯定的規定に置き換えられ、覆い隠された結果、知識要素の親近的な地平のうちにもはや与えられていない、そうしたかつての肯定的な規定から生じる」(Schutz and Luckmann 1973 : 176=2015 : 354)。非知としての到達可能な知識は、すでに経験された類型の観点から論じられる。私たちの経験は、私たちが何も知らないかほとんど何も知らない領帯によって特徴づけられる。この「喪失」は、利用可能な知識集積の諸要素や、先行する諸経験や、その時用いられていたレリヴァンス体系をしるしづける関心に立ち戻る間に、回復されるかもしれない (Schutz and Luckmann 1973 : 177=2015 : 354)。それゆえ、類型の空虚さ(9) (Leerstelle) は、とりわけ到達可能な知識の点で、否定性の側面と相関させることができる。類型の空虚さは諸可能性の開かれた領域に説明を与え、私たちの知識の構成を、そしてとりわけ予想を特徴づける終わりなき過程を、問うのである。

三　パースにおけるアブダクションの論理とそれが「曖昧さの論理」に対して持つポテンシャル

パースが展開した論理は、知識の構成およびまさにその知識の構成に対して記号とシンボルが果たしている役割に対して似たような認識論的関心を抱いているという点で、シュッツにおける生活世界の論理と結びつけることができる。パースの主たる意図は、科学的思考の推論を説明する体系を打ち立てることであった。プラグマティストの伝統に関して、たとえシュッツの関心としてはウィリアム・ジェームズとジョン・デューイへの関心の方がより明白であったとしても、シュッツの知識論とパースの著作との相互関係はパースのテクストへのシュッツの書き込みによって具体的な形で正当化される。公刊されたシュッツの著作の中でパースはほとんど言及されていないが、解釈項などの重要概念や記号とシンボルに関するパースの理論をシュッツは知っていた。このことはいくつかのパースのテクストの書き込みから分かる(10)。曖昧さの論理およびシュッツ知識社会学にとってのそれの含意を問う上で、パースの著作における最も有用な概念的展開は、記号論の誕生につながったところのパースの認知理論である。パースが作り上げようとした論理学は、記号のメカニズムの説明と理解を指している。そうした諸要素はパースの意味理論の形成において重要な役割を果たすこととなる。この展開は上記のシュッツ知識理論および本章が「曖昧さの論理」と命名したものにとって深い含意を持っている。

パースは「観念を明晰にすることを目的とした反省の方法」（Peirce 1978a : 9 [5.13]）を仕上げることを意図していた。換言すれば、彼の関心は意味の実現に寄与するメカニズムを説明することにあった。彼は自らのプログラムを一つの「学説」と呼んでいる。このことが含意するのは、「ある観念の『意味』の全体は実践的帰結の中に現れる。その観念が正しい場合、その帰結は推奨されるべき行動の形か、期待されるべき経験の形をとる〔……〕」（Peirce 1978a : 1 [5.2]）。それゆえ、「その観念の正しさからは考えられる限りいかなる実践的帰結が必然的に生じうるかを考えるべきである。そうした帰結の総体は、その観念の意味の全体を構成するであろう」（Peirce 1978a : 6 [5.9]）。シュッツは、自我論的超越論的領域に特別な地位を与えるものとして知られる超越論的現象学に反対する立場をとっており、主観が他の人間たちとともに生活し行為する生活世界という領域にこだわっている。このことと、パースが伝統的形而上学を批判しカントの「物自体」の概念を放棄していることは、並行関係にあると見ることができる。この点でパースの言明はシュッツとの第一の共通関心を示している。シュッツの社会的行為の分析はこの視座の転換を強調するものにほかならない。

（二）疑念と信念の理論

パースが展開しようとしている最も重要な成果の一つは、彼の信念の理論である。信念の理論と相互に関係する形で、パースは疑念の概念も論じている。信念と疑念は、私たちの心的状態が揺れ動く認知的状態を表している。ある人に疑念が生じるとき、その人は探究の過程に直面している。探究の過程は、その人が知識の「欠如」を補完して新たな経験をかつての信念状態に統合するために十分な認知的資源を見つけるまで続く。信念はシュッツの理論においては「自明性」の観念に対応すると言える。[11] そして信念は長期にわたって変化しないものと想定された心的状態として理解することができる。パースが述べているように、

> 信念は意識の束の間の状態ではない。信念とは心の習慣であり、したがって本質的に一定期間継続する。それは、(少なくとも)たいていは意識されない習慣である。他の習慣と同様に、信念は、(信念の解体が始まる何らかの驚きに出会うまでは)完全に自己充足的である。疑念の方はこれとはまったく逆の種類のものである。疑念は習慣ではなく、習慣を欠いた状態である。しかし、ある習慣を欠いた状態というのは、いやしくもそれが何か重大なものであるかぎりは、活動が不安定な状態であり、やがては何らかの方法である習慣に取って代わられねばならない。(Peirce 1978g：279［5.417］=2014：209)

信念は諸々の心の習慣の存在に基づいた状態であり、それゆえ類型ないし類型化に基づいた状態である。しかし、シュッツの理論をパースの理論と分かつ重要な違いが存在する。すでに述べたように、シュッツは日常生活の知識を「見込み」の観点で理解している。他方パースは、「習慣」を「信念の固定化」に結びつくものとして理解している。パースの習慣にはカテゴリー的に柔軟さが相対的に少ないように思われる。加えて、パースが探求しているものは、統一の認知的綜合に関するかの諸原理を作り上げることである。習慣が私たちにあるものを「特定の」特徴の総計として理解する可能性を提供しているという点で、習慣は再認の綜合を促進する一つの可能性である。マーフィーが述

べているように、「あるものの本質はそれが含む習慣の総計である。したがって、あるものの研究における私たちの目的は、そのものの振る舞いを支配する法則――つまり習慣――を発見することであって、自然な分類の基盤をなす形式を発見することではない。というのも、そのような形式は存在しないからである」[12]（Murphey 1961：158）。

信念は「ある習慣の確立である」（Peirce 1978f：255［5.398］=2014：178）という意味で、習慣と信念の関係は特有のものである。この現象を分析しようとする場合、私たちがそれに従って行為しているところの諸規則を私たちは説明しようとする。したがって習慣はシュッツの「レリヴァンス体系」（Schutz 1970=1996）というカテゴリーとある程度結びつけることができる思考の一般法則である。パースの関心は思考の一般法則とそのプラグマティックな含意を理解することにあるにもかかわらず、パースは自らの著作において「知らないもの」というカテゴリーに特別な地位を与えていない。もしそのようにしていたならば、彼が反駁したカントのヌーメノンという概念に逆戻りしていただろう。パースにとっては一切の経験は「認知可能」な性質を持っており、疑念の役割は――そして探究の役割はより根本的であるが――知識の「欠如」ではなく「信念を定着させること」という不断の過程を強調することである（Peirce 1978e：232［5.375］）。

信念形成との関係で論じる必要がある重要な要素は、知識の法則の中での信念の性質である。信念は帰納（綜合的推論）の結果である。帰納はそれ自体パースが私たちの知識の論理法則を分析する際に説明する三つの推論過程のうちの一つである[13]。信念は「内在的な性質として曖昧である」（Gallie 1952）ように思われる。おそらくそれは、信念が疑問の余地を残していないからである。実際、信念とは「閉じ」に関係する類の曖昧さである。信念の状態に到達するやいなや、「その信念が真であるか偽であるか［に関係なく］私たちは完全に満足してしまう［……］私たちは、私たちが真であると考える信念を探し求めている。しかし私たちは自らの信念のひとつひとつを真であると考えている［……］」（Peirce 1978e：232［5.375］＝2014：153）。たとえ信念が確固たる構造として現れようとも、信念の変化の可能性はなお存在している。その意味で、パースの視座においては信念の「曖昧さ」は信念の強い規定可能性と関係している。信念は知識が形成される諸過程を特徴づける一般法則である。

探究の過程が阻止されたり飽和したりするとき、習慣は知識の統合と、行動ないし何らかの対象からの反応の予測可能性[14]のメカニズムを保証する。この最後の側面は、「曖昧さ」という観念と矛盾する［ように見える］かもしれない。しかし、この場合、経験された対象の構造を明晰にする上での障害物と考えられるある種の内在的な「曖昧さ」を扱っているのである。このことは、「古い信念が確固たる基盤を持っていないということが分かる状態になった後も、ひとは習慣の力によって時折古い信念に固執するものである」（Peirce 1978e：246［5.378］＝2014：166）という観念と結びつきうる。こうした現象は、仮説の論理的布置と矛盾する。なぜなら仮説はパースが好んで用いる推論過程だからである。この点で、特に科学的知識が進歩し発展する仕方に関するパースの議論は、注目に値する。

信念の過程は、信念を「固定」することができる四つの方法を持っている。すなわち、権威、固執、アプリオリの方法、科学の方法である。この分類はいくつかの知の目的にとっては満足いくものではないように思われる。特に、知識がいかにして進歩し発展するかを理解するためには満足いくものではないように思われる。これは現象学の視座とは反対の立場である。現象学の視座において、信念（ドクサ）は非常に強い度合いの未規定性を有している。科学的推論であるところのエピステーメーと比べると、現象学的ドクサは特有の役割を果たしている。すなわち、現象学的ドクサは、現実が特徴づけられる最初の類型／類型化が形成される過程なのである。現象学的ドクサは私たちの知識の構成の第一歩であり、最も柔軟で、最も未規定的で、最も揺れ動くものである。シュッツにおける生活世界の論理には現象学における古典的な信念の概念が結びついているのであるが、この信念の概念はパースの視座では仮説的推論に加わっている。しかしこの信念の概念は、パースの信念の考え方と対立する。後者は探究の過程を支持しておらず、それどころか反対に、心的操作の限界として働く。〈信念—探究〉というカテゴリーの組は本章の論証にとって重要である。なぜならこのカテゴリーの組は、曖昧さの論理の発生に寄与するいくつかのメカニズムを示すからである。

(二) アブダクションの論理

仮説は「弱い種類の論拠である。多くの場合、これによっては私たちの判断は結論にほんの少ししか近づかないため、私たちは結論が正しいと信じるとは言えないのである。私たちはおそらくそうだろうと推測するだけである」(Peirce 1974b : 375 [2.625])。仮説の役割はいかにして推論が変化するかにおいて非常に重要である。なぜなら仮説はなんらかの規則を遵守するわけではなく、むしろ仮定だからである。しかし仮説の推論的な性質は残り続ける。知識の現実化に対する仮説の役割を論じる前に、推論の定義を論じておこう。推論とは、

> 一種の認知過程ないし思考過程である。その特徴的な機能とパターンは、私たちが主張と呼ぶ発話形式の内に表現されている。ある人は推測する。これは一般的に言われていることであろう、なぜならなんらかの真理あるいはいくつかの真理はすでに知られているから、と。彼はそれまで知られていなかった更なるなんらかの真理について考える方向に引き寄せられ、最終的にそれを受け入れる（強調は引用者）。〔……〕換言すれば、私たちが何かを推測したと述べるとき、私たちは今しがた生じた心的過程の本性については何も述べていないのである。私たちが述べているのは、私たちの思考過程がそれによって実際に終結したところの主張を証明したり確認した

りするために、私たちが思考のより以前の段階で主張したかもしれないことがらが使用されえたり利用可能であったりする、ということだけである。(Gallie 1952：95–96)

パースは推論をカテゴリー的に区別し、三種類に分類している。第一のものは演繹である。これは、結論から引き出された知識はすでに前提に含まれているのであるから新たな知識は獲得されない、という事実を指している。例えば次のような場合である。

規則：この袋から取り出される豆はすべて白い。
事例：これらの豆はこの袋から取り出された。
結果：これらの豆は白い。

第二の種類の推論は、帰納である。帰納とは結論を「テストする推論的方法」であり、仮説と共に綜合的推論がある。帰納は観察された事実に近い事実を結論づけるのを助ける。これらの事実は真であるが、推論が生じる瞬間までは吟味されていなかった事実である。すなわち、

事例：これらの豆はこの袋から取り出された。
結果：これらの豆は白い。
規則：この袋から取り出される豆はすべて白い。

「帰納によって私たちは所与の仮説から演繹されうる帰結を一般化しテストするのである」(Gallie 1952：99)。

科学領域の論理だけでなく生活世界の論理を考えるにあたって注目すべき種類の推論であるのが、仮説的推論（アブダクション／リトロダクション）である。演繹や帰納と比べて、アブダクションは論理法則に関してより高い度合い

の自由を有している。アブダクションは直接の観察［から引き出すこと］が不可能な事実を推測し、新たな知識を創り出すことに貢献するのである。

演繹はあるものが〈～でなければならない〉ということを証明する。帰納はあるものが実際に作動していることを示す。アブダクションはあるものが存在するかもしれないということを示唆するだけである。アブダクションによって示唆されることから、帰納によってテストしうる予測を演繹が引き出しうるということ、そしてまた、仮に私たちが何かを学んだり理解したりするならば、そうしたことが引き起こされるのはアブダクションによってでなければならないということ、これがアブダクションの唯一の正当化である。（Peirce 1978b：106［5.171］）

先の論理構造に従って述べるとすれば、アブダクションの構造は次のようになる。

規則：この袋から取り出される豆はすべて白い。
結果：これらの豆は白い。
事例：これらの豆はこの袋から取り出された。

アブダクションとの関連で、パースは知覚判断の存在を論じている。知覚判断は「制御を超えている」。推論は制御可能であるのに対し、私たちの経験の構成の第一歩である知覚判断は「制御できるほど十分に意識的ではない過程」（Peirce 1978c：112［5.181］）の結果である。パースはアブダクション（アブダクションによる判断）と知覚判断は「論理的にぴったり同型」であり、知覚判断はアブダクションの極端な事例であると述べている。[15] しかし両者には重要な違いが存在する。それは次のことを意味している。

私たちは知覚判断を否定するような観念を形成することは決してできない。私がある知覚像を赤いと判断する場合、私は他の人が同じ概念を持っていることを想像できる。〔……〕しかしある人が私と似た知覚表象を持っているべきであり、この知覚表象は赤であると自問するべきだということ〔……〕これは私には全く理解できない。しかしアブダクションの示唆は、何かが持つ真理を問いに付したりあるいは否定することさえもできるような何かである。(Peirce 1978c : 116 [5.186])

したがって、それが問題のある仕方で結論を主張するとしても、アブダクションは妥当であるか妥当でないかが検討に付される論理構成なのである。この特性こそが、「曖昧さ」の論理の概念的擁護を支持する。仮説的推論は事実に明確な説明を与えるわけではないから、私たちの知識はいかにして発展するかという可動性を表す。科学的生活よりも私たちの日常生活においてより強く感じられることではあるが、仮説的推論は日常生活における出来事についての私たちの経験を「見込み」という観点で正当化する。これは、パースの著作に対するシュッツの関心を説明するであろうもう一つの特性である。しかし、シュッツの知識論ないし記号についての考え方に対してパースが影響を与えていることの明白な証拠は、刊行された著作の中には明確に認めることができない。シュッツはパースによって展開された用語、もっとはっきり言えば「第一次性、第二次性、第三次性」というパースのカテゴリー的三分法を理解することが困難だったとさえ語っている。(16)

(三) 記号作用と記号理論

記号作用はパースの記号理論における中心概念であり、シュッツの社会的知識の構成の視座とシュッツの生活世界の社会学を曖昧さの論理に関連して考察するための主要な論拠を提供してくれる。記号作用はこの文脈において重要である。なぜなら記号作用は、日常生活において人間が現実化させる解釈過程を説明するかもしれないからである。パースによると、記号作用は「記号、記号の対象および記号の解釈項という三個の主体の協働であるかあるいはそのような協働を含む作用ないし影響」であって、「このような三項関係的な影響はどうしても対の間の作用に分解できない」ものである(Peirce 1978h : 332 [5.484]〔訳出にあたっては内田種臣編訳『パース著作集2』勁草書房、一四一頁を参照した〕)。そして、記号作用が指すのは「『記号』の肩書きを演じるものすべて」(Peirce 1978h : 332 [5.484])である。

シュッツの社会的知識の理論とパースのいくつかの概念の間の相互関係は、パースのテクストへのシュッツの書き込みを考慮することで深まる。そこではパースの記号理論と記号作用の概念が説明されており、記号とシンボルの体系を打ち立てる際の言語と共同体の役割が強調されている。パースが擁護している論理体系は徐々に記号論に偏ってきている。記号論は記号作用の過程が中心となる哲学的構想である。パースは記号作用を論理的解釈項の観点から定義している。その定義において、解釈項は関係的な一要素である。パースは解釈項を表象の観点から定義している。それゆえ、

あらゆる比較は、関係づけられたもの、基盤となるもの、相関するものに加えて、媒介する表象を必要とする。この媒介表象は、この媒介表象それ自体が表象する同じ相関者の表象として、関係項を表象する。こうしたこと

が発見されるだろう。そうした媒介表象を私は解釈項と呼ぶ。なぜなら解釈項は、ある外国人が自分自身と同じことを言っていると言っている通訳（解釈者）の任務を遂行するからである。ある解釈項を参照することは、ある観念に対する印象を述べることにほかならない。述べること、訴えることは、私たちが状況に参加していようといまいと、実際にあらゆるものが遂行していると私たちが想定しているところの作用である。（Murphey 1961：83におけるパース）

解釈項は記号を記号の対象と結びつける一要素であり、したがって知識の構成に寄与しつつ同時に再認の綜合において根本的な役割を果たしている論理的操作の関係的性質を強調する。[17] 加えて、パースの見解では思考は記号的な性質を持つ。これは論理に関する彼の考えを記号論の観点で確証する考えである。しかしパースによれば記号とは何なのだろうか。彼は次のように述べている。「記号とは［……］第一項である。この第一項は、記号の対象と呼ばれる第二項と関係している。第三項は解釈項と呼ばれる。第一項と第二項は、この第三項を規定することができるような真正の三項関係で結ばれている。つまり、その中で記号が同じ対象に対して立ち現れるところの同じ三項関係を記号の対象に対して想定できるような、真正の三項関係である」（Gallie 1952：121におけるパース）。

記号の構成は三項関係に従う。これがパースの記号論を、対象と対象を表す記号との間にしか区別を設けない他の記号論のプログラム[18]から区別している考えである。この考えはアルフレッド・シュッツにも共有されている。パースにとって記号は三つの参照関係を持つ。「第一に、記号は当の記号を解釈している何らかの思考に対して向けられている。第二に、そうした解釈思考において、記号は当の記号と等値されている何らかの対象を代わって表している。第三に、記号は何らかの関連ないし属性の中にあって、当の関連ないし属性を記号対象と結びつけている」（Peirce

1978d : 169［5.283］=2014 : 114)。それゆえ、思考の側も記号であるのなら、思考は必然的に［記号と］同じ関係の布置を示すのであり、それゆえ意味についての考え方は進歩と発展の観点から理解される。

認知は「束の間」のものである。すなわち、認知にはいかなる有限の間隔も必要とされない。第二に、あらゆる思考は記号である。第三に、思考過程は記号翻訳過程と同一である。第四に、この過程には終わりがない。それゆえ、それぞれの記号はそれに先行するものによって心に浮かび、そしてそれぞれの記号が翻ってそれ自身の後続者を呼び出す、という二つの方向性において、思考は無限の過程である。(Murphey 1961 : 122)

「記号化」の過程が無限に展開するという事実は、記号の解釈に影響を与えている。この場合、シュッツによって提起された「再現」の概念が説明の役に立ちうる。新たに記号が現在化されたり、記号が出現する文脈が新たに形成されるたびに、記号は成長し続け、元の形態に新しい要素を「付加」し続けるのである。思考―記号という考え、あるいは人間―記号という考えさえも、知識は終わることのない過程の中にありすでに獲得された認知構造を通じて展開するという発想に基づいている。(19)

記号の意味構成において記号は解釈過程なしに進展することはできない。この解釈過程というのが、パースが彼の認知理論を仕上げた際に考察したもう一つの重要な要素に関する議論を開いている一つの細部をなしている。これは、記号作用の現実化に寄与することと記号作用が有する地位を実在するものに与えることとを自らの役割とする共同体である (Peirce 1978d : 186-187［5.311］)。他の人間たちの存在を論じる際にパースが強調したことは、思考の働きに関する限り他の人間たちが対話の原理を認めるのに寄与している、ということである。他の人間たちは、記号と言語を用いて知識の分節化にも寄与している。[20] 言語を知識の原理と見ることで、パースはシュッツにおいては残念ながら展開されないままだった主題に触れている。言語の要素は「曖昧さ」の論理を主張する上で非常に重要である。なぜならそれは、記号と他性（alterity）という、あらゆる認知過程にとっての二つの重要な資源を強調しているからである。加えて、パースの視座とシュッツの視座はいずれも私たちの知識が共同体の存在によって条件づけられていることを強調している。そして、共同体は生活世界から切り離しえないものであるから、生活世界を共同体の「記号的」産出として理解しない限り、どのような生活世界の分析も不可能なのである。

「あらゆる記号は答えを必要とする」[21] というパースの主張によって、そして言語はそれ自体記号的な分節化であるという発想と相互に関係することで、社会的／間主観的知識が、もっと包括的に言えば生活世界の構造が、拠って立つところの曖昧さの論理を前提として置くことがなぜ可能であるのかが明らかになる。加えて、社会関係と社会的相互作用を維持する際に言語や様々な記号形式が担う役割を含め、両著者が言語や様々な記号形式に向けた注意は、この考えを裏づけている。もし、他者の直接経験――これは無媒介性を意味する――を擁護する古典的な現象学の視座に固執するならば、曖昧さの論理を支持することは危険な企てとなる。しかし、私たちの経験は直接的でも間接的でもありうるという事実を考慮すれば、そうした訴えは正当化されるだろう。特に人間たちが意味体系をともに作り上げる仕方に関して、曖昧であることは新たな形式の知識を達成するあらゆる可能性の不可欠な条件であり続ける（Grathoff 1989：264）。それゆえ、この点で曖昧さの役割を問題化する必要［がある］。特に、生活世界の現象学的社会学的分析にとって、こうした知識産出メカニズムの分析は、世界の複雑性を理解するための不可欠な一段階である。

【注】

（1）この点については、Husserl（1976=1979/1984）におけるフッサールの詳細な分析を見よ。

（2）二つの方向性の比較に関しては、Herbert Spiegelberg（1956）を見よ。

（3）Schütz and Luckmann（2003=2015）、とりわけ第3章Aを参照。

（4）Husserl（1974=2015）、六〇節。

（5）「再現されるにしても、再現されるものがもはや以前のものと同一ではありえない。反復が目指されたり、強く望まれることはあろうが、すでに過去に属してしまっているものがそっくりかつてのままにもうひとつの現在において復元されることは決してありえない」（Schutz [1945] 1964c : 115=1991 : 163）。

（6）開かれた可能性と問題的可能性の区別については、Husserl（1985=1999）の二一節（C）と二三節を見よ。

（7）縁暈（fringe）という言葉はウィリアム・ジェームズ（James 1950 : 240）が論じている。アルフレッド・シュッツにおける同じ観念も参照。Schutz（[1941] 1966a=1998）ならびにGurwitsch（1957）を見よ。

（8）Schutz（1996a : 55）には次のように書かれている。「予想されたものごとは、一回的な布置の中での一回性と一回きりの舞台設定の中での特定の生起事象ではない。そうではなく、類型的な布置の中で類型的に置かれた、かくかくしかじかの類型の生起なのである。それらの類型性によって、あらゆる予想は多かれ少なかれ空虚（強調は引用者）なのである。そして、実際の出来事をそれ自体は反復不可能な一回きりの個別の生起事象にするであろう、他ならぬかの実際の出来事の諸特性によって、空隙は充たされるのである」。

（9）この概念ならびに類型化とレリヴァンス体系に対するこの概念の関係についてのアルフレッド・シュッツの議論は、Schütz（1982=1996）を参照。

（10）私が指しているのは、早稲田大学アルフレッド・シュッツ文庫（ASAWU）に所蔵されている資料のことである。すなわち、Sign and Symbol I（9266-9306）、Other Minds（8421-8457）、アルフレッド・シュッツとモーリス・ネイタンソンの間の書簡、シュッツとマーヴィン・ファーバーの間の書簡である。W・B・ギャリー『パースとプラグマティズム』（Gallie 1952）へのシュッツによる書き込みは、コンスタンツ大学社会科学アーカイヴ（SAK）の「シュッツ蔵書書庫」に所蔵されている資料であり、これについても考察する。例えばOther Minds p. 8423に次のように書かれているのを参照。「パースが扱っており現在の文脈において興味深い問題は、以下の通りである。（a）真理と現実を究極的に保証する共同性（b）規定するものかつ解釈されるものとしての記号という考え（c）比較についての考え（d）自己に関する直観的知識は不可能であるという考え（e）あらゆる自己知は本質的に言説的であり、他者との関係となんらかの発見の解釈の両方に関しているという考え」。

(11) シュッツの「『パースとプラグマティズム』への書き込み」六八頁を見よ。「パースが私たちに伝えているのは次のことである。『信念が持続する間は、信念は強固な習慣であり、**自明視されている（AS）**。そしてそのようなものとして、驚きが習慣を打ち破るまで、ある人に［その習慣を］信じさせるのである。信念の打破は、外的なものであれ内的なものであれ何らかの新奇な経験にのみ生じうる［…］』」。

(12) Murphey（1961：157）では次のように述べられている。「『習慣』という言葉によってパースが意味しているのは、後続する経験に先行する条件に関係する法ないし条件節である。『実践的な方向性』という言葉でパースが意味しているのは、『感性的な帰結』である。そして、こうした条件節すべてに関する私たちの観念が、対象についての私たちの観念である」。詳しくはPeirce（1978f：256-7）を参照。

(13) Peirce（1978b）を参照。

(14)「探究の疑念―信念理論の基礎をなす論拠は、対象に関する行動を左右する諸法則についての知識は、少なくともこうした実践的な有用性を持っている、ということである。これによって私たちは、自らの行為の結果としていかなる感性的経験を対象から受け取ることになるかを予測することができる」(Murphey 1961：159)。

(15)「［…］アブダクションの推論は、明確な切れ目がないまま、知覚判断へと移行する。あるいは別の言い方をすれば、私たちの第一の前提つまり知覚判断は、アブダクションの推論の極端な事例と見なされうるのである。知覚判断がアブダクションの推論と異なるのは［…］であるという点においてである。アブダクションの示唆は、閃光のごとく私たちのもとにやってくる。それは洞察の作用ではあるが、極端に誤りやすい洞察なのである」(Peirce 1978c：113 [5.181])。

(16) 詳細については、一九五七年六月二六日のハーバート・スピーゲルバーク宛のシュッツの書簡を見よ。シュッツは「ノート」（『生活世界の構造』の構想）の中で、三種類の超越について論じる際にパースの名に言及している。より特定して言えば、シンボルの地位を問うている第三の種類の超越について論じる際にである。「ゼーリスベルクでのノート第三巻」

(Schütz 1994：322) を参照。

(17)「解釈項の理論は、同様に再認の綜合に関係すると思われる。というのも、再認の綜合の負荷は諸々の印象をひとつの対象に差し向けることによって複数のものを統一することに他ならないからである」(Murphey 1961：86)。

(18) パースは諸々の記号の間に非常に詳細な区別を設けている。パースは三種類の三分法について述べている。第一に、類似記号、指標記号、象徴記号の三分法。第二に、性質記号、単一記号、法則記号の三分法。第三に、名辞的記号、命題的記号、論証の三分法である。この三分法については、Peirce (1974c) を参照。

(19)「色の観念であれ、魂、神、知識、実体、質、存在といった概念についての観念であれ、絶対的に単一な観念や絶対的に統一的な観念や絶対的に自己充足的な観念といったものは、存在しない。真正の観念はいずれも他の観念と関係づけられている。それはちょうど、記号が何かを示そうとするならば展開によってその意味を表示することのできる他の記号を必要とするのと同じことである。換言すれば、真正の概念はいずれも定義可能である。それゆえ全ての定義はある意味で循環的である。しかしそれが悪循環であるのは、それを定義していると主張するまさにその語にそれが言及している場合のみである。父と息子、上と下、多いと少ない、といった関係的な言葉は全て、相関項の観点なしには定義されえないのであり、逆に言えば無害な循環を伴っている。究極的であると称されるものは全て、逆に言えば無害な循環性を伴っている。究極的であると称される論理学の概念は循環的である。なぜならそれらは関係的であり、相互に包含し合うことによってのみ理解可能だからである」(Sign and Symbol I, Alfred Schutz Archive at Waseda University, pp. 9298-9299、パースのテクストへのシュッツの書き込み)。

(20)「私たち自身の思考についての私たちの知識は、そしてそれゆえその思考を私たちが制御し展開し批判する可能性は、他者の思考についての私たちの知識と、そしてそれゆえ他者の思考に影響を与える私たちの力と、本質的に異なるものではない［…］いかなる思考もすべて記号であり、たいていは言語的性質を持つ。[5.420]」(Sign and Symbol I, Alfred Schutz Archive at Waseda University, p. 9300、パースのテクストへのシュッツの書き込み)。

(21) Sign and Symbol I, p. 9304.

【引用・参考文献】

Gallie, W. B.（1952）*Peirce and Pragmatism*, Edinburgh：Penguin Books, housed by Schütz Handsbibliothek, Sozialwissenschaftliches Archiv Konstanz.

Grathoff, R.（1989）*Milieu und Lebenswelt*, Frankfurt a. M：Suhrkamp.

Gurwitsch, A.（1957）*Théorie du champ de la conscience*, Desclée de Brouwer, Paris.

Husserl, E.（1974）*Formale und Transzendentale Logik*, Husserliana Bd. XVII, Den Haag：Martinus Nijhoff.（＝2015, 立松弘孝訳『形式論理学と超越論的論理学』みすず書房）

———（1976）*Ideen zu einer reinen Phänomenologie und phänomenologischen Philosophie*, Husserliana III 1, Den Haag：Martinus Nijhoff.（＝1979/1984, 渡辺二郎訳『イデーンI-I・I-II』みすず書房）

———（1985）*Erfahrung und Urteil*, Hamburg：Felix Meiner Verlag.（＝1999, 長谷川宏訳『経験と判断』河出書房新社）

James, W.（1950）*Principles of Psychology* vol. I, New York：Dover Publications Inc.

Murphey Murray G.（1961）*The Development of Peirce's Philosophy*, Cambridge Massachusetts：Harvard University Press.

Nasu, H.（2006）How is the Other Approached and Conceptualized in Terms of Schutz's Constitutive Phenomenology of the Natural Attitude?, *Human Studies*, 28（4）：385-396.

Peirce, C.S.（1974a）On a New List of Categories, In *Collected Papers of Charles Sanders Peirce* vol. I, Cambridge Massachusetts：The Belknap Press of Harvard University Press, pp. 141-305.

———（1974b）Deduction, Induction and Hypothesis, In *Collected Papers of Charles Sanders Peirce* vol. II, Cambridge Massachusetts：The Belknap Press of Harvard University Press, pp. 372-388.

———（1974c）Division of Signs, In *Collected Papers of Charles Sanders Peirce* vol. II, Cambridge Massachusetts：The Belknap Press of Harvard University Press, pp. 134-155.

——— (1974d) The Doctrine of Chances, In *Collected Papers of Charles Sanders Peirce* vol. II, Cambridge Massachusetts : The Belknap Press of Harvard University Press, pp. 389-414.

——— (1978a) Preface, In *Collected Papers of Charles Sanders Peirce* vol. V, Cambridge Massachusetts : The Belknap Press of Harvard University Press, pp. 1-9.

——— (1978b) Three Types of Reasoning, In *Collected Papers of Charles Sanders Peirce* vol. V, Cambridge Massachusetts : The Belknap Press of Harvard University Press, pp. 94-111.

——— (1978c) Pragmatism and Abduction, In *Collected Papers of Charles Sanders Peirce* vol. V, Cambridge Massachusetts : The Belknap Press of Harvard University Press, pp.112-131.

——— (1978d) Some Consequences of four Incapacities, In *Collected Papers of Charles Sanders Peirce* vol. V, Cambridge Massachusetts : The Belknap Press of Harvard University Press, pp. 156-189. (=2014, 植木豊訳「四つの能力の否定から導かれる諸々の帰結」植木豊編訳『プラグマティズム古典集成』作品社、pp. 93-143)

——— (1978e) The Fixation of Belief, In *Collected Papers of Charles Sanders Peirce* vol. V, Cambridge Massachusetts : The Belknap Press of Harvard University Press, pp. 223-247. (=2014, 植木豊訳「信念の確定の仕方」植木豊編訳『プラグマティズム古典集成』作品社、pp. 144-167)

——— (1978f) How to Make Our Ideas Clear, In *Collected Papers of Charles Sanders Peirce* vol. V, Cambridge Massachusetts : The Belknap Press of Harvard University Press, pp. 248-271. (=2014, 植木豊訳「我々の観念を明晰にする方法」植木豊編訳『プラグマティズム古典集成』作品社、pp. 168-197)

——— (1978g) What Pragmatism Is, In *Collected Papers of Charles Sanders Peirce* vol. V, Cambridge Massachusetts : The Belknap Press of Harvard University Press, pp. 272-292. (=2014, 植木豊訳「プラグマティズムとは何か」植木豊編訳『プラグマティズム古典集成』作品社、pp. 198-228)

——— (1978h) A Survey of Pragmaticism, In *Collected Papers of Charles Sanders Peirce* vol. V, Cambridge Massachusetts : The Belknap Press of Harvard University Press, pp. 317-345.

Schutz, A. ([1944] 1964a) The Stranger, In *Collected Papers II*, The Hague : Martinus Nijhoff, pp. 91-105. (=

1991, 渡部光・那須壽・西原和久訳「よそ者——社会心理学的一試論」『アルフレッド・シュッツ著作集第三巻』マルジュ社、pp. 133-151)

——([1943] 1964b) The Problem of Rationality In the Social World, in *Collected Papers II*, The Hague : Martinus Nijhoff, pp. 79-88.（=1991, 渡部光・那須壽・西原和久訳「社会的世界における合理性の問題」『アルフレッド・シュッツ著作集第三巻』マルジュ社、pp. 97-129)

——([1945] 1964c) The Homecomer, In *Collected Papers II*, The Hague : Martinus Nijhoff, pp. 106-119.（=1991, 渡部光・那須壽・西原和久訳「帰郷者」『アルフレッド・シュッツ著作集第三巻』マルジュ社、pp. 153-169)

——([1946] 1964d) The Well-Informed Citizen, In *Collected Papers II*, The Hague : Martinus Nijhoff, pp. 120-134.（=1991, 渡部光・那須壽・西原和久訳「見識ある市民——知識の社会的配分に関する一試論」『アルフレッド・シュッツ著作集第3巻』マルジュ社、pp. 171-189)

——([1959] 1964e) Tiresias or Our Knowledge of Future Events, In *Collected Papers II*, The Hague : Martinus Nijhoff, pp. 277-293.（=1991, 渡部光・那須壽・西原和久訳「テイレシアス、あるいは未来の出来事についての知識」『アルフレッド・シュッツ著作集第三巻』マルジュ社、pp. 369-391)

——([1941] 1966a) William James's Concept of the Stream of Thought Phenomenologically Interpreted, In *Collected Papers III*, The Hague : Martinus Nijhoff, pp. 1-14.（=1998, 渡部光・那須壽・西原和久訳「ウィリアム・ジェームズにおける思惟の流れの概念——その現象学的解釈」『アルフレッド・シュッツ著作集第四巻』マルジュ社、pp. 37-54)

——(1966b) Some Structures of the Life-World, translated by Aron Gurwitsch, In *Collected Papers III*, The Hague : Martinus Nijhoff, pp. 116-132.（=1998, 渡部光・那須壽・西原和久訳「生活世界の構造」『アルフレッド・シュッツ著作集第四巻』マルジュ社、pp. 185-204)

——(1970) *Reflections on the Problem of Relevance*, New Haven : Yale UP.（=1996, 那須壽・浜日出夫・今井千恵・入江正勝訳『生活世界の構成』マルジュ社)

Schütz, A. (1982) Philosophie der Leerstelle, In *Das Problem der Relevanz*, übers. von Alexander v. Baeyer,

Frankfurt am Main：Suhrkamp, pp. 227-234.（=1996, 那須壽・浜日出夫・今井千恵・入江正勝訳「付論三」『生活世界の構成』マルジュ社, pp. 223-227）

———（1994）Notizbücher, In Alfred Schütz and Thomas Luckmann, *Strukturen der Lebenswelt*, vol. II, Frankfurt am Main：Suhrkamp, pp. 217-404.

Schutz, A.（1996a）Teiresias or Our Knowledge of Future Events, In *Collected Papers IV*, Dordrecht; Boston; London：Kluwer Academic Publishers, pp. 51-66.

———（1996b）Relevance：Knowledge on Hand and in Hand, In *Collected Papers IV*, Dordrecht; Boston; London：Kluwer Academic Publishers, pp. 67-70.

Schütz, A.（[1932] 2004）*Der sinnhafte Aufbau der sozialen Welt*, Konstanz：UVK.（=2006, 佐藤嘉一訳『社会的世界の意味構成――理解社会学入門（改訳版）』木鐸社）

——— Other Minds, Alfred Schutz Archive at Waseda University, 8421-8457.

——— Sign and Symbol I, Alfred Schutz Archive at Waseda University, 9266-9306.

Schutz, A. and Luckmann, T.（1973）*The Structures of the Life-World I*, translated by Richard M. Zaner and H. Tristram Engelhardt, Evanston：Northwestern University Press.（=2015, 那須壽監訳『生活世界の構造』筑摩書房）

Schütz, A. and Luckmann, T.（2003）*Strukturen der Lebenswelt*, Konstanz：UVK.（=2015, 那須壽監訳『生活世界の構造』筑摩書房）

Schutz, Alfred - Marvin Farber. Correspondence. Housed by Alfred Schutz Archive at Waseda University.

Schutz, Alfred - Maurice Natanson. Correspondence. Housed by Alfred Schutz Archive at Waseda University.

Schütz, Alfred - Herbert Spiegelberg. Correspondence. Housed by Sozialwissenschaftliches Archiv Konstanz.

Spiegelberg, H.（1956）Husserl's and Peirce's Phenomenologies：Coincidence or Interaction, In *Philosophy and Phenomenological Research*, 17（2）：164-185.

【訳者付記】

- 訳出に際しては既存の翻訳を参照し、該当するページ数を付記した。したがって、著者が参照している箇所は訳書の底本と必ずしも一致しない。また、元の訳文には本章の文脈に沿う形で適宜変更を加えた。
- *Collected Papers of Charles Sanders Peirce*からの引用については、慣例にしたがってページ数の後に巻数と通し番号が付されている。例えば、[5.171]は第五巻一七一を指している。
- ［ ］内は訳者の補足である。[…]は原著者による省略を表す。
- 傍線部および太字部分はシュッツの草稿等に記された強調を表している。

第五章　分化したものと未分化なもの
――ゲオルク・ジンメルの形式社会学について

芦川　晋

一　はじめに

ゲオルク・ジンメル（Georg Simmel）がものした社会学の書物が三冊ある。『社会分化論』（1890a）、『社会学』（1908）、『社会学の根本問題』（1917）がそれである。三著の関連は、『社会分化論』に出てきた議論の項目が『社会学』や『社会学の根本問題』でも再論されることからもうかがわれるし、『社会学の根本問題』はそれまでのジンメルの社会学の仕事をまとめたかのような著作になっている。

しかし、博覧強記な例証にいささか退屈を覚えるこれらの書物の間に体系性があるのかどうかは、一読したぐらいではよくわからない。ただ、一方で、今でも使えそうな興味深い論点がいくつも出てくることもまた確かであり、少なくともそれらを拾っていくだけでも十分読むに値する。また、そうして得られる形式社会学の知見は決して我々の日常生活のそれと無縁なものではなく、経験に根ざしたものでもある。本章の目的は、三つの著作の関連を意識しながら、そうしたジンメルの手法から得られる知見の面白さになるべく光を当て、ジンメル社会学のおおよその全体像を概観してみることにある。

まず、『社会分化論』おける社会の「分化」と「未分化」の関係について。ジンメルは『社会分化論』であまり「未分化なもの」について語らないが、他の著作ではしばしば分化／未分化の二分法を使うし、本書でも「分化」について語るなら、ここは「未分化なもの」として語られてもよいのではと思える場面があるが、それらについて踏み込んで議論することなく話をすすめている。ここでは、そこに踏み込んでみたい。

次に、『社会学』における「二者関係」と「三者関係」のはたらき、ないしは相互作用における「媒介項」としての第三者のはたらきから形式社会学について考察を加えてみる。ジンメルは「二者関係」と「三者関係」を区別し、真の意味で社会といえるのは三者関係であるといいながら、実際には相互作用に含まれる二者関係的なものが三者関係的なものを支えるはたらきに注意を向けているように思われる。そこで、相互作用する対象とのあいだに介在する媒介項のはたらきについてみてみることにする。

最後に、形式社会学における相互作用の対象の様態について取り上げてみる。とりわけ、よそ者や貧者については社会の境界線上の内側かつ外側に位置する存在者として引き合いに出されることがある。このように、無意識のうちにも特異な現れ方をする一連の他者がいる。こうした他者の現象形態はどのようなものか？　以上、幾つかの問題設定を念頭におきながらジンメルを読み、考察を加えてみたい。

二　分化したものと未分化なもの

ジンメルは社会分化について語る。もっとも、古典と呼ばれる社会学者で何らかの形で分化、分業について論じなかった者はいないと言ってよいかもしれない。分化、分業とは新しく登場しつつあった19世紀社会のメルクマールであった。とはいえ、このときジンメルに特異なのは、分化について語るときにあわせて未分化なものについても語るところである。たとえば、感情・大衆・人格全体・女性などは「未分化なもの」だとされる。[1]『社会分化論』では、社会は分化したものとの差異において未分化なものをも産み出していく。しかも、しばしばこうした未分化なものはさらに分化し、また未分化なものを残す。ときとして、それがさらなる分化を促進する。そんな未分化なものにもいくつかのタイプがある。

ジンメルの社会分化にかかわる議論をみていくと大きく分けて二つの問題構成がある。一つ目は、社会と個人（人格）の分化について。なお、ジンメルの議論では、個人だけではなく、社会集団も相互作用をする。共同体は個人と社会に分化し、さらに個人と社会はそれぞれ内部分化する。たとえば、未分化で未開な時代にあっては、何か起こってもその責任を負う個人が分出しておらず、責任とは共同責任のことであり、個人と社会集団は区別されない。

ところが、共同体が社会領域と個人を分化させることで社会とその担い手である個人も内部分化する。さらに、他の共同体でも機能的に類似した社会圏を分化させ、それぞれの社会で互いによく似た機能を分化させると、今度は、それを分担している成員同士に繋がりが生まれ、個人間に新たな客観的結合、統一した社会圏が拡張していく。

他方、個人が複数の社会圏に所属すると、個人は複数の役割の担い手として人格を分化させることになる。こうして複数の社会圏に分化した人格の総体はそれだけ個人間の共約部分を少なくし、個人間の差異を促進する。つまり、社会圏が機能的に分化すると、個人はそれに並行して人格（多様な個性）を分化させる。というわけで、分化は社会の内側と個人の内側で進行する。

もう一つは、諸個人や社会圏との交錯がもたらす不平等をめぐる問題である。というのもジンメルによれば、社会にも個人にも高級な部分と低級な部分があり、低級な部分には未分化なものが多く含まれている。しかも、相互作用のなかでそれぞれの個人ないし社会集団が一定の高低の地位に位置付いてしまう。たとえば、食のような動物的欲求、生活のための欲求は各個人に無差別に分け持たれているが故に低級なものである。生存の必要を通じて結合する貧者は低級な集団である。あるいは流行（群衆・模倣）も低級なものであり、怒りや悲しみといった感情はあらゆる社会領域にあらわれ、怒りのような感情は、特定の社会領域で発生したものが他の領域に転移してくる未分化なものである。

「大衆」についてジンメルはこう述べている。「すでに分化した集団においては、その行動の統一に必要な平準化がなされなければならないが、それはより低級の人からより高級の人へ、原初的発達段階にとどまっている人を分化した人へ高めることによってではなく、高級の人を、彼がすでに乗り越えてしまったあの段階へまた引き下げることによってのみ実現されるのである」（SD：210=87）。

だが、こうした未分化な個人や未分化な社会への回帰を、分化が進行する以前の原始的な共同体の残滓と単純に考えることはできない。ジンメルが、分化は分離であると同時に結合であると強調していることに注意しよう。「分化は表面的には分離させる原理であるにせよ、やはり現実にはしばしば宥和させ接近させる原理であり、まさにそのために精神にとっては理論的あるいは実際的にそれによって作用する精神にとっては力の節約の原理でもある」（SD：260=129）。つまり、分化とは分節／接合（articulation）であり、個人や社会を異質な要素に分割すると同時に、要素を均質化して結合する。要素として互いに差異化しているが高次では結合させるから、一般化と個性化は同時に進むことになる。[2]

ジンメルによると、人格の統一性が意識されるのは、個人が多様に分化した社会に帰属することで人格を分化させ、分化した領域や人格相互の葛藤から多様な感情や欲望が生起するようになったからである。[3]「感情生活が激しく動揺すればするほど、人間はますます強く自己を人格として感じる」（SD：155=70）。つまり、個人は多様な社会に分割されることで、人格として一つに結合する。そして、人格が統一性を自覚する契機とは、分化した領域や人格の葛藤から生じる未分化な感情であり、感情は分化した社会ほど強固になる。つまり、人格は諸領域に対応した能力を分化させると同時に、未分化なものがはたらく余白も残しているのである。たとえば、紡績工や機械工、炭坑夫といった分化は、同時にお互いの同等性を確認させ、労働者という統一した表象から連帯や労働組合を作り出す。

空間的に分化した大衆、つまり群衆は、ときとして革命の暴徒と化すが、また熱狂せる国民ともなる。ジンメルは、群衆の間に成り立つ気分や感情の相互作用を「共感」や「模倣」から説明するが（SD：110＝90）、共感や模倣が可能であるためには互いが感情移入できる等質的な個人であると理解されていなければならない。(4) 群衆は特定の機能を担うことのない未分化で無規定な社会である。ジンメルは分化を通じた個性の発達で、個人の平等の意識や人間一般の観念が、つまり社会が機能的な諸領域に分化する一方で、諸領域を超えて個人が結合する可能性を作り出しており、そこから群衆のように無規定で未分化な社会も分化してくるのである。

ところで、この未分化な大衆は特定の社会的機能を担うことのない量的な規定である。ジンメルは、社会の分化は「量的な分化」から「質的な分化」へ転換すると述べていたが（SD：118＝133）、正確には次のように言ってよいであろう。量的な分化はより高級で質的な分化とより低級で量的な分化とに分化し、二つはヒエラルヒーを構成する、と。同じことが社会の諸領域だけでなく、社会集団の内部組織についてもいえる。組織がその本来の目的ではなく、自己保存という低級な目的に対処するために講じることができるのは、成員の補充と機関の創設である。単なる成員の補充とはより未分化で数的な方策であり、素朴には頭数がそろえばよい。しかし、専門の機関を創設すれば組織内部の質的な分化となり、それだけ適切な人材の選別ができるわけだから、質的にも集団の自己保存に寄与するはずである。

先ほど、個人や社会圏の内部で進行する分化には程度の違いがあり、その過程で個人に個性が生じる一方、未分化なものも分化してくることを確認した。「個人とは社会的な糸がたがいに結びあう場所にすぎず、人格とはこの結合が生じる特別な様式にほかならない」（S上：16=12）というわけである。

だが、ジンメルは社会の分化の要請と個人の分化の要請は必ずしも一致しないと考えている。「社会集団の分化は明らかに個人の分化とは直接に対立する」。「集団の分化の意味するところは、個人ができる限り一面的であること、ある単独の課題が個人をすっかりみたし、彼の衝動や能力や関心の総体がこの一つの音調に一致するということである」。一方、「これにたいして個人の分化の意味するところは、まさにこの一面性の廃棄なのである」（SD：284=150）。つまり、社会の分化は個人が特定の領域において特定の役割を担うことを要求するが、他方で、分化した個人はそれを拒絶しようとするわけである。

のみならず、個人は社会のなかで不平等な扱いを受ける。「個人が多様な社会圏と交錯していくとき、上位の人間と下位の人間を含むあらゆる職業において、人はそれぞれ上位者も下位者もいる彼の特殊な業務や職務や部局などを含む圏に属し、さらにまた、さまざまな業務等々において彼と同じ地位を占める人たちからなる圏にも属する」。

こうしてみると『社会分化論』での個人と社会の分化をめぐる議論は、後にジンメルが『社会学』で定式化した社会のアプリオリ「社会はいかにして可能か」という問いを具現したものになっていることが分かる。『社会学』では、社会（相互作用 Wechselwirkung）の可能性条件として①われわれがズレを含みつつも他者を一般化して受け取ること（役割と個性）、②個人は社会外にある内容をそなえた人物であること（「個人の生涯の諸時期の継起による分化」）、③諸個人は社会のなかで不平等な地位に置かれること（社会と個人の予定調和）、の三つを挙げている。

社会分化の進行は三つのアプリオリが整う過程でもあったわけである。これは『社会分化論』と『社会学』以降の社会学の仕事の連続性を確認するものである。上記で紹介した議論の一端は以降でも確認できる。

三　媒介項としての第三者

『社会分化論』の段階での社会の定義は以下のようなものであった。「個々人の相互作用が、単に彼らの主観的態度や行為のなかに存在しているというだけではなく、さらに個々の成員からはある程度まで独立した、ある客観的な構成物がつくりだされるというような場合に、我々は真に社会といえる存在がそこに存在していると、いえるのである」(SD：133=20)。

ここでジンメルのいう「客観性」であるが、これは形式社会学とは何かを考える上で重要なので、さらに確認しておけば、社会学の文脈で「客観的」であるとは社会（相互作用）がその成員から独立して存在することにある。これは『社会学』における「二者関係」と「三者関係」の区別をみるとより明らかである。

ジンメルによれば、本来、社会とは「三者関係」にあり、「二者関係」は厳密には社会とはいえない。もちろん、これは単純化した言い方である。正確には「おそらくいかなる関係にも、二つの構成部分が何ほどか混ざりあっている。そのひとつは、関係の担い手がまさにこの関係にのみそそぎ込み、他の関係にはけっしてそそぎ込まないような部分であり、他はまさにこの関係のみに独自ではなく、個人が同じ方法かあるいは類似の方法で他者とも分有する部分である」(S上：106=97)。

そして、この二者関係と三者関係であるが、二者関係にあって、個人は人格全体として、つまり未分化な形で相互作用する。だが、三者関係は分化した人格による部分的な関係である。二者関係は個々の成員の個性に大きく依存しており、関係が特定の機能へと分化していかない。

そうした例としてジンメルは「友情」を挙げる（S上：116=109)。こうして互いが互いの人格全体とかかわることが、互いの「親密性」の基礎となる。つまり、「その内容のまったく特殊なもの、結合の関与者のみが単に互いに分有しあい、この共同関係の部外者であればだれに分有することのない特殊なものが、この共同関係の中心となり本来の成就となる」（S上：106=97）。だから、二者関係は成員の一方の不在、死によって終了するし、個性に依存した二者関係のみが陳腐化する。

他方、三者関係は客観的なものである。個人は客観的な役割として相互作用に関与している。というのも、三者関係は個人から独立して成立する。たとえ、成員の一人が集団から抜けたとしても集団は持続するし、代わりの人物を見つけてくることもできる。三者関係が成り立つと、成員に代わって集団に責任や義務を帰属することができるし、集団の責任や義務を分有する者として個人が占める地位を割り当てることもできる。しかも、法律や規約を通じて地位の割り当てから上位者の恣意を排除していくこともできる。しかし、三者関係はもともと部分的なので個人の資質を十分に評価することができない。客観化された地位にある個人は、役割を通じて個性を発揮するにしても、要求される役割そのものは個人の個性に由来するものではないから、しばしば役割とズレてしまうわけである。

とはいえ、二者関係はそもそも純粋な二者関係として持続することができず三者関係に転化する。にもかかわらず、「集団内部の、生き生きとしたすべての運動は一般に、きっぱりと二元性への分離傾向をもつ」。例えば、「闘争」には基本的に対立とその反対をなす協調の契機が含まれている。対立的な契機が含まれていなければ敵意はとどまるところを知らず、相手を完全に否定し、せん滅させるしかない。しかし、主観的に生じた一面的な敵意も、一般的で構造化された他者や何らかの対象に向けられるかぎり、この構造に対応した協調関係を強いられる（S上：303=279）。

さらに、こうした敵意と協調からなる関係を特定の争点なり目的なりに振り向けて形式化を推し進めることができれば、闘争は一定の規則に則った「競争」に転化する。いずれにせよ、いかなる場合も相手と協調的にかかわらざるをえなくなってしまうのは、互いが相手をなにがしか一般化して受け取らざるをえないからであり、二者関係が形式化され客観的なものになっているからである。「関係の〈先天的なもの〉はいまやもはや、社会的な関係を生じさせる固有の性格をもった人間ではなく、客観的な形式としてのこの関係、つまりは「地位」であり、諸個人によってはじめて「『満たされる』べきいわば空虚な空間と輪郭である」(S上：252)。

また、ジンメルは関係を継続する契機としての「誠実」について述べている(S下：652=184)。誠実とは互いの関係を成立させた感情や関心といった契機が実在性を持たなくなっても、それらが実在性を持つことを帰納的に推理する感情のことである。誠実は内面的な変化しやすい関係に「外的な形式」を与えるものであり、さらにこの形式は契約や交換といったより物理的な形式により強化される。ここでは二者をつなぐ媒体が形式化されている。このように二者関係に生じる形式性や二者関係を形式化する媒体は二者をつなぐ第三者であり、二者関係を客観化された二者関係、つまり三者関係にする。「この統一体は、たとえその具体的な担い手がまさに単なる右の二人のみであるにせよ、やはり第三者であり、これはともかくも二人の間に押し入ることができる」(S下：98)。個人は他の個人と直接相互作用しているわけではなくても、程度の差こそあれ、なんらかの形式に媒介されて相互作用にかかわっているのである。

他方で、分化した社会が可能にする結合はそれだけ見知らぬ人とかかわる可能性を増大させる。だから、部分的にしかかかわることのない相手をどれだけ「信頼」できるかという問題が発生する。[5] そもそも「人びとは決して他者を絶対的に知ることができず、他者が彼の断片においてのみ我々に近づきうるため、人びとはそれでも彼の断片から個人的な統一体を形成するのであるから、この統一体は、彼らに対するわれわれの立場がみることを許した彼の部分に依存している」(S上：384=351)。

もっとも、この問題はそれほど大きな位置を占めない。というのも、分化した諸領域で個人は何らかの集団の成員として他人とかかわるので、知らない相手でも他の集団の成員として信頼できるからである。つまり、集団という第三者を介在させることで、二者関係の直接的な性格をより希薄にできる。しかも、個人の関係を集団同士の関係に切り換えてしまう前に、あらかじめ集団は成員を選別する段階で個人的なものを含めて成員をふるいにかけているはずである。この成員は多くの場合、さらに他の集団（大学、高校等）から選別されてくるし、それだけ選別の基準は客観化されている。だから、ここでもあらかじめ第三者的な媒介を経たものになっている。

逆に、友人・知人関係のような比較的純粋な二者関係の方が、個人的なものをどのように扱うかが深刻な問題になることがある。媒介するものが少なくなるほど、互いの欺きで、傷つき傷つけやすくなるからだ。このとき、個人的なことにどこまで介入してよいか配慮することが、互いを媒介する第三者として機能する。このようにして生じるのがジンメルの言う「分化した友人」である（S下：367）。分化した友人は趣味のような特定の問題についてのみ関係を結び、他の関心や感情領域に入り込まないよう配慮するのである。

他方で、二者関係に固有の個人的なもの自体は多くの領域で重要性を持たなくなる。たとえば、「人格の秘密はいまや社会学的によりかぎられたものとなり、共同の利益が広く個人的な性質によって担われている場合には、秘密は人格にとってもそれほど広範な独立存在を許されなくなる」（S上：364=360）。個人から見ればその都度異なる領域の社会に参与すること自体が継起的な分化である。だから、相互作用の外側に個人的なものが秘密として残っていくことになりかねないが大抵大したことにはならない。

こうしてみていけば、形式社会学とは、相互作用における対象（cf. 見知らぬ人）とその媒介項（cf. 信頼）との関連を記述するところにその本領があると言ってよい。ここまでみてきたかぎりでは、いずれも二者関係的色彩の強い関係（媒介項）を互いがあらかじめ織り込んでおくことにより、ゆるい三者関係を客観化し、その上でさらに媒介を強化している。ただし、互いにいくら媒介関係を強化したところで関係の基礎付けにはならない。言い方を変えるなら、ジンメルが問題にしている二者関係とは純粋な二者関係であるよりも、三者関係のなかにある二者関係であり、いわば二者関係の複合としての三者関係である。

とはいえ、形式社会学が取り上げる事象にはもう一つのタイプが出てくるように思われる。ただし、こちらは媒介項による織り込みよりも、対象の表象の具合に力点が置かれている。もっと言えば、対象そのものが抱えている様態に注意が向けられている。

四　うつろいゆく他者の「表象」

ジンメルは「形式社会学」を「純粋社会学」と呼び替えた『社会学の根本問題』で、純粋社会学の特徴を「第一に、すべて人間の社会は、内容と形式に区別できるということ、極く一般的に見れば、諸個人の相互作用を意味するということ、この相互作用は、必ず或る衝動から生れ、或いは、ある目的のために生まれる」（GS：62=67）と述べている。相互作用には形式（媒介項）があり相互作用する対象（相手）がいる。最後に対象の性格や表象をみておくことにしよう。

「社交」では、既に個人としての現実的意義をすべて捨てて、ただ個人の純粋な人間性としての能力、魅力、関心をもって社交形式の中へ入っていく。けれども、他面、この構成物は、個人の真に主観的なもの及び純粋な内面性の前で停止する（S上：55=76–77）。つまり、個々人は「何者でもない者」であるかのように互いにふるまうことで社交が成立するわけである。ここでは「かのような」という媒介項の織り込みにあわせて、人格が「何者でもない者」

であるかのように「表象」されている[6]。

さらに、ジンメルがアプリオリの一つに挙げていた不平等の問題であるが、『社会学』「上位と下位」の章では、上位者の支配力とは他者を利用する可能性のことだという。ただ、このとき下位者の自由を否定できるのは直接の暴力を課す場合だけであり、実際には、従属する下位者にも自発性や協働性を働かせる余地がある。相互作用が存在し、社会的な形式がある。つまり、いくら脅して無理矢理命令したところでそれに抵抗するかぎりは、下位者には自発性を発揮する余地があり、それをつぶすには実力行使しかあり得ない。しかも、実力行使は上位者が権力の行使に失敗したケースにあたる。

ジンメルは、また「権威」と「威信」を区別しているが、権威では下位者の自発性と協働性を排除することができないのに対して、威信の下にあっては上位者の力が決定的であり、被支配者は無制約に服従することになる。というのも、権威は超個人的・客観的な規範から演繹して人格に適用されるので、下位者は規範を自発的に受け入れているのでなければならない。他方、威信は上位者の人格に発しており下位者はそれに「感激」し、自発的に服従することになるからである。なお、上位者の類型には、①個人支配の場合、②集団支配の場合、③客観的な力の場合の三つがある。

個人支配は決定的統一をもたらす。全員が服従するわけではなく反対する側と対立があっても、是認する側には求心力がはたらく。反対する側に多様性があっても次第に統一化していく。逆に、服従する側は従うという責任を逃れるために、自らの従順に加えて反対勢力がいることすら欲する。「従順」と「反対」は統一的態度の異なる方向の組み合わせだからである。また嫉妬も同じように反発を作り出す。ここから統一をもたらすには平準化ないしは等級化、つまり個人に均等に権力を配分するか身分の上下に応じて配分するかという問題が支配者には生じるが、いずれにせよ、支配者は全人格を投入するのに被支配者は部分的にしか人格を投入しない。だから、社会圏が大きいほど個人は支配から遠ざかりやすく、耐えやすくなる。

かたや、多数支配がさまざまな帰結をもたらす理由はその客観性にある。まず、決定に参与した者は決定を総体によるものとして客観性の背後に人格と規範を埋没させることができる。他方、非個人的で客観的な原理が介在する場合、客観的な人間は自発的な活動領域と服従の領域を心得ている。法を介在させることで上位者と下位者の関係の転回点になることもある。一方、法は道徳的命令にも重なるが、道徳的必然性は合法性の意識とはかかわらない。むしろ、法とかかわるものとして正義、真理、倫理的なものの内部で客観性が発達していく。

あるいは、家父長的な家族から次第に分化していく過程で「家族」は自律性を失い、「成員にさしあたっての分化を提供し」、「個性の分化を準備」する機能へ自らを特化させる一方で（SD：57）、国家のような包括的な領域と結合することが可能になった（SD：68）。家族は労働力を再生産し、個人を国家に適応させる一方、徴兵や中央機関が社会政策的に介入するための単位でもある。家族は個人的な扶助を公共的な機関から受けるという非対称性のなかに置かれる。

たとえば、貧者保護は分化した個人としての人格にではなく、貧者総体に向けられる。そして、その究極の目的は共同体の保護と増進にある。つまり貧者保護は共同体の自己保存のために行われる手段であって目的ではない。扶助の内訳も必要最低限のものであって、成員の平等を目指したものではない。しかも、貧者への給付は客観的なものである。貧者保護のねらいは社会分化の現状が立ちゆくよう、極端な事象を受容可能な程度に収まるよう緩和することにある。共同体の自己保存が扶助の目的だということになると、貧者は扶助を受けるべき者でありながら、受けるべき本人がそれとは自覚していないということがありうる。個人の欠乏が貧者をつくるのではなく、欠乏ゆえに公的扶助を受ける者が貧者に相当する。扶助にあずかる貧者は同じ国民でありながら共同体の自己保存という観点において立場がまったく異なることになる。貧者と人びとに共通するのは同じ国民であるということだが、そこからは共通点と異質さが生まれ落ちる。貧困は時として差別の対象ともなるように、内部にいながら外部にいる。

「よそ者」はかつてその移動性からたいてい商人であり、またその客観性ゆえに時として裁判官に用いられたこともあった。なんらかの社会に「よそ者」がやってくる、あるいは定住しようとすると、よそ者と人びとの間で共通するのは一定の普遍的性質だけであり、その同等性から近ささえ感じられる一方、よそ者の近さが普遍性に由来するものにすぎないことからかえって遠さを感じることにもなる。よそ者は社会の境界の内側と外側にいて、正反対の処遇を受けることになる。

貧者にしてもよそ者にしても、自分との間に主として人権と結びつくような共通項がありそれを受け入れようとする者もいれば、自分とは無縁と思いたいと共通点を否定してかかる人もいて、彼らを境界の外側にはじき出そうという力学がはたらき始める。

「孤独」は一見すると相互作用から切り離されており、社会性が欠如した状態にあるが、過去の関係の余韻（「〜だった」）、ないしは将来への期待（「〜であろう」）を問題にできる限りこれも社会化である。さらに、鉄道や大都市の人混みに紛れているなかで孤独を感じるとなれば、これはもう十分社会であり、しかも、あらゆる拘束を欠如させている以上は「自由」でもある。

こうしてみてくると、形式社会学が抽出してくる知見に二つのタイプがあるとはこういうことである。一つ目のタイプが、相互作用の中で二者関係的な要素を操作して三者関係を強化しようとするもの。もう一つのタイプは表象する相手のイメージを操作することで自他関係を一定の方向に持っていこうとするものである。相互作用するには相手

（対象）がいて何らかの関係を結ぶわけだから、それは何らかの社会化の形式（媒介項）を伴うことになる。そして、いずれにあっても形式は一定の方向に行動を導く知の枠組みになっている。

【注】

（1）例えば、ジンメルにとって女性は未分化なものである。Simmel（1890a）、北川東子（1997）第三章も参照。
（2）ついでに、一般的なものは決して抽象的なものではない（S上：219）。たとえば、社会はその成員である個人に対して一般的なものである。
（3）「人格はその起源においては、それでもまた無数の社会的な糸の交差点にすぎず、さまざまな圏と適応の時期からの遺伝の結果に他ならず、そして人格が個性となるのは、種族の諸要素が人格のなかに互いに集まるさいの量と組み合わせとの特殊性による」（SD：113）。
（4）実は、個性を持った人格という発想もこの点では同じである。個性を発達させるためには模範が数多く存在したほうがよいのであり、模範から分化・差異化することで個性が生まれる（SD：105）。個性は機能的には質的な分化をとげるが、個性の発生のためにはある程度の量的な分化も必要となる。
（5）ニクラス・ルーマンの人格に対する信頼とシステム信頼の区別を参照のこと。Luhmann（1973）。
（6）社交については芦川（2003）も参照。

【引用・参考文献】

芦川晋（2003）「社会の零度——G・ジンメルの社交論とG・ベイトソンのダブル・バインド理論を手がかりに」佐藤慶幸・那須壽・大屋幸恵・菅原謙編著『市民社会と批判的公共性』文眞堂 第9章, pp.182-207.
阿閉吉男編（1979）『ジンメル社会学入門』有斐閣
池田光義「ジンメルの個人概念に関する一考察——『「社会圏・拡大・分化」図式に即して』」『一橋論集』95（3）：431-439.
北川東子（1997）『ジンメル——生の形式』講談社

小松丈晃（1997）「近代社会における個体性の問題――ルーマンの『個人』概念を手がかりに」『社会学研究』64

Luhmann, Niklas（1973）*Vertrauen (2.ed.)*. Enke.（＝1990, 大庭健・正村俊之訳『信頼』勁草書房）

――――（1984）Individuum und Gesellschaft, Universitas 39.（＝1983, 村田裕志訳「個人と社会」『社会学研究』46）

Simmel, Georg（[1890a] 1989）*Über soziale Diffrenzierung：Sociologische und psychologische Untersuchungen*, Duncker & Humblot, Suhrkamp.（＝1998, 居安正訳『社会分化論』青木書店（現代社会学体系））／（＝2011, 石川晃弘・鈴木春男訳『社会的分化論』（中公クラッシクス）中央公論新社）[SD]

――――（[1890b] 1989）*Zur Psychologie der Frauen*, Suhrkamp.（＝1986, 大鐘武訳「女性の心理学のために」『ジンメル初期社会学論集』恒星社厚生閣）

――――（[1898] 1989）*Die Selbsterhaltung der Sozial Gruppe*, Suhrkamp.（＝1986, 大鐘武訳「社会集団の自己保存――社会学的研究」『ジンメル初期社会学論集』恒星社厚生閣）

――――（[1908] 1992）*Soziologie : Untersuchungen über die Formen der Vergesellschaftung*, Duncker & Humbolt. Suhrkamp.（＝1994, 居安正訳『社会学（上）（下）』白水社）[S上／下]

――――（[1917] 1999）*Grundfragen der Soziologie : Individuum und Gesellschaft*, Suhrkamp.（＝1979, 清水幾太郎訳『社会学の根本問題』岩波文庫）／（＝2004, 居安正訳『社会学の根本問題（個人と社会）』世界思想社）[GS]

――――（1983）*Schriften zur Soziologie*, Suhrkamp.

第六章　専門知への理論的アプローチ(1)

——ハリー・コリンズの専門知論と知識の集合的次元への視座

栗原　亘

なるほど知識社会学というものがある。だが、このように誤った名称をつけられた学問は、ほとんど例外なく、真理は社会的とくに経済的状況に依存しているとする真理のイデオロギー的基盤の視角、教育の社会的含意の視角、あるいは知識人の社会的役割の視角から知識の社会的配分の問題にアプローチしてきたにすぎない。(Schutz 1946：121=1991：172)

一　はじめに

以上は、A・シュッツ(Alfred Schutz)が、特にK・マンハイム(Karl Mannheim)の議論を念頭において行った批判である。マンハイムは知識社会学の創始者の一人として知られているが、シュッツはここで、マンハイムが知識の社会学を標榜しているにもかかわらず、実際には知識それ自体を十分に主題化していないことに対して不満を述べているのである。そしてシュッツは、他でもない知識そのものの社会的配分(social distribution of knowledge)を主題化した。すなわち、まさに知識の体系から世界を捉える視角を構築しようとしたのである(cf. Nasu 2008)。

さて、すでに以上のシュッツの嘆きからはかなりの時を経ているが、知識をめぐる社会(科)学理論の現状はどのようなものか。本章の主題は「専門知(expertise)」であるが、少なくともこれについていえば、社会(科)学における現状はそれほど進展していない。というのも、この主題は、ほとんどの場合、社会的ステータスや職業としての「専門家（expert）」をめぐる議論の中において、いわば間接的にのみ論じられてきたからである（ex. Parsons 1951=1974; Freidson 1988）。すなわち、知識そのものの観点から「専門知」を論じるような議論は、ほとんどなされてこなかったのである。[2] 例えば、一九六〇年代頃から盛んに論じられてきた知識社会論では、まさに専門知が一つの主題となってしかるべきであった。しかし、そこにおいて焦点化されてきたのも、実際には、（その知識社会論という名に反し）知識それ自体というより、むしろ「専門職（profession）」である（ex. Machlup 1962=1969; Drucker [1968] 1992=1999; Bell 1973=1975）。

社会的カテゴリーや職業の体系と知識の体系とが、相互に深く関係していることは明らかである。専門職の体系の変化は知識の体系に影響するだろうし、逆もまた然りであろう。しかし、これらはまさに相互に関係し合うものであり、区別して捉えられるべきものなのである。にもかかわらず、この区別は、多くの議論において曖昧なままにされてきた。

本章は、こうした状況に対して一石を投じるものとして、H・コリンズ（Harry Collins）の議論に着目する。彼は、一九七〇年代以降の科学知識社会学（SSK）の潮流を牽引してきた論者の一人でもある。SSKの論者たちは、理論よりも経験的な事例研究の方を重視する傾向にあるが、コリンズは、経験的な事例研究を行いつつ、さらにそれを踏まえた理論的な仕事も継続的に展開してきたという点で、他の論者と一線を画している。彼はそうした自らの理論的な仕事を「知識の科学（knowledge science）」と呼ぶ（Collins 1990：3）。そこでコリンズは、哲学や認知科学の領域において展開されてきた知識関連の議論を、自らが社会学者として展開してきた経験的研究の成果と突き合わせて理論化している（ex. Collins 1990, 1996, 2010; Collins and Kusch 1998）。そして彼は、さらに二〇〇〇年代に入ると、そうした「知識の科学」から得られた知見に基づきつつ、「専門知と経験に関する研究（Studies of Expertise and Experience）」（ＳＥＥ）なる研究プロジェクトを立ち上げるに至った（ex. Collins and Evans 2002, 2007）。このプロジェクトの特徴は、専門知を、社会的カテゴリーや職業の観点からではなく、まさに知識の観点から捉えようとしている点にある。すなわち、専門家になるということを、「専門職に就く」であるとか、「専門家として評価される」というような観点からではなく、ある特定の知識獲得を達成した状態として捉えようとしているのである。

本章は、コリンズが自らの「知識の科学」とそれに基づくＳＥＥなる研究プロジェクトで展開している専門知論を取り上げて検討する。そして、その射程と限界、およびその展開可能性を提示し、知の社会学が今後追究していくべき方向性の一つを提示する。

二　真正な意味での専門知獲得には至らないような知識獲得

我々は今日、実に多種多様な仕方で専門的な情報に触れることができる。何かわからないことがあれば、インターネットを利用し、ウィキペディアの記事はもちろんのこと、世界的な専門ジャーナルさえも参照できる。ここで、次のように問うてみたい。すなわち、こうした状況を、専門知が普及した状況と呼ぶことはできるだろうか、と。つまり、専門的な情報源へのアクセスが益々容易になることは、専門知を獲得する人口の増加と単純に結びつけることができるだろうか、と。この問いへの回答は様々であろう。ただ、少なくともコリンズは「否」と答える。

例えばコリンズは、素人が専門的な知識に接近する典型的な仕方を選定し、それによってどのような知識獲得が達成されるのかを論じている。具体的には、①「ビール・コースターからの知識（beer-mat knowledge）」、②「大衆的な理解（popular understanding）」、③「一次資料からの知識（primary source knowledge）」の三つが挙げられている。これらの知識獲得は、以下で確認するように、①から③へと向かうにつれてより高度な専門的情報源へと関係していく。しかし、いずれも決して真正な意味での専門知獲得に至ることは無いとされる。順にみていこう。

まず一つ目の「ビール・コースターからの知識」の獲得について。これは、暗記による知識獲得と言い換えられるようなものである。例えばコリンズは、ビール・コースターに書かれているような、ホログラムの性質に関する短い説明文からの知識獲得を例に挙げる（これが、この類型に与えられた奇妙な名前の由来である）。コースターに書かれた簡潔な説明文を読んだ直後の人は、「ホログラムの性質について説明せよ」という要求に対し、読んだ文章を反復することで応じることができるだろう。しかし、この知識獲得は、もちろん「読み手に、ホログラムをつくることを可能にすることもなければ、ホログラムの性質に関する誰かの間違いを正してやることもできない」（Collins and Evans 2007：19）。それは、いわばオウム返しのような類のものであり、意味の理解を伴わない知識獲得なのである。

次に、「大衆的な理解」について。これは、大衆メディア（一般人向けの科学的読み物やインターネットサイト等々）を通してなされるような知識獲得であり、「ビール・コースターからの知識よりも、情報の意味に関するより深い理解を伴っているもの」とされる（Collins and Evans 2007：20）。例えばこの知識獲得は、「抗生物質はウイルス性の病気を治すことはない。インフルエンザはウイルス性である。ということは、抗生物質はインフルエンザを治さない」（Collins and Evans 2007：20）といったような形の判断を可能にする。すなわち、「ビール・コースターからの知識」が、いわば「公式（formulae）」のセットしか伝達できないのに対し、こちらは「観念（ideas）」のセットを伝達することを可能にする（Collins and Evans 2007：20）。つまり、前者では、書かれているものを暗記して反復するだけなのに対し、後者では、自分なりに論理的な再構成をしたうえで、他者に伝えることができる。

しかし、この知識獲得では、与えられた専門的情報の真偽を判断できるようにはならない。例えば、仮に専門家の肩書きをもつ人が、真顔で「抗生物質はウイルス性の病気も治す」などといった場合、それが本当かどうかに関して根拠をもって判断することができない。つまり、提示された情報を鵜呑みにすることしかできない。

さて、以上の二つが真正な意味での専門知獲得ではないことは、難なく受け入れることができるだろう。では、最後の「一次資料からの知識」についてはどうか。これは、専門家が専門家向けに書いた論文や書籍などを読むことで達成されるような知識獲得である。「一次資料を読む」ことは、いっけん、専門家と判断されるに相応しいだけの知識獲得に至る王道的な仕方であるようにも思える。しかしコリンズは、これも不十分なものとする。なぜか。

コリンズは以下の点を強調する。すなわち、例えばある専門的な文献を読んでいる人がいたとして、その人が、その文献が扱っている専門領域において実際に研究を行っているような者たちと直接的なやりとりをしたことが無いような人であった場合、そこに書かれている内容や確実さの水準に関して、誤った印象（impression）を持ちうる。なぜなら、そうした人は、そもそもどの学術書が読むに値し、どの学術書がそうではないのか等を判断する際に、依って立つべき適切な根拠を持たないからである（Collins and Evans 2007：22）。つまり、知識を獲得する際の、その資源自体に関する判断は、当該の専門分野の根拠に基づいたものではなく、あくまで自前のものにとどまるからである。

三　専門知観の実践的転回と暗黙知

専門知獲得の条件とは何か。コリンズの答えの一端は、以上ですでに示唆された。すなわち、「一次資料からの知識」でさえも不十分とされるのは、情報を選別する際の適切な根拠が欠如しているからであった。そして、この情報選別における判断の根拠の習得には、当該領域の専門家とのやり取りの有無が関係していることもみた。以下では、これらの点に関してより詳細に確認していくことになる。そうするにあたり、ここではまず、コリンズが依って立つ専門知観の基本的発想を確認しておくことにしたい。

コリンズによれば、専門知の捉え方のトレンドは、二十世紀後半に変容した。専門知は、「実践的（practical）なもの」として捉えられるようになり、「何を計算することができる（what you can calculate）かや、何を学ぶことができる（what you can learn）か等よりも、何をすることができるのか（what you can do）ということに基礎をおくもの」となったのだという（Collins and Evans 2007：23; Collins 2011：272）。コリンズの議論は、何よりこの専門知観の変容を踏まえたものである。

コリンズは、以上のような専門知観の実践的転回に影響を与えた論者として、M・ハイデガー（Martin Heidegger）やM・メルロ＝ポンティ（Maurice Merleau-Ponty）のような現象学者たちから、さらにL・ヴィトゲンシュタイン（Ludwig Wittgenstein）やM・ポランニー（Michael Polanyi）らに至る、数多くの論者の名を挙げている（Collins and Evans 2007：23）。ここで特に重要なのはポランニーである。なぜなら、コリンズの理論的枠組みは、ポランニー（1958, 1966）が論じて広く知られるようになった「暗黙知（tacit knowledge）」概念を基礎としているからである。

「暗黙知」とは、周知の通り、言葉に置き換えるなどして明示化することが困難（あるいは不可能）とされる知識である。例えば自転車の乗り方に関する知識などがその典型とされる。それは、「身体化された技術（embodied skill）」とも言い換えられ、（少なくとも完全には）命題的な文の集まりなどに置きかえることができず、実践の遂行そのものにおいてのみ十全に表出されるようなものとされる。

こうした意味での「暗黙知」は、別段、特別なものではない。人は日々、多種多様な「暗黙知」を獲得し、それに依拠して暮らしているといえるからである。それはあらゆる活動の基礎を成しているような、必要不可欠なものであるといっていい。極言すれば、道を歩くことや、ベッドから落ちないように上手に寝ることすら、こうした「暗黙知」の獲得によって可能となっている。

二十世紀後半における専門知観の転回とは、専門知を、単なる形式化可能な命題的知識の集積ではなく、以上のような意味での「暗黙知」を負荷（laden）されたものとして捉えるものであった（Collins and Evans 2007：23）。そしてコリンズは、これを踏まえつつ、専門知の獲得を、各専門領域に特有であるような「暗黙知」、すなわち、「スペシャリストの暗黙知（specialist tacit knowledge）」を大量に獲得することで初めて可能になるものとする（Collins and Evans 2007：23）。その上でコリンズは、さらに次のように主張する。すなわち、「車の運転であれ、物理学であれ、高度な専門知に至るほどに暗黙知を負荷されているようなスペシャリズムを習得することは、自然言語を学ぶのと同じである。つまり、辞書と文法あるいはそれの等価物についての学習のようなものではなく、当該の文化における生活様式（way of life）への相互行為的な浸漬（interactive immersion）によって達成されるもの」（Collins and Evans 2007：23）である、と。

ここで、先の三つの知識獲得に立ち返ってみよう。それらが真正な意味での専門知獲得には至らないとされるのは、何より以上のような「諸々の領域における主題に属する暗黙知を習得する仕方」にほとんど関係しないからである。すなわち、それらは、「スペシャリストの文化に浸漬すること」よりも、単に「読むこと」に関係している（Collins and Evans 2007：23–24）。

専門知獲得には至らないとされる知識獲得でも、「暗黙知」は前提とされてはいる。ただそれは、日常を送る中で自然と獲得されるような「暗黙知」である。つまり、言葉を聞き取ったり、文字を読んだりすることに関するそれである。コリンズは、こうしたありふれた「暗黙知」を、「遍在的暗黙知（ubiquitous tacit knowledge）」と呼ぶ（Collins and Evan 2007：17）。その上で彼は、専門知の獲得がなされているか否かを、「遍在的暗黙知」だけでなく、当該領域の「スペシャリストの暗黙知」を獲得するに至っているか否かで判断するのである（Collins and Evan 2007：17–18）。

四　「身体化」としての知識獲得と「社会化」としての知識獲得――知識の集合的次元の主題化

では、「スペシャリストの暗黙知」とはどのようなものか。この点について確認する上で重要なのは、コリンズによる「暗黙知」概念の捉え方である。コリンズは、ポランニー（そして後でみるH・ドレイファス）が、暗黙的な知識の獲得を、あくまで個人による技能の身体化の観点からのみ捉えるのに対し、「集合性（collectivity）」の次元に着目する必要があると主張する。曰く、ポランニーらは「肉体的な暗黙知（somatic tacit knowledge）」にのみ着目しているが、さらに「集合的暗黙知（collective tacit knowledge）」に着目しなければならない（Collins 2010：119–138）。

例えばコリンズは、スペシャリストの文化に浸漬することで専門知を獲得することを「文化適応（enculturation）」と呼ぶ（Collins and Evans 2007：24）。これはこの後でも確認するように、「社会化（socialization）」とも言い換えられる。コリンズは、このように「文化適応」や「社会化」のような表現を使用することで、専門知の獲得が、個人が自己完結的に行う技術の身体化（としての「暗黙知」獲得）のようなものにとどまるものではないことを強調しているのである。

こうした立場は、コリンズが、H・ドレイファス（Hubert Dreyfus）との論争を経て確立したものでもある。ドレイファスは、現象学やヴィトゲンシュタインの知見に基づいて、当時の人工知能研究に対して痛烈な批判を行ったことで知られている。彼は、当時の人工知能研究を、人間の知的活動における身体の役割を完全に無視したものであるとして否定した（Dreyfus 1972, 1992）。すなわち、人間の知的な振る舞いにとって最も基底的な役割を果たすのは、高次の記号操作能力のような形式的レベルにあるものではなく、むしろ低次の、形式化不可能な身体的レベルにあるものであるとし、身体を持たないコンピューターにいくら形式的知識をプログラミングしても、人間的な知的振る舞いを実現することは不可能であると論じた。

本章との関係で重要なのは、このドレイファスが、弟のS・ドレイファス（Stuart Dreyfus）とともに、人工知能によって人間の専門家の肩代わりをさせようとする試みである「エキスパート・システム」を批判する文脈で展開した、専門知獲得に関する議論である（Dreyfus and Dreyfus 1986=1987）。彼らは、専門知の獲得過程を、自動車の運転を例にして説明している。自動車の運転には、ギアを切り替えたり、ハンドルを適切にきったりする技術に加え、路上で交渉する技術（negotiating traffic）、つまり車間距離を保ったり、車列に入ってこようとする車のためにスペースを空けたり、道を横切ろうとする人のために車のスピードを落としたりするような、他の車や通行人たちとやり取りする技術が含まれる。ドレイファスたちは、これらを全て、個人が身体化によって獲得する技能の諸例として捉え、同列に扱っている。

これに対しコリンズは、ギアの操作等に関する技術の習得と、路上での交渉等に関する技術の習得は別種のもの（different in kind）であり、単純に同列に置いて語ることはできないとする。すなわち、前者は技術の習得に関する個人主義的な観点（＝「肉体的暗黙知」の獲得の観点）からのみ論じることも可能だが、後者はそうではないとする。どういうことか。

コリンズ曰く、路上での交渉には、社会的な諸々の因習（social conventions）に関する理解が必要とされる。社会的な因習は、個人ではなく社会的集団の所有物（property）であり、時間・空間ごとに異なる流動的なものである（Collins and Evans 2007：26-27）。そして、それを理解し、適応するのに必要なのは、個人レベルで完結するような技術の身体化ではなく、「関連する集団の実践へと社会化される（socialized into the relevant group practices）」ことだと述べる（Collins and Evans 2007：27）。ここで「社会化」という表現が用いられているが、これは前述したように「文化適応」とも言い換えられるし、また別の箇所では、「埋め込まれていること（embeddedness）」（Collins 1996）とも表現されている。この表現は、ドレイファスのいう「身体化」に対して提起されたものであり、これによってコリンズは、ドレイファスがあくまで身体を有する個人に焦点を合わせるのに対し、埋め込まれる先の集合的な次元の存在を強調しているのである。

以上を踏まえてここまでの話を要約すれば次のようになる。すなわち、コリンズのいう「社会化」としての知識獲得とは、流動的な社会的状況に対し、その都度、齟齬なく（あるいは、齟齬が生じたとしたら、それがどのような齟齬かということを同定したうえで意図的にそれを修正する、あるいは修正しないという仕方で）対処できるようになることである（ex. Collins 2010：123-124）。それは、個別の技術を個人が身体レベルで習得することにより一回で完結してしまうようなものではなく、必要であればいくつもの技術を身に付けたり、それらを洗練したりすることを繰り返していくような、そうした終わりのないプロセスへと身を置くことに相当する。すなわち、それは、絶えず変化する領域に対して同期（synchronization）し続けることであるともいえよう。そして、この同期を可能にしているものこそが、集合的次元に存在する「暗黙知」というわけである。

コリンズは、科学的な専門知の獲得も、以上のような「集合的暗黙知」の獲得という意味での「社会化」を考慮してはじめて十全に理解できると考える。すなわち、真正な意味での専門知の獲得は、自己完結的なものではなく、当該専門領域のメンバーである人々との相互行為に浸漬し、彼らと同期し続けること無しには保持し続けることのできないものであり、従って、どんなに優秀な研究者として活躍した人物であっても、一線を退いてしまえば専門知を失うことになるのである。

五　専門知獲得における二つの類型――身体の次元と言語の次元

つまり、コリンズが考える真正な意味での専門知の獲得とは、専門知を有する人々から成る「社会」に対し、実践的なレベルで適切に埋め込まれて在ることを可能にするようなものである。コリンズは、このような意味での「社会化」、すなわち「集合的な暗黙知」の獲得を十全に達成することで得られる専門知を、「貢献的な専門知（contributory expertise）」（CE）と呼ぶ。CEとは、その名の通り、「その専門知が属しているところの領域に対して貢献することを可能にする」ものであり、これを有する者だけが「専門知の領域において事物を為す能力（ability to do things）をもっている」（Collins and Evans 2007：24）。つまり、このCEの獲得こそが、完全な意味での専門知獲得である。

ただ、ここで重要なのは、コリンズが、CE以外にもう一つ、真正な専門知と呼ぶに値するものを見出している点である。それは「インタラクショナルな専門知（interactional expertise）」（IE）と呼ばれるものである。CEが当該専門領域に対する貢献的な実践を遂行することを可能にするものであるのに対し、このIEは、実践を理解することを可能にするものであるとされる。このCEとIEとの関係は、知識における身体と言語との間の関係という、より一般的な問題とも関連するものでもあり、とりわけ重要なものである。以下で詳しくみてみよう。

（二）第三種の知識としての「インタラクショナルな専門知」

上述したように、二十世紀後半における専門知観の転回以降、知識は、規則や公式、コンピューターのプログラムや本といった形で表現可能な「形式的知識」と、実践を通してのみ表現される「非形式的知識」（＝「暗黙知」）との二つに区別されてきた。そして、これらは決して架橋されえないものとされてきた。

コリンズは、こうした形式的知識と非形式的知識をめぐる議論の大枠については同意する。しかし、そこで想定されている両者の間の断絶は強調され過ぎているとする。曰く、そこには決して越えられない「知識の障壁（knowledge barrier）」のようなものは存在しない（Collins 1996）。コリンズは、その証左として、これら二つの知識の間に位置するような「第三種の知識（a third kind of knowledge）」の存在を指摘する。それが「インタラクショナルな専門知」（ＩＥ）である（Collins 2004：126-127; Collins and Evans 2007：29）。

ここでコリンズが着目するのは、自分自身はその専門領域における実践者ではないものの、実践者たちと言語を媒介にして暗黙的な意味をやり取りしているような人々である。例えば、学際的な研究プロジェクトを統括するマネージャー、芸術批評家、ジャーナリスト、そして（コリンズ自身を含めた）科学知識社会学者などである。彼らは、当該専門領域に対して貢献するような実践を遂行することはできない。しかし、当該領域の実践者、つまり「貢献的な専門知」を有する人々と、言葉を媒介にして暗黙的な意味を伝達し合う（Collins and Evans 2007: 30）。コリンズは、自身の科学知識社会学者としての経験に基づき以下のように説明している。

すなわち、科学知識社会学者たちは、科学者との対話を繰り返す中で、単なるインタビューしかできない段階から、討論（discussion）や会話（conversation）ができる段階へと進歩する。すなわち、相手が言うことを額面通りに受け取ることしかできない状態から、相手を（ある特定の専門分野に関する事柄で）うならせるような質問を投げかけたり、相手が（専門分野に関わることについて）言った嘘や冗談を聞き分けたりすることができるような状態、つまり科学者と科学知識社会学者との対話が、まさに同僚の科学者同士の討論や会話と変わらない状態へと進歩していく。コリンズは、このような段階に至るために欠かすことのできないものこそが、当該専門領域のＩＥを獲得することであるとする[3]（Collins and Evans 2007：33）。

（二）「生きられる言語」の習得としての「インタラクショナルな専門知」の獲得

では、「インタラクショナルな専門知」（ＩＥ）はどのように獲得されるのか。以上で示唆されているように、コリンズは、ＩＥの獲得に最低限必要なのは、特定の専門領域における言語的な生活様式に浸漬し、「言語的な社会化（linguistic socialization）」を達成することだとする。「言語的な社会化」とは、人がある特定の国・地域のネイティブ・スピーカーたちと流暢に会話できるようになることと原理的には同じとされる。すなわちそれは、辞書や文法書を丸暗記したり、教則ＣＤに録音されている正しい発音を身体化したりすることで達成されるものではなく、「生きられる言語（lived language）」を習得することで達成されるものとされる（Collins 2011：273）。

「生きられる言語」の習得とは、つまりは特定の専門領域におけるリアルタイムでの言葉の使用を学ぶことである。コリンズは、そうした「生きられる言語」を習得することで、当該専門領域における実践に関する理解を獲得することができると考える。すなわち、それによって「実践的な判断にとっての欠かすことのできないような構成要素」である事柄、例えば「何あるいは誰が真剣に取り上げられなければならないのか」や、「何が存在し、何が存在しないのか、そして何が為されうることであり、何が為されえないことなのか」を習得できるとする（Collins 2011：282）。つまり、言語的なレベルでの社会化、すなわちある特定の専門領域に対して言語的なレベルで埋め込まれることとしてのＩＥの獲得とは、当該領域における様々な実践が、どういった文脈に位置づけられるものなのかを、リアルタイムで判断することができるような（集合的な）「暗黙知」を獲得することなのである。(4)

（三）「貢献的な専門知」の一部としての「インタラクショナルな専門知」

以上からもわかるように、「貢献的な専門知」（ＣＥ）を獲得したものは、「インタラクショナルな専門知」（ＩＥ）も原則として有する（Collins and Evans 2007: 36）。ＩＥを獲得することとは、いわば特定の専門領域において個々の実践が位置づけられる文脈についての理解を習得することであるが、ＣＥを獲得しているものたちは、こうした文脈に関する理解を前提として、当該の専門領域に対して貢献的な実践を為す。よって、ＩＥは、ＣＥの不可欠な構成要素ともいえる。

ただし注意が必要なのは、ＣＥの保有者たちのＩＥは、「インタラクティブな能力（interactive ability）」と「反省的な能力（reflective ability）」が無ければ表出（express）されることなく、潜在的（latent）なものにとどまるとされている点である（Collins and Evans 2007 : 37-40）。「インタラクティブな能力」とは、社交性や会話のうまさなどにかかわる能力であり、「反省的な能力」とは、自らの実践を反省的に捉える能力である。つまり、実践者たち自身は、自分たちの実践を反省的に捉え、それを誰かに伝えたりする必要は必ずしもない。自らの実践に関する理解は、基本的には、問われることのない前提としてただ在るもの、というわけである。例えば、十分な研究業績はあるものの、授業が下手な教授は、ＩＥを有していても「インタラクティブな能力」か「反省的な能力」（あるいはその両方）を欠いている可能性がある、ということである。

文脈を共有しつつ、それを積極的に表出する必要があるのは、実践者たち自身よりも、その実践者たちを研究対象とするような科学知識社会学者やジャーナリストのような人々である。彼らは、対象領域の専門家たちと関わる中でＩＥを獲得し、それを反省的に捉えて言語化し、専門家ではない人々に語る。こうした一連の活動に必要とされる能力が、「反省的な能力」と「インタラクティブな能力」なのである。よって、これらの能力は、科学知識社会学のような専門領域にとってはＣＥの一部であるともされる（Collins and Evans 2007：37）そして、このような、ある特定の専門領域における実践者ではないが、そこにおけるＩＥを有し、さらにそれを表出するような能力を有しているような人々を、コリンズは「インタラクションに特化した専門家（special interactional expert）」と呼ぶ（Collins 2011：274）。

六　課題と展望——知識の集合的次元の構成過程を問うために

以上のように、コリンズは、社会的ステータスや職業といった属性の観点からではなく、知識の観点から専門知を扱うための理論的な枠組みを構築している。このようなコリンズの試みは、知識を取り巻く社会的な状況などではなく、知識そのものの社会的ないし集合的な性質を俎上に載せ、知識の社会的配分に着目して世界を捉える視点を提供しようとしているという点において、まさに知識社会学的なものである。

さて、以上のようなコリンズによる知識の集合的次元を可視化するような試みは、知の社会学の今後の展開にとっても欠かすことのできない重要な一歩といえよう。しかし、最後に、次のことは指摘しておかなければならない。すなわち、コリンズの議論では、知識の集合的次元が主題化される一方で、それがいかにして構成されるものなのかという点については問われていない、と。つまり、コリンズの議論では、人がそこに社会化していくところの知識の集合的次元は、すでにそこにあるものとして、あらかじめ前提されている。よって、専門知の領域自体の生成や変容といった事象は、射程外なのである。

このことは、そもそもコリンズの目的が、あくまで真正な意味での専門知獲得の条件を特定することにあり、必ずしも知識の集合的次元を徹底して探究することにあるわけではない、という事情による。(5) 従って、知識に関するより徹底した理論的視点の確立を目指すのであれば、コリンズの議論を踏まえた上で、さらにその先へと進む必要がある。ここでは、こうした点に関する詳細な検討を行うことはできないが、手掛かりを示すことはできる。それは、他でもないコリンズの議論の中に存在する。

コリンズが提示している手掛かりとは、すなわち、身体的な実践と言語との間の相互関係という論点である。コリンズ（2011）は、上述した「生きられる言語」について論じる際に、身体的な実践と「生きられる言語」との関係を、一種のフィードバックループを形成するものとして描いている。「生きられる言語」は身体的な実践をもとにして生み出されるものであり、(6) そうした意味でそれは、身体的実践に従属するものであるとされる。他方、生み出される言語の方は、多種多様な実践を束ね、編成する役割を果たすとされる。つまり、コリンズが「生きられる言語」と呼ぶものは、多種多様な実践を互いに結び付け、その集合としてのまとまりを可能にするいわば接着剤のような役割を果たすものといえる。ここにおいて、こうした実践と言語との間の相互規定関係、すなわちフィードバックループが不断に形成されていくことこそが、知識の集合的次元の構成過程にとって決定的に重要となることが示唆されているといえよう。

従って、知識の集合的な次元に関するさらなる探究に取り組み、専門知、ひいては知識一般についての理論的な枠組みを構築することを試みるのであれば、以上に素描されたような身体的実践と言語との間のフィードバックループをより詳細に捉える視点を確立するところから始めるのが良い。そうすることで我々は、知の社会学を、さらにまたもう一歩先へと進めることができるだろう。

【注】

（1）本章は、早稲田大学大学院社会学院生研究会の『ソシオロジカル・ペーパーズ』第二三号（二〇一四年）に掲載された研究ノート「専門知を理論化する：H. CollinsとR. Evansの“Studies of Expertise and Experience（SEE）”に関する覚書」、そしてSociety for Phenomenology and the Human Sciences（SPHS）二〇一四年大会での報告原稿および日本現象学・社会科学会第三三回大会（二〇一六年）での報告原稿を大幅に加筆修正して論文化したものである。

（2）知識としての「専門知」という主題は、社会（科）学よりも、認知科学や哲学の領域において積極的に扱われてきた。本稿は、特に哲学における議論の一端について、この後取り上げることになる。

（3）こうしたことを踏まえてinteractional expertiseは、「対話的専門知」と訳されることもある（ex. Collins 2014=2017）。

（4）素人が一次資料からの知識獲得をいくら繰り返しても専門知の獲得に至れないとされる際の原因は、まさにこのＩＥの欠如であるといえる。

（5）彼の専門知論の出発点は、高度に専門的な意思決定を行う際に、それに関連する適切な専門知を持っている人間を、その社会的ステータスや職業からではなく、まさにその獲得している知識の種類から判断できるような基準を作成するというところにある。このあたりの事情については、Collins and Evans（2002, 2007）などに詳しい。

（6）そのため「生きられる言語」は、「実践言語（practice language）」とも言い換えられる（Collins 2011）。

【引用・参考文献】（訳語は、邦訳を参照した上で適宜変更した。特にコリンズの術語については、基本的に筆者自身の訳語を使用している。）

Bell, D.（1973）*The Coming of Post-Industrial Society: A Venture in Social Forecasting*, New York: Basic Books.（=1975, 内田忠夫訳『脱工業社会の到来——社会予測の一つの試み（上・下）』ダイヤモンド社）

Collins, H.（1990）*Artificial Experts: Social Knowledge and Intelligent Machines*, London: The MIT Press.

——（1996）“Embedded or Embodied: A Review of Hurbert Dreyfus's What Computers Still Can't Do,”

Artificial Intelligence, 80（1）：99-117.

———（2004）“Interactional Knowledge as A Third Kind of Knowledge,” *Phenomenology and Cognitive Sciences*, 3（2）：125-143.

———（2010）*Tacit and Explicit Knowledge*, The University of Chicago Press.

———（2011）“Language and Practice,” *Social Studies of Science*, 41（2）：271-300.

———（2014）*Are We All Scientific Expert Now?* Polity Press.（=2017，鈴木俊洋訳『我々みんなが科学の専門家なのか』法政大学出版局）

Collins, H. and Kusch, M.（1998）*The Shape of Actions : What Humans and Machines Can Do*, Cambridge, MA：MIT Press.

Collins, H. and Evans, R.（2002）“The Third Waves of Science Studies：Studies of Expertise and Experience," *Social Studies of Science, 32*（2）：235-296.

———（2007）*Rethinking Expertise*, The University of Chicago Press.

Dreyfus, H.（1972）*What Computers Can't Do*, New York：Harper and Row.

———（1992）*What Computers Still Can't Do*, Cambridge, Mass：MIT Press.

Dreyfus, H. and S. Dreyfus（1986）*Mind over Machine : The Power of Human Intuition and Expertise in the Era of the Computer*, New York：Free Press.（=1987，椋田直子訳『純粋人工知能批判——コンピュータは思考を獲得できるか』アスキー）

Drucker, P.（[1968] 1992）*The Age of Discontinuity*, Harper & Row.（=1999，上田惇生訳『断絶の時代——いま起こっていることの本質』ダイヤモンド社）

Freidson, E.（1988）*Professional Powers*, University of Chicago Press.

Machlup, F.（1962）*The Production and Distribution of Knowledge in the United States*, Princeton：Princeton University Press.（=1969，高橋達男、木田宏訳『知識産業』産業能率短期大学出版部）

Nasu, H.（2008）“A Continuing Dialogue with Alfred Schutz,” *Human Studies*, 31（2）：87-105.

Parsons, T.（1951）*Social System*, The Free Press.（=1974, 佐藤勉訳『社会体系論』青木書店）

Polanyi, M.（1958）*Personal Knowledge*, London：Routledge & Kegan Paul.

――――（1966）*The Tacit Dimension*, London：Routledge & Kegan Paul.

Schutz, A.（1946）"The Well-Informed Citizen：An Essay on the Social Distribution of Knowledge," *Social Research*, 13（4）：463-478（引用は A. Brodersen ed., 1964, *Collected Popers II: Studies in Social Theory*, The Hague: Martinus Nijhoff, pp. 120-134).（=1991, 渡辺光・那須壽・西原和久訳「見識のある市民――知識の社会的配分に関する一試論」『社会理論の研究』アルフレッド・シュッツ著作集第三巻、マルジュ社、pp. 171-189）

第三部

日常知の社会学

第七章　可能性の場としての共在＝身体の相互作用
――知識の受け継ぎ、謡の稽古を手がかりに

草柳　千早

一　はじめに

知識を受け継ぐことは、人間にとって本質的な営みである。

知りたいことはいつでも手元で調べられる。そう思える世界に今の私たちは生きている。知識は、データとして蓄積され増殖し続け、いつでもどこからでも検索し引き出すことができる。「今やわたしたちはみなバベルの図書館の利用者であり、司書でもある」（Gleick 2011=2013：527）。知識の集積と受け継ぎ方として、現在真っ先に思い浮かぶのはこのような形式である。

歴史を遡れば、しかし、知識は、直接対面的な相互作用を通じて、人から人へ伝えられていたであろう。今ここの時空間の共有は知識を受け継いでいくための重要な、ある時期まではおそらく必要な条件であった。今や知識は、そのような条件とは無関連にやりとりされうる。だが、いかに時空間を超えるテクノロジーが発達しても、人と人との直接的な「共在」を拠り所として知識を受け継いでいくという営みがある。このような「今ここ」の知識の受け継ぎとその現代における意義について、本章では、主にE・ゴフマン（E. Goffman）とA・シュッツ（A. Schutz）の議論に学びながら、事例――謡の稽古――を手がかりに考察する。

二 「知識」の「受け継ぎ」、および「共在」

まず、「知識」と「受け継ぎ」という二つの言葉について述べる。「知識」とは何か。P・バーク（P. Burke）は『知識の社会史』で、それに答えるのはほとんど困難としつつ、便宜的に、「情報」を「生の」素材、「知識」を、「調理された」素材、「思考によって処理されたり、体系化されたものをさす場合に用い」るとした（Burke 2000=2004：24-25）。しかしこの区分はあくまで相対的なものである。「われわれの頭脳はあらゆる知覚を処理しているからである」（Burke 2000=2004：25）。このようにみると、純粋に「生の」素材というものは確かにイメージしにくい。私たちが「知覚」し「処理」しているものは広く「知識」の範疇に入れられると言ってもよさそうである。

このような「知識」をより明快に表現するのは、シュッツとT・ルックマン（T. Luckmann）である。彼らは、『生活世界の構造』の中で、生活世界の知識集積を「状況と結びついたかつての実際の諸経験の沈殿物から成り立っている」（Schutz and Luckmann 2003=2015：220）として、知識の習得を、「より広い意味で」「経験の沈殿一般」と捉えることができると述べた（Schutz and Luckmann 2003=2015：337）。主観的な知識集積とは、経験主体のうちに「経験が沈殿していく過程」なのである（Schutz and Luckmann 2003=2015：220）。ここでは、この過程一般に関する彼らの詳細な考察を辿れないが、以下本章で、知識をこのように捉えているということをともあれ確認しておきたい。なお、この後取りあげる論者が用いている限りにおいて「情報」という言葉も、やや紛らわしいが時折用いる。

次に「受け継ぐ」について、まず用語として、人から人へと知識が伝えられ受けとられていく過程を、ここでは「受け継ぐ」と表す。類似の表現に「引き継ぐ」があるが、これは「それまでの業務・仕事などを、中断させないで続けるために、継ぐ」こと、また「継承」は、「権利・義務・地位・身分などを受け継ぐこと（例えば王位継承）」であり、ここで用いるにはやや不向きである。「伝える」や「伝達」は、専ら伝え手側の行為に言及する。「受け継ぐ」は、文字通り「受けて継ぐ」ことだが、単に「継ぐ」ということとの違いは、「それを活用するという含みがある」ことである（講談社『類語大辞典』）。

その上で、上記のように「知識」を捉えるとき、人から人への知識の「受け継ぎ」とは、したがって二重の含みを持つことになろう。ひとつは、他者のうちに既にある経験の沈殿が、私に対して知識として伝達され、それを受けとるということ、もうひとつは、他者について、あるいは他者をめぐる私の経験が沈殿していくということである。しかしこの二重性は、結局は後者の過程が前者を含む形で重なるとも言える。他者の得ている知識を受けとるということも、広義には他者についての私の経験に他ならない。

では、知識を受け継ぐという人間の営為において「共在」はいかなる位置にあるだろうか。『インフォメーション――情報技術の人類史』でJ・グリック（J. Gleick）は、「いちばん最初の情報テクノロジー」は「書くこと」であったと述べる（Gleick 2011=2013：39）。これは、知識の受け継ぎにとっても画期的なテクノロジーと言える。書くことで、知識は書き手から離れ、「時間と空間を超えて保持される」（Gleick 2011=2013：42-43）。W・J・オング（W. J. Ong）も『声の文化と文字の文化』（Ong 1982=1991）で異口同音に、「書くことは、知識を、生活経験から離れたところで構造化する」（Ong 1982=1991：94）と書く。これが冒頭で触れた現代主要な知識の蓄積と受け継ぎの形式を可能にした。言うまでもなく、このテクノロジーの前後では、知識にとっての共在の位置と意義は大きく異なる。

オングは、「ものを書いたり印刷したりということを全然知らない」、「一次的な声の文化」と、書くことを知っている社会における「二次的な声の文化」とを区別した（Ong 1982=1991：32）。「一次的な声の文化」において、知識を受け継ぐことは、直接的な対面なしには困難である。しかも、書く／記録することができないこの場合、知っているということは、思い出せるということである（Ong 1982=1991：76）。このような文化を今想像することは難しい。しかしながら、書いたり印刷したり、手軽に映像化したりする技術がいかに進んでも、人と人とが直接相対すること、共在を拠り所として成り立つ知識の受け継ぎ過程は、他の仕方では代替されない形で依然として存在する。例えば、伝統芸能や職人技と呼ばれるようなもの、他にもいわゆる「見よう見まね」で伝えられ学ばれる知識は、至るところにあるだろう。それらについてオングは言う。「高度技術文明につかりながらも、程度の差はあれ一次的な声の文化の思考様式を相当に保っている」（Ong 1982=1991：32）。ある種の知識は、共在においてしか学べず伝えていくことができない。これは当然のこととも言える。生活世界についての／における私たちの経験のうち、記録することによって固定され脱状況化されうるのはそのうちの限られた部分にすぎない。

三　共在の構造

共在とは、二人あるいはそれ以上の人びとが直接的・物理的に場を共有し居合わせていることである（Goffman 1963=1980：10–11）。人は同じ空間に居合わせるとき、単に物理的に居合わせるのでなく、互いを知覚し、知覚されているという感覚をも互いに知覚する。互いの存在を意識し何らかの影響を及ぼし合う。この相互影響のすべてを、ゴフマンは「相互作用」と呼ぶ（Goffman 1959=1974：15–18）。その本質的な特徴は「時間的・空間的な無媒介性」であり、シュッツはそのような場での他者への意識を「汝志向」、その相互性を「われわれ関係」と呼んだ。その本質は、「二つの内的な持続の流れが同時に進行するという時間の共有」と「空間の共有」（Schutz 1976=1991：47–48, 50）である。

人の身体はそこに存在しているだけで多くのことを周りに伝え、知覚し受けとる。ゴフマンは、相互作用を媒介する情報を、「身体的なもの」と「脱身体的なもの」に分けるが、共在の場では、何よりも「身体的な」情報が相互作用を媒介する。「ナマの感覚と身体的伝達とのこのような結合は、対面的相互作用におけるコミュニケーションの決定的条件のひとつ」である（Goffman 1963=1980：16-17）。

ゴフマンは情報をさらに、「ギブン情報（information given）」、意図的に発信された情報と、「ギブンオフ情報（information given off）」、意図によらない情報とに分けた。目前の他者に言葉をかけるとき、その言葉は多分にギブン情報と言える。だが、声音や顔の表情、立ち姿全体はどうか。大部分は意図の外部、ギブンオフ情報である。しかしこの区分もまた実際には難しい。発信者の観点から言えば、その身体は周囲にさまざまなことを伝えており、そのうち大部分は常に意図を超えている。その上、当人は、自分の発信が受け手にいかに伝わったのか、厳密には知ることができない。他方、受け手の観点からは、受けとった情報がどこまで相手の意図によるものか、意図通りに受けとっているかなどを正確に知ることはできない。受け手はただそれらを丸ごと受けとるしかないし、また発信された全てを受けとることもできない。注意は常に局所的で選択的なものであり、受けとっている以上のものが常に取りこぼされている。(1)

ゴフマンのこうした議論から見えてくるのは、共在の場の身体的情報は、ギブン情報、ギブンオフ情報渾然一体として、いつも発信者にとってその意図や意識を超えており、受け手にとって受信可能性を超えているということである。共在における情報は、常に人びとにとって「無尽」(2)、常に「より以上」(3)である。私たちは、全身を「無尽」の情報に充ちた場に晒しながら、「感覚において、感覚によって、感覚を通じてコミュニケートしている」（Synnott 1993=1997：223）。そしてそのごく限られた部分に私たちは注意を向けあいやりとりしている。

では、私たちは何に注意を向けるのか。ゴフマンは、発信する側を軸に問う。「身体表現によって情報を提供することができるとすれば、それは何に関する情報であるか」（Goffman 1963=1980：40）。どの社会的場面にも、その場面の本質的要素といえる活動がある。授業の場であれば受講生は、講義を聴くことが、「場面にかかわりのある活動」である。場面にかかわりのある活動にたずさわることは「状況にふさわしい」。授業中、教員の話を静かに聴いていることはふさわしく、歌ったり、たとえ静かにしていても講義内容とは無関係のことに気をとられていることはふさわしくない。「場面にかかわりのある活動にたずさわることは、その活動に認知的かつ情緒的に専心することを意味する。つまり、参加者は自分の心理的生物的資質をそれに向けるのである」[4]。このことをゴフマンは一言で、活動に「関与する」（Goffman 1963=1980：40）と表現する。

関与とは、「ある個人がある行為をするのに調和のとれた注意をはらったり、あるいははらうのをさし控えたりする能力」をいう。共在の場にいる人は、場面にかかわりのある活動に適切に関与しているということ、「関与対象との間に緊密な関係」を保ちそれに「没頭」していることを、身を以て示すのである（Goffman 1963=1980：48）。授業に集中するというのは、これである。

受け手側に戻って、「私たちは何に注意を向けるのか」と問うならば、答えは同じである。受け手には受け手の、その場にふさわしい注意の向け方がある。その注意とは、右の引用にあるように、要するに関与である。つまり、共在の場で人は、場面にかかわりのある活動に適切に関与することが求められ、そうした互いの関与を示す身体的情報に注意を向ける／関与するのがふさわしい。それによって授業ならば授業が適切に成立し進行する。

このとき、「それ以上」の「無尽」の情報、その場で人が知覚しうるその他さまざまなことがらは、関与対象外として注意を向けられず、その場の経験からひとまず締め出されている。とはいえ、関与の焦点から外れているものも、決して完全に締め出されているわけではない。私たちの感覚は常に「それ以上」のものを受けとっている。授業中、講義内容に専心しているつもりでも、講義者の声、姿、教室に漂う雰囲気、窓から入る風や外のざわめき、ひいては気温や湿度等、その場で身体が知覚しうるさまざまなことが、私に影響を与えており、リラックス気分を誘ったり、逆に講義を集中困難な苦行に感じさせたりするかもしれない。こうしたことは、場面に関わりのある活動についての私の経験にある種の豊かな厚みをもたらしている。生身でそこにいる者の経験は、関与対象に専心しつつも「それ以上」のさまざまなことがらに包囲され彩られていると言えよう。

四　共在における感覚、その二方向への展開

共在の場におけるこうした感覚的な経験について、G・ジンメル（G. Simmel）は「感覚の社会学」を展開する。ジンメルによれば、私たちが共にいる他者を感覚的に知覚することは、二つの方向に展開する。すなわち、すべての感覚印象は、一方では、「客体に向かってはその認識として出て」ゆき、他方では「主体の中へ主体の気分や感情として入り込」む（Simmel 1908=1994：下248）。私は共にいる他者を知覚し、さまざまなことを受けとる。その際の感覚印象は、私のうちに入り込み、私の中に、「彼の感覚的な形像にたいする感情」をひきおこす。他者の「姿やあるいは声の調子によって、同じ空間に彼がたんに感覚的に現にいることによって、われわれのなかに快と不快、特有の高揚あるいは消沈、興奮あるいは鎮静の感情をひきおこす」（Simmel 1908=1994：下248）。ゴフマンが、関与について「その活動に認知的かつ情緒的（cognitive and affective）に専心する」（Goffman 1963=1980：40）（傍点筆者）と二つのことを並べたのもこのことと通じていよう。

この「もっとも明白な例」として、ジンメルは言語の音声を挙げる。「ある人間の器官が、彼が言ったこととはか

かかわりなく、まったく直接にわれわれに魅力的に、あるいは反発的に作用をおよぼし、他方では彼の言ったことがわれわれを助けて、たんに彼の瞬間的な思想のみではなく、彼の心的な本質をも認識させるとき――このことはともかくもたしかにすべての感覚印象による」（Simmel 1908=1994：下248）。人びとが共にいるとき、最も相互作用らしい相互作用は言葉を交わすことである。言葉は声である。確かに声は、聴く人のうちに感情を引き起こす。歌声や話し声にぐっと心を惹きつけられるという経験は誰しもあるのではないか。(5) しかし声の響きは話者の意図を大きく超えるギブンオフ情報である。話者の意図を超えたものがこちらの注意の焦点の周縁あるいは外にありながらも私の経験に深く作用する。

ジンメルによれば、これらの二方向の展開は渾然一体になり、他者と私の関係の基礎をなす。「一方では感覚印象の感情価値を、他方では彼にたいする本能的あるいは意図的な認識への感覚印象の使用を――実際には実はときほぐしえないままに共に作用させて、彼にたいするわれわれの関係の基礎とする」（Simmel 1908=1994：下248）。身体の相互作用は、互いの意図と注意、主要関与を超える「それ以上」のものに彩られながら、互いの感情に働きかける。このような共在において、私たちは「経験が沈殿していく過程」を生きる。

五　稽古という共在

能は、舞、謡、囃子で構成され、言葉は謡われる。それぞれに流派がある。私は、能楽師Y先生が主宰するR会に所属し、Y先生の指導のもと、二〇〇九年より謡の稽古をしてきた。能は一般に男性によって演じられるが、Y先生は数少ない女性能楽師の一人であり、R会の構成員もその殆どは女性である。

謡の稽古は、能の台本である謡本を習い謡う。日頃の稽古は、床または畳敷きの稽古場で行われ、原則としてY先生（師）と弟子（学び手）が一対一で向かい合って座り、決められた謡本の部分をまず師が謡い、あとについて学び手が謡う、ということを繰り返して進んでいく。共在における相互作用である。

最初に教えられたのは、姿勢と息である。能の舞台上では、謡い手は定位置に決まった姿勢で座る。その姿勢は、決まり、というよりも、謡を可能にする条件である。型としてその姿勢を取り保つことができなければ謡うことはできない。このことは稽古において実感される。まず姿勢、その型を身体で覚えなければ始まらない。手本は目の前の師の姿である。言葉による指示も加わる。背筋を伸ばす、肩の力を抜く、顎を引く、おなかをしっかり、等。鏡はなく、師の姿、自分の体感、師の言葉を頼りに、文字通りまさに体得するしかない。

息は、呼吸である。しかし普段の呼吸とは全く異なる。謡の声は、「出す」のではなく「息に乗せる」と教わる。息こそが要である。息は当然、吸って身体に入れて保ち、継がなければならない。そこで、呼吸の仕方から学ばなければならない(6)。日常の呼吸では、全く謡うことはできない。

こうした基本の上に謡うことが始まる。決められた曲目を少しずつ、まず師が謡い、次いでそれを学び手が謡う。謡本という、和綴じで曲（文章）が毛筆旧字体で記されたテキストが使われる。「少しずつ」の分量は、学び手の習熟度や謡う曲や箇所の難易度等によってその都度按配され、習い始めは、一文ずつであったが、次第に長くなっていく。文章の傍に、謡い方の指示として、「上」「下」「中」、また、「ツヨク」「ヨワク」「スラリ」「シッカリ」「氣ヲカエテ」等、さらに、「拍子合」「拍子不合」「ノル」「ノラズ」等々、さらに、独特の記号等が記されている。

しかしそれを見たからといって謡い方がわかったり謡えたりすることあり得ない。師が実際に目の前で謡う、それを聴いて初めてわかる、だが、わかることと謡えることはまた別の問題である。『風姿花伝』で世阿弥は、まず「物學」（ものまね）、「物まねの品々、筆に盡し難し」、「およそ、何事をも、殘さず、よく似せんが本意なり」と書く（世阿弥 1958：23)。学び手は師の謡を真似る。「学ぶ」が「真似ぶ」に由来することを実感する。とても難しい。「息をもっと前に押して」「引き込んで」等々の指示とともに、再び手本が、「押す」手の動き等の所作とともに示される。比喩的な指示の言葉は、稽古という文脈を離れれば何のことやらわからないだろう。しかし、その時その場では導きの言葉となる。

師がもう一度手本を謡い、学び手はそれを全身で見て聴いて、もう一度謡う。先ほど注意されたところに差し掛かり、注意しなければと思い、注意して謡う。すると忽ち、「今、どう謡うか考えたでしょう」、と鋭く指摘される。注意しなければと思った瞬間、謡にでなく注意に注意が行っている、そのことを、外から見ていて師は手に取るようにわかるのだ、ということもわかり驚く。一瞬のギブンオフ情報がキャッチされている。

ここで指導され習得が目指されているのは、一種独特の身体技法と言えるかもしれない(7)。その技法は、現代の日常生活で折に触れて身につくようなものではない。初心者にとって、それまで身につけてきた手持ちの知識は役に立たない、全く新しい経験である。しかも稽古を始めた頃には、家で練習してはいけない、稽古場での謡を録音してはいけない、とも言われた。師との「今ここ」を離れたところで謡に近づくことはできない。「今ここ」の稽古あるのみ。とはいえ謡を、目の前の手本、さらに比喩的な言葉や所作仕草を用いながら、伝えること、受けとることは難しい。しかし、この稽古を何年も繰り返す。そのうちに何かが少しずつ身につき何とか謡えるようになっていく(8)。そして付け加えるなら、稽古を通じて身につくのは謡だけに留まらない。現代の通常の生活のなかにはない独特の呼吸や姿勢、身体技法を身につけていくにつれて、その身体で経験する日常的経験、周囲への感覚が変わってくる(9)。謡の稽古を通して身体が微妙に変わり、それが日常生活や生き方、ものの感じ方、見方にも影響を及ぼすように感じられてくる。

稽古の間中、「今ここ」の師と学び手の間に実に濃密な相互作用が生じ、稽古場を満たしている。学び手は、目の前の師の身体、その存在から発せられるものを可能な限り吸収しようとする。謡、その姿勢、声、息、言葉、間、さまざまな指示や注意、身振り手振り、扇子でとる拍子、表情、気配……すべてが学びの対象であり手がかりである。学び手はそれらを全身で感じ受けとる。聴覚の起源は、水中という環境での、圧力の振動に対する魚の皮膚感覚であるという（Dufrenne 1991=1995：18）。空気中でも皮膚感覚であることは、魚でなくともしっくりわかる。声は空間に充ち、皮膚・全身に押し寄せる。稽古場に先生の声が充ち広がり、私は文字通り全身を耳にして、皮膚で、全身で、それを聴く／感じる。その声を感覚的に知覚することは、私の内に、心を奪われるような感情を引き起こす。師もまた学び手の全身に注意を向けている。両者の間には、同じ一節を順に謡っていくことで、シュッツの言う、「相互に波長を合わせる関係」、すなわち「他者の内的時間のうちの諸経験の流れを相互に共有し合い、生ける現在を共に生き、この共に生きることを『われわれ』として経験すること」（Schutz 1976=1991：240-241）が実現している。当事者が注意を向け合い意図してやりとりしうるのは実際に生じている相互影響のごく一部に過ぎない。しかし、その場に生身を晒していることで、「それ以上」のことが、注意の焦点を中心としながらも中心と渾然一体となりながら、経験として沈殿していく。そこには、心を奪われ引きこまれる、という非日常的な強い感情が伴っている。またそれゆえに、学び手はますます謡に集中し、全身の感覚を研ぎ澄ませる。この過程から、学び手は師より知識を受け継ぐ。稽古という濃密な相互作用経験が、謡の受け継ぎを可能にする。それは、「今ここ」に集中しその経験が沈殿していくことにただひたすら身を任せる、とでも言うしかないような過程である。

六　稽古の経験と意味

今稽古の一端を素描してきたが、そこで私が経験していることを余すところなく記述することは言うまでもなく不可能である。パフォーマンス研究をめぐって高橋雄一郎が言うように、「身体化された実践を、脱身体化されたテクストによって復元することはできない」（高橋 2005：63）。その実践が繰り返され経験として沈殿していく、その身体化された知識を言葉に置き換えることもできない。

シュッツは、「意味」について次のように述べている。

「私の持続のあらゆる瞬間においてその身体状態、その感覚、その知覚、その態度決定作用とその感情状態についての意識を私は持っている。すべてこれらの構成要素は、私が生きる、その時々の〈今のこのように〉を構成する。したがってこれらの体験のうちの一つについて、それが〈意味がある〉という場合、私は当然ながら次のことを前提にしている。この体験と同時に存在し、それに先行し、それに後続する、素朴に体験した夥しい体験のうちから、まさにこの体験を『際立たせ』、これに目を『向ける』ことである。一つのこのように際立った体験を『縁取った体験』と呼び、またこの縁取った体験について、これに『意味を結びつける』と言うことにしよう」（Schutz 1932=2012：71-72）。「むしろ意味はある自分自身の体験に向ける特定の眼指の呼称である。（中略）意味とはしたがって私の持続の経過に対する一つの特殊な態度を指している」（Schutz 1932=2012：72）。

稽古において全身で経験していることについて「意味」を求めたり、それを言葉にしようとするとき、シュッツのこの言葉に頷かないわけにいかない。彼はさらに言う。「意味を述べるということは必然的に平板化を免れない」（Schutz 1932=2012：85）。言葉によって私たちは書くことができ、経験を言語的に取り扱い可能なものとする。だが、そのとき私たちは多くのことを決定的に失っている。意味を述べる言葉の周囲に、平板化される以前の体験の摑みどころのなさ、豊饒さ、ただ体験するしかない「『本質的に直接的』体験」（Schutz 1932=2012：86）があり、それを学び手は今ここで体験している。稽古という「今ここ」の共在において、いったい何を経験し知識として受け継いでいるのか、それを言語化することは、言葉の使い手であればそれぞれの仕方でできるだろう。しかし、稽古は、そのような試みが常に「平板化」であることを強く意識させるような、「それ以上」の体験である。

七　同時代世界、先行世界と共在

稽古は定期的に行われる。それはその都度一回性の体験である。それが営々と長い期間重ねられる。謡はまさに経験の沈殿としか言いようのない過程を経て徐々に体得されていく。一次的な声の文化についてオングが述べていたように、知っているということは思い出せるということである。謡の知識を得ていくということは、謡えるようになっていくということである。謡の知識は、経験の沈殿が進むにつれて身体に沁み渡る。「身につく」とはまさにこうしたことを表現している。

こうして謡が共在を通して長い時間をかけて習得されるものである以上、師もまたその師との直接的対面的な稽古を、長きにわたり繰り返し受けてきたはずである。そしてその師はさらにその師に、とこれが途切れることなく代々営々と続いているはずである。

シュッツは、社会的世界を、他者との関係から、社会的直接世界、同時代世界、先行世界、後代世界に分けた(Schutz 1976=1991, 1932=2012)。直接世界は、「君が私と時間的にも空間的にも共存している場合」をいう。それは、「他者の持続経過と自己の持続経過の真の同時性」に基礎づけられており、そこでは「君の身体は豊かな徴候において表現の場として私の眼前に与えられ」ている(Schutz 1932=2012：245)。直接世界における関係は「真のわれわれ関係」である。稽古の場で、Y先生は私にとって互いに全身で注意を向けあうという濃密な「われわれ関係」にある。普段は別々の生活を送っていても、稽古時には直接世界が回復する。私にとってY先生は、対面していない時にも、到達可能な範囲内にいる他者である。

「直接世界の限界をこえて、生身の姿と空間的直接性の彼方にある」のが同時代世界である（Schutz 1932=2012：264）。しかし「私はそれにもかかわらず私と他我との共存を知り、私の意識体験と他我の意識体験が同時に経過していることを知っている」（Schutz 1932=2012：270）、それが同時代人である。Y先生の師は、私にとって直接指導を受けなくても、同時代世界の他者であり、何らかの形では到達可能性の範囲内にある。その師の師、またその師……と遡っていくと、あるところから先は私にとって先行者の世界に入る。それは、到達不可能な世界、すでに過ぎ去った、歴史的な世界である。

しかし、到達不可能性は断絶を必ずしも意味しない。「直接的に体験される社会的現実や同時代者の世界と、先行者の世界とを区別する境界線は流動的なものである」（Schutz 1976=1991：88）とシュッツが述べるように、私と先行者の間に線を引くことは難しい。

シュッツは、私たちが先行者についての知識を得る仕方について、以下の二つを挙げている。第一に、私たちは、先行者についての知識を、「共在者や同時代者たちが自分自身の過去の体験を語ったり、彼らの共在者や同時代者についての過去の体験をわれわれに語ったりするといった、彼らの伝達行為から得ることができる」（Schutz 1976=1991：90）。私が母から、母の祖母との思い出話を聞くとき、私にとって母のその体験は先行者の世界に属しており、母の祖母は最初から到達不可能な他者である。しかし、その思い出は私の共在者、母の直接体験であり、私は母との直接的な相互作用のなかで先行者祖母についての、生き生きとした知識を得る。

第二に、私たちは、先行者の世界についての知識を、「記録」、「もっとも広い意味での記念碑」を通して得ている（Schutz 1976=1991：90）。シュッツによれば、それらは先行者の意識生の現れであり、それが後世の人間に向けてなされた伝達行為か、彼らの同時代者に向けてであったかは、私たちにとって関連性を持たない。私たちが先行者の世界を知りうる、もっとも大きな接近経路はこれである。能には『風姿花伝』（応永7（1400）～）がある。世阿弥が彼の知識を同時代の他者のみならず後代に伝えることを意図して著した。これ自体、彼の父、観阿弥の遺訓を伝えるものでもある。また「謡本」がある。今、謡本「高砂」を開けば、私たちは世阿弥が六〇〇年以上前に書いた通りの言葉に出会うことができる。広義には、能の舞台、演目やその上演等々もここに加えることができるだろう。

これらに加え、ここで、第三の経路を挙げることができるだろう。述べてきたように、謡は稽古を通じて初めて習得できる。それは、共在の時系列的な連なり、稽古のような場を通じた直接的な受け継ぎの連鎖、である。それは、共在の時系列的な連なり、稽古のような場を通じた直接的な受け継ぎの連鎖、である。いくら謡本や『風姿花伝』を熟読しても、あるいは能の舞台を鑑賞しても、謡を習得することはできない。世阿弥自身、実践について指南する冒頭で、「物まねの品々、筆に盡し難し」（世阿弥 1958：23）、終わりの方では、「これ、筆に見え難し。相對しての口傳なり」（世阿弥 1958：103）と記す。

知識のこの直接的な受け継ぎの連鎖は、私を起点にすれば、Y先生、Y先生の師、その師、さらに先行の世代へと遡り、やがて私にとって到達可能性の彼岸に入っていくが、その連鎖は途切れることなく続き、世阿弥、観阿弥の世界まで遡ることができるだろう。直接的対面的な稽古のみによって受け継がれてきた限り、共在の連鎖が歴史的時間を通じて途切れることなく続いてきたとしかありようがない。知識は、直接世界のわれわれ関係の間で繰り返されつつ、その生の時間のずれによって世代から世代へと連なっていく、その連鎖を架け橋として、受け継がれてきたし、今後も受け継がれていくのである。

したがって、Y先生の教えの内には、Y先生がその師から受け継いだ教え、さらにそれ以前の師たちの教え、代々連綿と受け継がれてきたものが重層的に含まれていると言える、というより含まれなければならない。そうでなければそもそも指導不可能である。Y先生の前に六〇〇年以上に渡って受け継がれ命脈を保ってきたことが、今Y先生の身体を通して私の目の前に示され、私は、Y先生を通して、はるか先行世界からの教えを僅かながらも受けとっていると言えよう。「稽古」の原義は「古《いにしえ》を稽《かんが》える」というのも頷ける。私のように別に本業がありその合間のほんのわずかな時間に稽古を受けている者にすら、幾ばくかのものが身についていく。増して、生活の中心が能、幼少時よりその道一筋、という人びとの間であれば、先行世界から現在、そして後代世界へ、その共在の連なりはいかに強く太く深く厚みのある道筋であろうか。Y先生はこれを「伝承」と表現するという。「伝承」とは、「古くからのしきたり・制度・風習・信仰・言い伝えなどを受け継いで後世に伝えていくこと(10)」である。受け継ぎさらにそれを後代へと伝えていく、まさに先行世代から後の世代へと橋渡ししていくという、より大きな使命と責任が込められている表現であるように思われる(11)。

八　共在の連鎖を乗り継ぐもの

謡のなかに登場する人物、物語は、演じ手を通して、受け手の目前に具現化する。

「菊慈童」を稽古した。「菊慈童」は中国の神仙譚である。酈縣《レッケン》山の麓から薬水が湧き出はじめ、勅使（ワキ）が使わされる。そこで勅使は仙童（シテ）に出会う。その慈童は、勅使の言葉により自分の時代から七〇〇年もの歳月が過ぎていることを知る(12)。そして言う。「不思議やわれはそのままにて」。Y先生がこの言葉を謡ったとき、私は、目の前に菊慈童が現れ我が身の不思議を思わず口にするのを見た。師をその瞬間、確かに慈童と感じ、私はその世界に引き込まれたのである。

これは生身の人の身体が持っている、一つの現実を一瞬にして立ち上げる力、としか言いようのないものである。

何を荒唐無稽なことを、と思われるかもしれないが、荒唐無稽ではない。むしろ、当たり前のことである。そうでなければ、演劇の舞台で、登場人物を俳優の演技としか受けとれないだろう。稽古とはいえ、能楽師の謡から菊慈童が立ち現れても不思議ではない。とはいえ、そのとき私は、慈童のいる世界に一瞬のうちに引き込まれたことに驚いた。時間的なことを言えば、稽古の「今ここ」と、謡の中のワキとシテが出会っている「今ここ」、さらにシテ菊慈童が生きていたそこからさらに七〇〇年前の「今ここ」が同時に交錯したような一瞬である。共在の場には、時間を超えて、先行者のみならず、そこで語られている現実、そこを住処とする者が姿を現す。

九　学問世界における共在

バークは『知識の社会史2』で、さまざまなメディア――書くこと、展示、書物、定期刊行物、視覚教材、映像――による知識の普及について概観する中で、「メディアの歴史のなかでもっとも明白な点がしばしば無視されてきた」として、「日常のさまざまな種類の対面での発話の変わらぬ重要性」を挙げている（Burke 2012=2015：139）。

例えば、学問の世界では、「読書、筆記、印刷」の重要性は言わずもがなだが、「会話」の持続的な重要性があらためて強調されるようになってきたという。大学で、講義はグーテンベルク革命を生き延びた。それどころか、バーク曰く一九世紀は「講義の黄金時代」であった。さらに、新しい「会話ジャンル」、例えば、研究ゼミナールという新しい形式が、一八世紀末にゲッティンゲン大学で始まり、その後各地に広まった。これは「暗黙の知識や研究技法を伝えるための手段」（傍点引用者）であり、「一人の学者がまさに研究している現場を学生たちが観察して学ぶことが主眼」（傍点筆者）であったとされる（Burke 2012=2015：140）。またさらに「非公式の会話」――コーヒーハウス、研究室の茶会、酒場、カフェテリア、廊下での雑談等々――が重要な役割を果たしてきたという（Burke 2012=

2015：141-142)。いずれも共在における相互作用である。

ケンブリッジ大学でウィトゲンシュタインに学んだN・マルコム（N. Malcom）は、回想録でその講義について書いている。「正確にいってこういう集まりを講義と呼ぶのはいかがなものであろう。だいいち、彼はこの集まりの間に独創的な研究を行なっていた。一人っきりでやっているような態度で、ある問題をみんなの前で考えこんでいたのだ。（中略）ときどきウィトゲンシュタインのつぶやき声が聞こえるだけで、みんなおしだまって彼に注目しているといった場面だった。（中略）その表情は真剣そのものだった。あふれるばかりの真剣さと、精神集中の中で、最高の知性が力をいっぱいにふりしぼっているのを、目の前に見る思いで、誰もがウィトゲンシュタインを見つめるのだった。講義、いや集まりは、ウィトゲンシュタインの人柄に圧倒されてしまった。出席した者でいろいろな形で、その影響を受けなかったものは一人もいないだろう」（Malcom 1958=1998：15-16)。

マルコム自身、講義の一〇年位後に勉強しなおすまで、その講義内容をほとんどまったく理解していなかったと書く。しかし「講義に出席したものは誰でも、ウィトゲンシュタインが知能はもちろん、すさまじい意志の力で、全力をふりしぼっていることを感じることができた」。「彼が何かいうのを聞いた人は、誰でもすぐ、ただならぬ人を目の前にしていることに気がついた」（Malcom 1958=1998：17, 13)。

「今ここ」で経験されていくことの沈殿。それは、回想録のように「言葉」で「記録」されるかもしれないし、私たちは今日ウィトゲンシュタインの著作を読める、としても、そこにはその場にいた者にしか得られなかった、意味を述べる言葉による平板化以前の、言うにいわれぬ豊かな経験の沈殿がある。「暗黙の知識や研究技法」（Burke 2012=2015）がまさに伝えられ受けとられている。同じような経験は、誰しも持っているのではないだろうか。(13)

十　可能性の場としての共在

現代社会において知識は、データ化されアーカイブがつくられ、記録や記念碑を通して受け継がれている。それは私たちが知識にアクセスしうる大きな、そして多くの者に開かれた経路である。他方で、生身の人と人とが直接向き合い、互いに深い注意を向けあい、受け継いでいく、という共在の連鎖からなる道がある。知識は、共在の場で一人一人の身のうちに経験として沈殿し、その身体に宿り、人から人へと受け継がれる。その知識と受け継ぎは、その場にいない者に開かれていないが、それゆえ部外者の監視や検閲の入る余地もない。しかし、それはまた共在者の感覚、レリバンス、それまでの経験、といった個人的なもの、すなわち社会的なものの限定を受けている、と同時に、それらを身体ごと揺さぶり変えていくものでもある。多様な記録、アーカイブ、図書館、博物館、資料館、記念館や記念碑、電子的脱身体的な通信等、知識を蓄積し受け継いでいく太い経路がますます拡充されていく現代にも、共在の場において、その一回性において共にいる人に専心し、その存在を全身で感じ、語り継ぐ、聞き継ぐ、いう営みは何ものにも代替されない重要性を持ち続けるであろう。そこで果たしていかなることがどれだけ受け継がれうるのかについて、はっきりと言葉にすることはできない。しかし、人と人との共在「今ここ」が、知識の受け継ぎの、かけがえない可能性の場であり続けることは揺るぎない事実であろう。

【注】

（1）詳しくは、草柳（2015）第一章。
（2）草柳（2015）においては、文脈上「過剰」という表現を用いた。同じ事態をここでは「無尽」と表現したい。
（3）ジンメル『生の哲学』（1918）の言葉を借用する。

（4）訳は原則として邦訳に従うが、「認知的かつ情緒的にかかわりをもつ」は「専心する」とした。原語は“engross”でありその意味の強さは「かかわりをもつ」では不十分であると思われる。

（5）人の情動に働きかける声の力について、「倍音」という観点から考察したものに、尺八奏者、中村明一（2010）。他に、Karp（2006）、山村（2010, 2012）など多数がある。

（6）海から陸に上がって以後、人類の呼吸は体壁系の筋肉による。この条件により呼吸の稽古が可能である。解剖学者三木成夫は、能の呼吸に触れながら、人間の「生命呼吸」と「意志呼吸」について示唆的な考察を展開する（三木 1989：165-172）。

（7）身体技法の習得過程については、学習者の立場から武術の練習を題材にした倉島哲の研究（2002, 2007）が興味深い。

（8）能楽師野村四郎は、稽古を受けるということは、「身体から身体へということ」であると述べている（野村・山本 2018: 104）が、稽古は指導者の考え方によりさまざまでありえ、Y先生のような身体から身体への稽古がどこでも同様に行われているわけではないようである。

（9）Y先生によれば、現代人の息は弱くなっている。そのことは社会・生活にさまざまな影響を及ぼしている。能楽師の身体であればこそ、現代人の息の弱さとその影響を見てとることができることと思われる。

（10）講談社『類語辞典』より。

（11）能楽師野村四郎と狂言師山本東次郎は、伝統とは「過去、現在、未来」（野村）であり、「習い覚えてきて身についたもの」は祖先からの「預りもの」（山本）であり、「前のものを背負いながら現代を生きて、次の世代に受け渡していく」（野村）ものであると述べる。しかもその伝統は、「書物と違って、生きている」と（野村・山本 2018：122-123）。

（12）『梅若謡曲教本第四巻』「菊慈童」謡い方より。

（13）『現象学的社会学への道』（那須 1997）を刊行後まもなく読んだ。あとがきに著者の指導教員について書かれていた。『弟子』というにはほど遠く、完全な『放牧型』の先生のもとでまったく好き勝手に自分のテーマだけを追い掛けてきた私ではあるが、先生の発想がいつのまにか私自身の考え方のなかに入ってきていることに気付いて驚いたことは、一度や二度でない」（那須 1997：208）。私は、教員になってからある一年、大学院の那須ゼミに受講生として参加していたことがある。受講者が各自の研究について報告する時間もあった。参加者間で質疑応答がなされる中、那須先生も質問はしていたが、指導者として助言を与える、ということがないように私には感じられた。ここで何も言わなくていいのだろうか、と思った。果たして、具体的な指示もなく課題を持ちかえった院生は、次の機会には前回よりずっとクリアな議論を展開し先に進んでいた。「放牧型」という言葉を思い出した。綱をつけて引いたり、方向づけたりするのではない、それはこういうことなのだろうか、と。ゼミという場で言われたこと、聴けたことは、ノートにとれば、誰もが後からいくらでも知識として活用できる。しかし、言わない、言われない、ということは、その時その場で感じるしかない。しかし「言わない」「言われない」とはいかなることか。私自身の「言ってきた」経験があって、そのことが私の中でのみ違和感というそこはかとない感情として際立った、というほかない。この経験は以後の私の学生への接し方に影響を及ぼした。

【引用・参考文献】

Burke, P.（2000）*A Social History of Knowledge : From Gutenberg to Diderot.*（＝2004，井山弘幸・城戸淳訳『知識の社会史――知と情報はいかにして商品化したか』新曜社）

――（2012）*A Social History of Knowledge II : From the Encyclopaedia to Wikipedia.*（＝2015，井山弘幸訳『知識の社会史2　百科全書からウィキペディアまで』新曜社）

Dufrenne, M.（1991）*L' Oeil et L' Oreille.*（＝1995，桟優訳『眼と耳――見えるものと聞こえるものの現象学』みすず書房）

Gleick, J.（2011）*The Information : A History, a Theory, a Flood.*（＝2013，楡井浩一訳『インフォメーション――情報技術の人類史』新潮社）

Goffman, E.（1959）*The Presentation of Self in Everyday Life*, Anchor Books.（＝1974，石黒毅訳『行為と演技――日常生活における自己提示』誠信書房）

――（1963）*Behavior in Public Places : Notes on the Social Organization of Gatherings*, The Free Press.（＝1980，丸木恵佑・本名信行訳『集まりの構造――新しい日常行動論を求めて』誠信書房）

Karpf, Anne（2006）*The Human Voice.*（＝2007，梶山あゆみ訳『「声」の秘密』春秋社）

草柳千早（2015）『日常の最前線としての身体――社会を変える相互作用』世界思想社

倉島哲（2002）「武術教室における身体技法の習得――『線』の感覚を手がかりに」田辺繁治・松田素二編『日常的実践のエスノグラフィ――語り・コミュニティ・アイデンティティ』世界思想社

――（2007）『身体技法と社会学的認識』世界思想社

三木成夫（1989）『生命形態の自然誌　第一巻解剖学論集』うぶすな書院

Malcom, N.（1958）*Ludwig Wittgenstein, A Memoir.*（＝1998, 板坂元訳『ウィトゲンシュタイン――天才哲学者の思い出』平凡社）

中村明一（2010）『倍音――音・ことば・身体の文化誌』春秋社

那須壽（1997）『現象学的社会学への道――開かれた地平を索めて』恒星社厚生閣

野村四郎・山本東次郎（笠井賢一編）（2018）『芸の心――能狂言　終わりなき道』藤原書店

Ong, W. J.（1982）*Orality and Literacy.*（＝1991, 桜井直文・林正寛・糟谷啓介訳『声の文化と文字の文化』藤原書店）

Simmel, G.（1908）*Soziologie. Unter suchenden über die Formen der Vergesellschaftung.*（＝1994, 居安正訳『社会学（下巻）』白水社）

――（1918）*Lebensanschauung. Vier metaphysische Kapitel.*（＝1994, 茅野良男訳『生の哲学』白水社）

Schutz, A.（1976）*Collected Papers II : Studies in Social Theory.*（＝1991, 渡部光・那須壽・西原和久訳、A・ブロダーセン編『アルフレッド・シュッツ著作集第三巻――社会理論の研究』マルジュ社）

――（1932）*Der Sinnhafte Aufbau der Sozialen Welt : Eine Einleitung in der verstehende Soziologie.*（＝2012, 佐藤嘉一訳『社会的世界の意味構成――理解社会学入門〔改訳版〕』木鐸社）

Schutz, A. and T. Luckmann（2003）*Structuren der Lebenswelt.*（＝2015, 那須壽監訳『生活世界の構造』筑摩書房）

Synotte, A.（1993）*The Body Social : Symbolism, Self and Society.*（＝1997, 高橋勇夫訳『ボディ・ソシアル――身体と感覚の社会学』筑摩書房）

高橋雄一郎（2005）『身体化される知――パフォーマンス研究』せりか書房

梅若六郎（1989）『梅若謡曲教本第四巻　菊慈童、経政、東北、鞍馬天狗』能楽書林

山村庸子（2010）『声の道場――日本の声が危ない』一世出版

――――（2012）『声の道場Ⅱ――ハイハイ・ハイハイ・ハイッのすすめ』一世出版
世阿弥（［1400～］1958）『風姿花伝』野上豊一郎・西尾実校訂、岩波書店

第八章　「回復の語り」との決別の困難をどうとらえるか
――「生活の発見会」に関する社会学的研究の課題

櫻井　龍彦

一　はじめに

筆者は以前から、神経症(1)の問題と、その治療を目的として森田正馬が大正期に考案した森田療法に関心を持ち、二〇一二年には、森田療法にもとづきながら神経症からの回復を目的として活動している自助グループである「生活の発見会」（以下、「発見会」と略記）の会員に対するインタビュー調査と、同会の活動に関するフィールド調査を開始した。そして、以上のような調査で得られたデータを、自己物語論の視点から分析することで、研究を進めてきた。この研究の重要な論点として筆者が強い関心を持っているのは、発見会の会員たちが語る自己物語は、森田療法という知とどのような関係にあるのか、そして、会員たちが語る自己物語の分析を通して、社会学という知は、神経症を抱えた人々をどのように支援することができるのか、という二点である。

こうした研究の成果は、すでに何編かの論文として発表しているが、直近の数編において筆者が特に注目してきたのは、発見会は森田療法を基盤とするとはいえ、発見会への参加を通して回復を果たした会員たちは、必ずしも森田療法のみで回復に至ったわけではないという点であった。具体的には、森田療法に加えて、認知行動療法に依拠した事例（櫻井 2015）、親鸞の教えに依拠した事例（櫻井 2016）、そしてV・フランクル（Viktor Frankl）のロゴテラピーに依拠した事例（櫻井 2017）があげられる。

そしてこうした事例は、「発見会に集う人々は、森田療法を一つの主要な物語的資源として共有し、活用しながらも、必要に応じて他の様々な物語的資源も活用しながら、各自が自らの症状と折り合うことを可能にするような物語を産出することができるようになることを通して、神経症から回復していく」（櫻井 2015：48）ことを指し示しているといえる。だとすれば、発見会への参加を通して達成された回復を、森田療法の効果によるものとして十把一絡げに単純に記述してしまうのではなく、一人ひとりの個別的な物語実践の帰結として丁寧に記述していく必要があるだろう。そしてまた、そうした記述を蓄積していくことを通して、社会学は神経症からの回復をサポートすることができるのではないか――。以上が、筆者のこれまでの研究の要点である。

本章では、こうした筆者のこれまでの研究の経緯、成果と、自助グループや病いの経験に関する近年の社会学的研究の動向をふまえて、発見会に関する社会学的研究が今後取り組むべき課題を提示することを目的とする。以下では、まず、森田療法と発見会の神経症観と回復観の概要を整理する。続いて、病いの経験に関する近年の社会学的な研究において頻繁に言及されるA・フランク（Arthur Frank）の業績の概要を確認し、その上で、日本における社会学的な観点からの自助グループ研究をリードする伊藤智樹の一連の考察をもとにして、自助グループの可能性と課題を検討する。

そして以上のような作業を通して、発見会に関する社会学的研究が今後取り組むべき課題をいくつかあげることにしたい。

二　森田療法と発見会の神経症観と回復観

森田療法の神経症観と回復観については、すでに先ほどふれた何編かの拙稿と、それに先立ついくつかの論考のそれぞれにおいて、考察の必要に応じて整理しているが、ここでは、視線恐怖に苦しんでいたある発見会の会員をとりあげた拙稿（櫻井 2015）にもとづいて、簡潔にまとめておこう。

視線恐怖は対人恐怖に属するさまざまな症状の中でも最も代表的なものの一つであり、簡単にいうと、その文字通り、人の視線が過剰に気になり、それにひどく苦しむ病理である。(2) しかし、人の視線が気になるということそれ自体は、程度の差はあれ誰にでもある当然の心理であって、逆に人の視線がまったく気にならないなどという状態になったとしたら、むしろその方が「異常」というべきだろう。そして、人の視線が気になるという当たり前の心理を視線恐怖へとエスカレートさせるのは、あって当たり前の不安や葛藤をも取り除いて完全な状態に至ろうとするような、悪い意味での完璧主義的な考えである。というのは、こうした悪しき完璧主義に凝り固まると、不安や葛藤に過剰に意識が向き、そのせいであって当たり前の不安や葛藤までもが病的な異常と感じられたり、そもそもは大したものではなかった不安や葛藤をこじらせたりしてしまうからである。こうした発想のもと、森田療法では神経症を以下のようにとらえる。

> 神経質(3)は自己内省的に物を気にするといふ性格の人が、或動機から、何人にもありがちの感覚・気分・感想を病的異常と考へ過ごし、之に執着・苦悩するやうになつたもので、いひかへれば、実は病気でも何でもないものを、我と我心から、次第々々に病気に組み立て、こねあげたものである。（森田 1974：164-165）

したがって森田療法では、神経症の治療に際して、症状、すなわち不安や葛藤それ自体を除去しようという考え方はせず、逆にそうした考え方こそが、神経症の原因にほかならないとする。そして森田療法では、さまざまな不安や葛藤それ自体はあって当たり前のものとしてそのまま受容しながら、その都度の状況において自分がやりたいこと、やらなければならないことに取り組むように指導する。こうしたことを、森田療法では「あるがまま」と「目的本位」というキーワードによって表現する。

そして、あるがままと目的本位にもとづいた生き方が確立されると、不安や葛藤があってもすべきこと／やりたいことはできるということが体得され、不安や葛藤のせいですべきこと／やりたいことができないといった考え方が修正されていく。そしてその結果として、不安や葛藤に過剰に意識を向けることもなくなるため、それらにとらわれることも、またそれらを悪化させることもなくなる。このようにして、不安や葛藤自体が除去された状態ではなく、それらとうまく折り合ってすべきこと／やりたいことができるようになることを、森田療法では回復と考えるのである。

発見会は、以上のような森田療法の考え方を基盤として活動している。発見会は、全国各地に「集談会」という地域組織を持ち、集談会は月に一度のペースで会合を開いている。毎月の集談会では、各自の症状や近況について語り合う自己紹介や、森田療法に関する学習などの取り組みが行われる。また、発見会は毎月『生活の発見』という機関誌を刊行しており、同誌は二〇一八年八月号で通算七〇〇号に達した。同誌には神経症に関するさまざまな体験談や、森田療法の立場に立つ精神科医が寄稿した文章など、回復に向けて歩む上で有用な情報が数多く掲載されている。

三　病いの経験と自己物語の三つの類型——フランクの業績から

次に、フランクの『傷ついた物語の語り手』の概要を確認しておこう。このフランクの著書は、病いをめぐる三つの自己物語の類型を提示したことで知られており、前段でも述べたように、病いの経験に関する近年の社会学的研究においてきわめて頻繁に言及されているが、自助グループに関する社会学的研究の課題を考える上でも示唆に富んでいる。

フランクが提示した三つの物語の類型のうち、第一は「回復の語り（restitution narrative）」である。これは、「昨日私は健康であった。今日私は病気である。しかし明日には再び健康になるであろう」（Frank 1995＝2002：114）というプロットを特徴とするもので、病む前の元の状態に戻ることを指向する物語である。言いかえれば、医療の力によって症状を除去し、「新品になったみたいに調子がいい」（Frank 1995＝2002：114）状態に回帰する、という物語が回復の語りである。

第二は「混沌の語り（chaos narrative）」である。生物医学的な知を基盤とする医療が高度に発達した現代社会においては、回復の語りが有効に作用する可能性は比較的高いといえる。しかし、「人が死を迎えつつある時、あるいは障害が慢性的に残ってしまう時」（Frank 1995＝2002：135）を典型とするように、回復の語りが有効に作用しないケースも多々ある。そしてこうした、病む前の元の状態に戻ることができないような状況に直面したとき、回復の語り以外の物語を持たないとすれば、われわれは自らの生をまとめ上げ、方向づけることを可能にするような、有意味な自己物語を語ることができなくなってしまう。混沌の語りとは、こうした、生の羅針盤となるような自己物語が失われてしまった状態、すなわち「語りの難破」（Frank 1995＝2002：135）状態である。

第三は「探求の語り（quest narrative）」である。回復の語りが無効化したとき、人はしばしば混沌の語りという語りの難破状態に陥る。しかし、語りの難破に陥った人々の中には、病いの経験を契機として自らの生のあり方を問い直し、それを通して語りの難破を脱していく人々も存在する。このように、いったんは自分の人生を導く自己物語を無効化してしまった病いの経験を、新たな自己物語の資源として活用し、病いの経験から新たな自己を立ち上げていくようなタイプの物語が、探求の語りである。要するに探求の語りは、病いの経験を、自分自身についての「探求へとつながる旅の機会」（Frank 1995＝2002：163）や、「好きで選んだわけではない」人生の中断ではあったものの、「悪くない変化の代償」ととらえ、病いによって「失ったものは今でも悔やまれるが、大事なことは新たに得たものの側にある」とするような物語である（Frank 1995＝2002：180）。

ここで一つ付言しておきたい。前段で述べた通り、森田療法や発見会でいう回復は、症状、つまりさまざまな不安や葛藤自体が除去された状態を意味するわけではなく、したがってそれは、フランクのいう回復の語りに根ざすものではないという点である。むしろそれは、不安や葛藤を除去不可能なものと見なし、それらを抱えた生のあり方を見つめ直すことで達成されるという点で、探求の語りに根ざすような特質を持つといえる（櫻井 2014）。

以上、フランクが提示した病いの経験をめぐる三つの自己物語の類型を整理したが、それをふまえたとき、自助グループの可能性や課題として、どのようなことを指摘することができるだろうか。こうした点については、伊藤がきわめて重要な考察をおこなっているので、その概要を確認しておこう。

四　自助グループが病いの意義・可能性と課題——伊藤の一連の業績から

自助グループが病いに対して果たす作用は多様であり、また、それに応じて自助グループのとらえ方にも多くの形がありうるが、フランクの考察をふまえつつ、さらに自助グループを自己物語の再構築に寄与する集団としてとらえるならば、自助グループについて以下のような点を指摘することができる。

まず、回復の語りが有効に作用するような病いに関して自助グループが形成されるといったことは、あまり考えられないだろう。そうした病いに直面したとしても、人はみずからを医療の手に委ねることで、病む前の元の状態に戻ることが（比較的）容易に可能であり、こうした場合には、病む前に保持していた自己物語を再構築する必要性は基本的には生じないからである。(4) したがって、ある病いに関して自助グループが形成されるとすれば、それはその病いが回復の語りに回収されないような問題を病む人に投げかけるからであり、逆に言えば、回復の語りとは別の形で病いに対処することを可能にするような自己物語を供給しうるポテンシャルを秘めている点にこそ、自助グループの重要な意義があるといえる。

だが伊藤は、まさにこうした意義や可能性と表裏一体の形で、自助グループの課題が存在すると指摘する。それは、確かに自助グループは回復の語り以外の語りの供給に関して高いポテンシャルを持つのだが、自助グループに集う一人ひとりの参加者の心情としては、回復の語りとの決別は決して容易ではないという問題である。その具体的な内実を、吃音を対象とした自助グループである「言友会」についての伊藤の考察にもとづいて確認しておこう。

言友会において語られる物語を、伊藤はまず、「苦境の物語」と「前進的な物語」の二つに大別する。苦境の物語とは、吃音に起因するさまざまな困難に関する物語であり、過去に直面した、あるいは現在直面しているさまざまな悩みや苦しみがテーマとなるものである。これに対して、前進的な物語は、吃音を抱えた生が何らかの形で好転したことをテーマとする物語であり、以下の四つの下部類型が指摘される。

第一は「症状改善」の物語である。これは、たとえばカラオケや詩吟、あるいは別の症状のために服用していた薬の効果などによって、いつの間にか症状が軽減したという内容のものである。第二は「開示」の物語で、吃音を抱えていることを周囲の人に公表することで、ひたすらそれを隠そうとしてきたきゅうくつな生き方から解放されるというものである。第三は「後景化」の物語で、これは、仕事に熱心に打ち込むことで職業人として高い評価や肯定的なアイデンティティを獲得することなどによって、それまで前景化していた吃音者としての否定的な自己評価やアイデンティティが背景に退くという内容のものである。第四は「出会い」の物語で、自分と同じように吃音を抱えた仲間との出会いによって、それまで抱えていた孤立感がやわらいだり、安心感を抱いたりすることができるようになったという趣旨の物語である（伊藤 2005：8-9）。

以上のような四つの前進的な物語のうち、フランクのいう回復の語りに最も近いのは症状改善の物語である。しかし伊藤は、症状改善の物語においても、単純に言葉の出にくさ自体が消失したと語られるわけではなく、周囲は気づかないとか、症状が軽減したといった語り方が慎重に選ばれているケースが多いことに注意をうながす。つまり、症状改善の物語の語り手ですら、「『流暢になる』とはあくまでもことなる評価」（伊藤 2005：10）を、自らに付与しているのである。したがって、すでに述べたことの繰り返しになるが、自己物語の産出に関して自助グループが果たす作用として注目すべきなのは、それが回復の語りとは別様の物語を豊富に提供しうるという点なのである。

しかしこうしたことは決して、自助グループに参加してさえいれば、自動的に回復の語りと決別することができ、それにかわる新たな自己物語を獲得して、新たな生へとスムーズに移行していくことができるといったことを意味するわけではない。この点を、言友会に関する研究で伊藤がとりあげているAさんという人物の事例に即して確認しておこう。

Aさんは、言友会への参加を開始した当初は、吃音の改善に効果があるとされる腹式呼吸のトレーニングに取り組んだりすることで、「将来は、**吃音を気にしないで、できれば治して**」（伊藤 2005：11、太字は原文のまま）というように、回復の語りを指向する語りを口にしていた。しかし、会への参加を重ねるうちに、次第にこうした物語にかわって、開示や後景化の物語を語るようになっていく。

とはいえ、開示や後景化の物語を語るようになったことは、必ずしも回復の語りときれいさっぱり決別することができたことを意味するわけではないと伊藤は指摘する。というのは、開示や後景化の物語を語る場面でも、Aさんの語りには、回復の語りとの決別の困難がうかがわれるからである。具体的にはそれは、「吃音が気に、気にならないことはないけど、**ある程度自信をもってやれるようになったかな、というところです**」や、「電話とることによって自分の中に電話に対する恐怖心が、いまはもう・ほとんど、ということはないですけど、うすれてきました」（伊藤 2005：12、斜体、太字と「・」は原文のままで、「・」は一～三秒ほどの沈黙を表す）といった発言に垣間見られる。

つまりAさんは、言友会への参加を通して吃音が気にならなくなった、という趣旨の物語を語ろうとするまさにその瞬間に、それを微妙な形で部分否定したり留保したりしているのである。このように、回復の語りとは別様の物語が語られる際に立ち現れる、回復の語りとの決別の困難をうかがわせるかすかな沈黙や表現を、伊藤は「ためらいの声」と呼んでいる。さらにAさんは別の場面では、「もし吃音が治る薬というのが開発されたとしたら、百万円払ってでも絶対買うと思いますし」（伊藤 2008：29）とも述べており、開示や後景化の物語を語るようになってもなお、時として回復の語りを強く指向する語りを口にしているのである。

このように、確かに自助グループは回復の語りとは別様の物語を提供しうるのだが、回復の語りとの決別は決して容易ではない。つまり自助グループは、「『回復の物語』と袂を分かとうとする生と、それでもなお『回復』への夢を捨てきれない生とが、複数の声として緊張関係を持って絡み合う場」（伊藤 2005：16）であることを忘れてはならないのである。(5)

五　「発見会」における「回復の語り」をめぐる論点

さて、ここまでの考察をふまえたとき、発見会に関する社会学的研究が取り組むべき課題として、どのようなことを指摘することができるだろうか。

（二）「回復の語り」との決別の困難をめぐって

第一に、前段で触れたように、森田療法は「あるがまま」と「目的本位」という考え方にもとづいて、不安や葛藤をそのまま受容することを重視する。そしてこうした特性ゆえに、発見会は他の自助グループと比べても、回復の語りとの決別を意識的・自覚的に追求する傾向が強いといえる。実際に発見会には、回復の語りとは別様の、示唆的で魅力的な物語が満ちあふれており、このことは前段で言及した、同会の機関誌である『生活の発見』を一読しても明らかである。こうしたことは、発見会の誇るべき成果だと言えるだろう。

しかし、回復の語りとの決別は決して容易ではないことからすると、不安や葛藤自体を除去しようとするような考え方、つまり、回復の語りを指向するような発想こそが、神経症の原因にほかならないと考え、回復の語りとの決別を意識的・自覚的に追求する傾向の強い発見会においては、回復の語りとの決別の困難は、ともすれば語りにくいものとして潜在化しやすい傾向があると考えられるのではないだろうか。

そしてこうしたことをふまえたとき、社会学的な研究の課題として、まず以下のような点をあげることができる。それは、回復の語りとの決別の困難が、発見会の中では具体的にどのように立ち現れているのかを、できるだけ丁寧に確認し、記述していくという取り組みである。回復の語りとの決別の困難は、発見会においては、伊藤のいう「ためらいの声」よりもさらに聞き取りにくい形で、いわば「声ならざる声」として現象しているケースも少なくないのかもしれない(6)。しかし、そのような聞き取りがたい声を聞き届けることは、回復の語りとの決別の困難に直面している人々を支援していく上で、不可欠であろう。

また、回復の語りとの決別は非常に困難なものであるとすれば、それにどう対処していくかという点は、発見会の組織運営上もきわめて重要だと考えられる。発見会では近年、会員数の減少が大きな問題となっているが、その原因の一端は、そうした点に関連しているのかもしれない。しかし、発見会全体としては会員数が減少しており、また、集談会レベルでも参加者の減少がしばしば指摘されている一方で、参加者を減らすこともなく、活発に活動している集談会も見られる。そして、発見会の会員数や集談会への参加者の減少が、回復の語りとの決別の困難への対処に関連しているのだとすれば、逆に比較的活発な活動を維持している集談会は、そうした困難にうまく対処することができていると考えられる。だとすれば、そうした対処の仕方の具体的な中身を調査し、必要に応じて発見会全体で共有することのできるような形で蓄積していくことは、会の運営上、重要な意味を持つだろう。

（二）「中核的メンバー」と彼らが語る物語をめぐって

第二に、発見会への参加を通して神経症から立ち直り、そうしたみずからの経験をふまえて、立ち直りを目指して苦闘している会員たちにさまざまな助言を与えたりするような、中心的、指導的な立場にあるベテラン会員（以下、「中核的メンバー」と表記）と、彼らが語る物語をめぐる論点をあげておきたい。

自助グループに関する物語論的研究においてしばしば言及される重要な先駆的業績として、J・ラパポート（Julian Rappaport）の業績（Rappaport 1993）をあげることができる。別の機会に整理したように（櫻井 2015）、ラパポートは「共同体の物語（community narrative）」と「個人の物語（personal story）」という二つの概念を提示しながら、自助グループが果たす作用について論じている。

まず共同体の物語とは、ある集団に属する成員の多くの間で広く共有されたり繰り返し語られたりすることによって、当該集団をほかならぬその集団たらしめているような公的な性質を持つ物語であり、いわば集団のアイデンティティを特徴づけるような物語といえる。これに対して個人の物語とは、それぞれの個人をほかならぬその人たらしめているような私的な物語であり、一人ひとりの人間のアイデンティティの維持や変容に関わるような物語である（Rappaport 1993：247–248）。

このように考えると、何らかの困難を抱えた人物が、自助グループへの参加を通してそうした困難に対処することができるようになるのは、その自助グループの共同体の物語に触発される形で、その人物の個人の物語が変容したからだととらえることができる（櫻井 2015：41）。ラパポートの業績が自助グループに関する物語論的研究において重要な位置を占めるのは、それがこうした、集団と個人との間の物語的な媒介関係に気づかせてくれるからにほかならない。

さて、以上のラパポートの指摘は、ある集団とそれに属する個人との関係を物語論的視点から考察する際に多くの示唆を与えてくれると思われるが、発見会についてはどのようなことを指摘することができるだろうか。

先ほど述べた通り、共同体の物語とは、ある集団をほかならぬその集団たらしめているような物語であり、その集団の中で公的なものとされるような物語である。その意味でそれは、当該集団の中で「正統」と見なされるような規範的な特性も持ちやすいといえるだろう。そしてこうした規範性は、集団の成員一人ひとりが集団の中でどのような物語を語るかという点にも、さまざまな影響を与えると考えられる。たとえば、ある人物が占める立場が集団の中で中核的なものに近くなればなるほど、その人物は共同体の物語に忠実な物語を語る傾向が強くなるといえるだろう。発見会に当てはめていえば、ある会員の立場が中核的なものに近くなればなるほど、「あるがまま」や「目的本位」の態度を旨として、回復の語りと見事に決別した物語を忠実に語る傾向が強くなると予想される。

つまり、回復の語りとの見事な決別を特徴とするような語りが、中核的メンバーの場合には、彼らが背負う規範的な要請ゆえになされるという可能性も、十分に考えられるのである。そしてそのように考えたとき、回復の語りとの見事な決別を語る中核的メンバーたちと、彼らの語りをどのようにとらえるかという点が、重要な論点として浮かび上がってくる。ここではこの論点について、二つのことを指摘しておきたい。

まず、回復の語りとの見事な決別の物語が、規範的な要請から生じる面があるのだとすれば、そのような見事な決別の物語の語り手は、その語りとは裏腹に、実際には回復の語りとの決別の困難を内に秘めている可能性が大いに考えられる。だとすれば、中核的メンバーたちを、回復の語りとの見事な決別を果たした「英雄」的な人々ととらえるばかりではなく――これまでの調査の経験からすると、そうした英雄的な人物も確かに存在するようには感じるが――、立場上、ためらいの声を漏らしたくても漏らしにくいという困難を抱えている可能性がある人々としてもとらえ、そうした困難に光を当てていくというスタンスも必要になるだろう。というのは、こうした人々は、回復の語りとなかなか決別できないという困難に加えて、そこから生じるためらいの声を漏らすこともできないという点で二重の困難に直面しており、その意味では、一般的な会員以上に苦しみを抱えているかもしれないからである。

こうした点と関連して次に指摘しておきたいのは、中核的メンバーたちですら抱えているかもしれないような回復の語りとの決別の困難を確認し、共有していくことが、会全体に対して持つ積極的な意義である。「あるがまま」と「目的本位」を旨として不安や葛藤を受容することを目指す発見会の考え方は、不安や葛藤へのとらわれから神経症に陥り、その苦しみにさいなまれていた多くの人々に救いをもたらすことは間違いない。しかし、皮肉にもだからこそ、発見会への参加を通してかなり前進できてもなお、回復の語りとの決別の困難を抱えている自分に気づいた人物は、発見会においてより深い孤立感や孤独感に直面する可能性がある。そして、こうした孤立感や孤独感に直面したとき、回復の語りとの決別の困難を抱えているのは決して自分だけではないこと、それどころか、自分を導いてくれた中核的メンバーたちですら、自分と同じような困難を抱えていることを知ること以上に、心強いものはないだろう。

つまり、回復の語りとの見事な決別を果たした英雄的な存在になることを求道的に目指すのではなく、互いにそうした英雄的な存在にはなりきれない弱さを抱えた者同士であるという認識を共有することが、逆により強い支え合いの基盤となっていくように思われるのである。(8)そしてこうした点で、回復の語りとの決別の困難、特に、中核的メンバーたちですら直面している可能性のあるそれを確認し、共有していくことは、会全体にとっても、重要な意味を持つといえる。

六 むすび

以上、本章では、筆者のこれまでの研究の経緯をふまえつつ、発見会に関する今後の社会学的研究の課題を提示した。もちろん、本章の限界は明らかである。というのは、本章は、さまざまな課題の提示に終始しており、課題の検討という肝心な作業には取り組むことができていないからである。そうした作業については別の機会を期するほかないが、最後に、本章で中心的な論点となってきた回復の語りとの決別の困難の現代的な特徴と、それをふまえた時に、発見会を含む自助グループに関する社会学的研究が果たしうる役割としてどのようなことが考えられるのかという点について簡単に私見を述べ、本章の結びとしておきたい。

何らかの病いを得たとき、病む前の元の状態に戻ること、つまり「原状回復的回復」(櫻井 2014)を願うのは当然の心情であるだろう。その意味で、伊藤も指摘するように、回復の語りへの指向は「社会・文化的な基底性をもつ」(伊藤 2010:55)ものであり、時代や文化を超えて普遍的に見られるに違いない。しかし、回復の語りがどのぐらい有効に作用しうるか、そしてそれと関連して人々がどのぐらい強く回復の語りを指向するかは、時代や文化により違いがあるだろう。というのは、原状回復的回復がどの程度可能かという点は、それぞれの社会が病いに対してどのような支援、特に治療と呼ばれるような支援を提供できるかに、大きく左右されるからである。言いかえれば、それぞれの社会における回復観は、当該の社会が提供する治療システムのあり方と深く関連するのである。こうした点について、長く日本の精神医学を牽引してきた中井久夫は、以下のように指摘している。少し長くなるが、回復観と文化や社会との関係を考える上できわめて興味深い指摘なので、引用しておこう。

　一つの文化の下位文化としての治療文化とは、何を病気とし、誰を病人とし、誰を治療者とし、何を以て治療とし治癒とし、治療者—患者関係とはどういうものであるか。患者にたいして周囲の一般人はどういう態度をとれば是とされ、どういう態度をとれば非とされるか。その社会の中で患者はどういう位置をあたえられるか。患者あるいは病いの文化的ひいては宇宙論的意味はどのようにあたえられるか。あるいは治療はどこで行われるべきで、それを治療施設というならば、治療施設はどうあるべきで、どうあるべきでないか、などの束である。いいかえれば、この種の無数のことがないまぜになって、一つの「治療文化」となる。
　逆に、ある個人が、どういう時に自分を病者、患者とし、なにを治療として受けいれるか、なにをもってなおったとするか、どこまで耐えしのべるか、時にはどこで満足するか。以上は先の定義の裏返しの等価表現である。（中井 2001：114-115）

　それぞれの時代や文化はそれぞれに固有の「治療文化」を持ち、そして人々が病いを得たときにどのような状態を回復として目指したり受け入れたりするかは、治療文化のあり方と強く相関するのである。そして、原状回復的回復の可能性を飛躍的に高めたのは、明らかに現在の治療文化の主流をなしている生物医学的な知に基盤を置く医療、すなわち生物医学的医療にほかならない以上、その普及以前には、回復の語りが有効に作用する可能性は、現在よりはかなり低かったと言えるだろう。例えば、現在であればちょっとした投薬や手術程度で実現されるであろうような原状回復的回復が、かつてはしばしば偉大な宗教者が起こす奇跡と見なされていたことを、われわれは知っている。こうしたことは、かつては原状回復的回復を断念せざるをえないケースが相対的に多かったこと、そしてそれゆえに、原状回復的回復が達成されないことへの耐性は、相対的に高かったことを意味しているといえよう。

これに対して、生物医学的医療が高度に発達するとともに広く普及している現代社会では、原状回復的回復が実現する可能性は、かつてに比べれば飛躍的に高まっている。現代社会に生きるわれわれは、かつてであれば宗教的奇跡と見なされたであろうような恩寵を、当たり前のものとして享受することができるという幸運に恵まれているのである。

しかし、中井の指摘からすれば、このようにして原状回復的回復を実現する条件がかなり整っている治療文化は、その裏返しとして、原状回復的に回復できなければ満足できないという「回復文化」を帰結しやすいという点も、忘れてはならないだろう。だとすれば、すでに述べたように原状回復的回復を希求する心情は普遍的に見られるものであるとはいえ、現代社会では、原状回復的回復がより強く希求される傾向があると考えられる。言いかえれば現代社会に暮らす人間は、病いの経験に際して、回復の語り（原状回復的回復）か、さもなければ混沌の語り（絶望）か、という両極端に陥りやすいのである。

そしてだからこそ、何らかの病いを得たときに、たとえ原状回復的に回復できなくても、絶望に陥ることなく前へ進んでいくためのよすがとして、フランクが提示した探求の語りや、回復の語り以外の語りで病いへの対処を可能にする自助グループには大きな意義があるのだが、現代社会においては原状回復的回復が視野の中にちらつきやすいだけに、回復の語りとの決別は相対的に困難になっている――。こうしたことが、発見会も含めた自助グループ全般を取り巻く現状だといえよう。

もちろん、だからといって筆者は、原状回復的回復の可能性が低かったかつての治療文化の方が、現在のそれよりも望ましいなどと主張するつもりはない。先ほど述べたように、原状回復的回復を願うことは、病いを得た者として無理もない当然の心情である以上、「原状回復的回復からの疎外」は、大きな悩みや苦しみをもたらすことは間違いないだろう（かつては原状回復的に回復できないことへの耐性が、相対的には高かったとしても）。しかし、医療が高度に発達した現代社会においても、すべての病いについて原状回復的回復がもたらされるわけではない以上、「原状回復的回復への疎外」もまた、時として大きな悩みや苦しみをもたらすことを忘れてはならない。だとすればわれわれに必要なのは、回復の語りを封じてしまうことでもなければ、回復の語り以外の語りを封じてしまうことでもなく、病いをめぐるさまざまな物語を、それらを語ることに付随するためらいや迷いも含めて、率直に語ることのできる場を確保し続けることではないだろうか。そして社会学の研究者が自助グループに寄り添い、そこでどのような物語が語られているのかに耳を傾け、それぞれの物語がどのような社会的背景から生じ、また、何を帰結しているのかを分析し、その成果を開示していくことは、ささやかではあるかもしれないが、そのような語りの場を確保していくための一助となりうるはずである。(9)

【補説】

以下は、発見会に関する研究における筆者の立場表明としてぜひ述べておきたいことなのだが、注に入れるには長すぎ、しかし本文に組み込むと全体の流れが悪くなるので、補説として独立させておく。

筆者は発見会をフィールドとして、そして物語論の視点から、神経症を抱えた人々に対する支援の可能性について検討しているが、社会学の立場からすれば、以下のような支援もありうるだろう。つまり、再び視線恐怖を例にあげていえば、そもそも生活のさまざまな場面で人の視線が気になってしまうような、そしてそれによって暮らしのさまざまな側面で重大な支障が生じてしまうような社会のあり方に問題がある、というように、神経症をめぐる社会的環境の改善を求めていくという形の支援である。

ちなみに、少なくとも筆者の知る限りでは、発見会の中から社会に対してさまざまな要求を掲げていく動きが出てきたことは、これまでのところはないようである。また、発見会に限らず、神経症の当事者がそうした動きに出たことも、管見の限りでは確認できない。そしてだからこそなおさらに、右に述べたような、いわゆる「社会モデル」的な考え方にもとづいて、問題や責任を社会の側に帰属させていくという社会学ではおなじみのスタンスは、多様にありうる支援の中でも有効なものの一つとして提示されてよいであろう。あるいは、こうしたスタンスの方が、社会学の持ち味をより強く発揮できるのではないか、という指摘もありうるかもしれない。

しかし、以上のような、いわば「社会をなおす」という考え方では対応できない問題があることにも、注意が必要だろう[10]。こうした点について、摂食障害に関する臨床社会学的研究で重要な業績をあげた中村英代は以下のように述べている。

社会学者が変わるべきは社会であると論じ、それが必要かつ妥当な主張であったとしても、現実的には社会は急激に変化するものではない。もちろん私は、社会理論や社会変革が不要だとか、それらに期待できないなどと言いたいのではない。それらの必要性を認識しているし、期待もしたい。それでも、目の前の現実を見据えれば、いままさに拒食や過食で苦しむ人々が存在しており、彼らはいつの日か社会の側の問題が解消されるのをただ待つわけにはいかない。いまのこの社会をなんとか生き抜いていかなければならないのだ。人々の苦しみや生きにくさを対象とする臨床研究においては、目の前の個人の苦しみにどう貢献できるかという視点が不可欠になってくる。（中村 2011：51-52）

以上のような中村の指摘をふまえるならば、「社会をなおす」というスタンスの重要性はもちろん否定しないが、それればかりではなく、「いまのこの社会をなんとか生き抜いて」いくことを支援するようなスタンスの研究も重要であろう。そして、筆者の立場は基本的に後者に属する。

【注】

（1）現在の精神医学では、神経症という用語はあまり用いられないが、発見会では現在でも広く用いられているので、本章もそれにならう。なお、現在の精神医学では、かつて神経症と呼ばれていたものの多くは、「不安障害」などの用語で呼ばれるようになっている。

（2）本章の内容には関連しないが、厳密に言うと、視線恐怖には人の視線が気になるという症状のほかに、自分の視線が人に不快感を与えているのではないかと思い悩む症状もある。

（3）この引用にあるように、森田は「神経症」という言葉ではなく、「神経質」や「神経質症」という言葉を用いたが、本章では一般によりなじみの深い神経症という言葉を用いる。

（4）もちろん、病む前の元の状態に戻ることのできるような病いであっても、それが多大な苦しみをもたらしたり、命に関わるようなものであったりした場合は、それがきっかけとなって自分の体に対する過信をあらため、健康に気をつかうようになった、というような形で自己物語が書き換えられることはありうるが、本章ではこうした点には立ち入らない。

(5) 自助グループという文脈に限らず、病いの経験に関する研究において、症状を受容することの困難を認識することの重要性については、野島那津子（2018）も参照。

(6) こうした「声ならざる声」をどのようにとらえていくかという点をめぐっては多くの課題が考えられるが、従来の社会学（の一部）が言語中心主義的な傾向に陥りがちであった点を喝破した草柳千早（2015：8）の指摘と、こうした草柳の指摘もふまえつつ、フィクションを演じる「パフォーマンス」によって生きづらさを表現する活動に注目した西倉実季（2018）の論考は、きわめて示唆的である。

(7) ここでいう「英雄」という言葉のニュアンスについては、フランク（1995＝2002）および伊藤（2010）を参照。

(8) こうした点の詳細については、伊藤（2010）を参照。

(9) 社会学の研究者が自助グループに寄り添い、そこで語られる物語を収集、分析していくことの意義については、伊藤（2009）も参照。

(10) 「なおす」ということ、そしてそれをめぐる（臨床）社会学のさまざまな立場については、立岩真也（2001）を参照。

【引用・参考文献】

伊藤智樹（2005）「ためらいの声――セルフヘルプ・グループ『言友会』へのナラティヴ・アプローチ」『ソシオロジ』50（2）：3-18, 198.

――（2008）「語り手に『なっていく』ということ――輻輳する病いの自己物語」崎山治男・伊藤智樹・佐藤恵・三井さよ編著『〈支援〉の社会学――現場に向き合う思考』青弓社、pp. 21-39.

――（2009）『セルフヘルプ・グループの自己物語論――アルコホリズムと死別体験を例に』ハーベスト社

――（2010）「英雄になりきれぬままに――パーキンソン病を生きる物語と、いまだそこにある苦しみについて」『社会学評論』61（1）：52-68.

草柳千早（2015）『日常の最前線としての身体――社会を変える相互作用』世界思想社

櫻井龍彦（2014）「森田療法と生活の発見会がもたらす『回復』――その社会的意義と社会学がなしうる臨床的貢献について」『浜松学院大学研究論集』10：31-45.

——（2015）「『生活の発見会』における共同体の物語と個人の物語——回復の条件に関する社会学的考察」『年報社会学論集』28：40-51.
——（2016）「自己探究・物語実践・回復——『生活の発見会』会員へのインタビュー調査から」『三田社会学』21：80-93.
——（2017）「回復者の沈黙——『生活の発見会』のある会員の事例から」『東海社会学会年報』9：69-80.
立岩真也（2001）「なおすことについて」野口裕二・大村英昭編『臨床社会学の実践』有斐閣、pp. 171-196.
中井久夫（[1983→1990] 2001）『治療文化論——精神医学的再構築の試み』岩波書店
中村英代（2011）『摂食障害の語り——〈回復〉の臨床社会学』新曜社
西倉実季（2018）「なぜ演じるのか——フィクションに託すサファリングの語り」小林多寿子・浅野智彦編『自己語りの社会学——ライフストーリー・問題経験・当事者研究』新曜社、pp. 30-56.
野島那津子（2018）「『探求の語り』再考——病気を『受け入れていない』線維筋痛症患者の語りを通して」『社会学評論』69（1）：88-106.
森田正馬（[1932] 1974）「赤面恐怖症（又は対人恐怖）と其療法」『森田正馬全集第三巻』白揚社、pp. 164-174.
Frank, Arthur（1995）*The Wounded Storyteller : Body, Illness, and Ethics*, University of Chicago Press.（＝2002, 鈴木智之訳『傷ついた物語の語り手——身体・病い・倫理』ゆみる出版）
Rappaport, Julian（1993）“Narrative Studies, Personal Stories, and Identity Transformation in the Mutual Help Context,” *The Journal of Applied Behavioral Science* 29（2）：239-256.

【付記】

日頃から筆者の研究活動に多大なご理解とご協力をいただいている生活の発見会に、この場をお借りして厚く御礼申し上げる。

第九章　無知の技法――U理論を枠組とした映画『アナと雪の女王』分析

矢部　謙太郎

一　アナの「凍りついた心」を溶かしたのは何か

本章では、映画『アナと雪の女王』について論じたい。[1] なぜこの映画に注目するのか。理由は次の三つである。

第一に、同映画のシンプルでわかりやすいストーリーのなかで示唆されていると思われる重要な事柄について、筆者なりの見解を提示したいからである。日本で二〇一四年に公開され大ヒットとなり、多くの人々が視聴し話題にした同映画であるが、どうしても観客動員数や主題歌の方に注目が集まる傾向があり、ストーリーの解釈については脇に置かれがちであるように思われる。もちろん、シンプルでわかりやすいストーリーゆえにわざわざ「解釈」する余地もないという意見もあるだろうし、また、実際、視聴した観客のひとりひとりがそれぞれ独自の解釈をおこなっているであろうことも想像に難くない。本章では、あくまで筆者なりの視点から同映画を解釈し、同映画が示唆していると思われる重要な事柄に光を当ててみたい。

第二に、U理論の視点から同映画を解釈する余地が十分にあると思うからである。U理論とは、マサチューセッツ工科大学上級講師C・オットー・シャーマー（C. Otto Scharmer）によって考案された、創造やイノベーション、根本的な変化をもたらすための理論である。その関連文献は、通常、大型書店において「経営学」や「ビジネス」の棚の「イノベーション」「組織」「リーダーシップ」といったコーナーに分類されることが多い。書棚上の分類をみれば、

『アナと雪の女王』と何の接点もないように思われるかもしれない。しかしながら、筆者から見ると、「いかにして創造や根本的な変化をもたらすか」というU理論のテーマは、まさしく同映画が示唆しているそのものに思われる。本章では、筆者の理解する限りでのU理論の視点から同映画を読み解いていきたい。

第三に、U理論の視点から同映画を解釈することで、難解なU理論を、その要点に絞って筆者なりにわかりやすく紹介したいからである。U理論の考案者シャーマーの主著『U理論——過去や偏見にとらわれず、本当に必要な「変化」を生み出す技術』は、大部で難解であるため、その内容は読者によっては理解しにくく、身近に感じられないかもしれない。(2) しかしながら、多くの人が視聴した同映画をなじみやすい素材とし、その具体的な場面およびストーリーをU理論の諸々の知見と逐一、照らし合わせることで、同映画が示唆している重要な事柄を指摘すると同時に、U理論の要点を簡潔に提示できればと考えている。

以上、映画『アナと雪の女王』を論じる三つの理由を確認したが、これら三つの理由は、同映画のクライマックス・シーンをめぐるひとつの問いに集約される。それは、アナの「凍りついた心」を溶かしたのは何かという問いである。もちろん、この問いに対する回答は、解釈によって多様に考えられるが、本章ではあくまでもU理論を解釈枠組として、この問いに対して回答を与えてみたい。さっそく以下から、本論に入ることになるが、まず先に同映画のあらすじを必要最小限に要約し、そのあとで、U理論からみた映画『アナと雪の女王』分析を開始したい。(3)

二　あらすじ

アレンデール王国の王家の姉妹であるエルサとアナ。自在にものを凍らせる魔力をもつ姉エルサは、幼少期に誤ってその魔力で妹アナを傷つけてしまい、以後アナを避けて、世に自らの魔力を知られぬよう城の自分の部屋に閉じこもった。月日が流れ、両親を船の事故で亡くしたのち、成人したエルサは女王として即位する。その戴冠式でアナは隣国の王子ハンスと出会い婚約するが、エルサに反対される。姉妹は口論となり、エルサは、抑えていた魔力を思わず暴発させ、夏だった王国を一瞬にして冬にしてしまう。北の山奥へ逃げたエルサは、自らの魔力で作った氷の城に閉じこもってひとり生活することを決意する。

エルサを連れ戻そうと旅に出たアナは、道中で出会った採氷職人のクリストフ、雪だるまのオラフとともに氷の城に向かい、エルサに会う。エルサは、会いに来たアナの心に、誤って「氷の破片」を刺してしまう。それにより次第に体が凍っていくアナは、トロール（山中に住む小人）の長老から「凍りついた心を溶かすのは真実の愛の行いに触れたときだけだ」と告げられる。それを聞いたクリストフに連れられ、アナは婚約者ハンスのもとへ会いに行く。ハンスに会ったアナは、事情を話し彼のキスを求めるが、ハンスから、王国を乗っ取るためにアナとの結婚を企てたことを明かされる。次第に凍って衰弱しているアナを冷たい部屋に閉じ込め放置したハンスは、エルサによってアナは殺されたと城の側近に話し、エルサを反逆罪で処刑すると宣告する。

オラフに促されて、今度はクリストフに会いに行くアナは、ハンスがエルサを殺そうとしているところを見つける。ほぼ完全に凍りつつあったアナは、ハンスがエルサに剣を振り下ろそうとする瞬間、エルサをかばいに入るが、同時に完全に凍りついて氷となる。振り下ろされた剣は、氷となったアナにはじかれ、エルサは助かる。氷の彫像と化したアナをエルサが抱擁し慟哭しているうち、氷の身体が溶けてアナは息を吹き返す。そして、王国に夏が戻った。

三　DownloadingからSeeingへのシフト——評価・判断という障壁

まず注目したいのは、アナがエルサをどのように捉えているか／捉えていたかである。そもそもアナは幼少期に、エルサの放った魔力が不慮の事故として自らの頭に当たり意識を失うという被害を、エルサから受けていた。しかし、その後、国王である父がトロールの長老に依頼し、アナの頭からその被害の記憶を消去してもらい、エルサが魔力をもっていること自体もアナから忘れさせる。その後長らく、自らの魔力が不意に発揮されるのを恐れて自分の部屋に閉じこもっていたエルサは、自らの戴冠式で、アナとの口論の果てに、またしても自分の魔力を統御できず、周囲を凍りつかせ、王国全体を氷に覆われた冬にしてしまい、戴冠式から逃げ出す。

それを見た戴冠式の招待客、ウェーゼルトン伯爵は、エルサの魔力に恐怖し「女王がこの地に呪いをかけたのだ！あいつを止めねばならん。（手下たちに）お前たち、後を追え」と、エルサを捕らえるよう指示を出す。また、アナと婚約した招待客ハンスも、エルサを追いかけようとするアナに対して「本当に彼女は信用できるのか？　君の身に何かあってほしくないんだ」と、エルサの魔力に懸念を示すが、アナは「実の姉なのよ。絶対に私を傷つけたりしないわ」という。エルサの魔力に対して恐怖を示す招待客に対して、幼少期の被害の記憶が消去されていることも手伝ってか、恐怖を感じず自らエルサを追いかけようとする点にアナの特徴がある。しかしながら、エルサへの恐怖感の有無にかかわらず、招待客とアナには共通するエルサ理解が指摘できる。それは、王国を凍り付かせ冬にしてしまったのは、ほかならぬエルサの魔力であり、問題の原因はもっぱらエルサ（の魔力）にあると考えている点である。エルサの魔力を恐れないアナも、「私が姉さんを連れ帰って、これを元に（王国を夏に）戻すわ」と言っているように、問題を招いたのはエルサ（の魔力）なのだから、エルサ（の魔力）をコントロールすること、すなわちエルサを連れ戻し魔力で王国に夏を取り戻させることによって問題を解決させようと考えている。エルサに対するこうしたアナの評価・判断、すなわち、問題の当事者は自分ではなくエルサ（の魔力）であるというアナの評価・判断が転換を迫られるのは、アナがトロールの長老からある言葉を告げられてからである。

逃げ出したエルサの後を追ったアナは、道中で出会った採氷職人のクリストフ、雪だるまのオラフの協力、案内を得てエルサのもとにたどりつく。エルサを説得しようと試みるアナに対して、エルサの魔力が思わず放出され、アナの胸に当たってしまう。エルサのもとから追い出されたアナは、その後少しずつ体が凍りついていき、身体の衰弱が進んでいく。これを治そうとすべく、クリストフがトロールの長老をアナに会わせると、アナは長老からこう告げられる。「アナ、おまえの命が危ない。姉の放った氷が心に突き刺さっている。取り除かなければ、おまえは固い氷の姿に凍り付いてしまう、永遠に」「私は氷を取り除くことはできないのだ。(中略) しかし、真実の愛の行い (an act of true love) だけが、凍った心を溶かすことができる」。ここに至って、アナは「真実の愛の行い」とは何かを探求し始める。

ところで、U理論においては、創造やイノベーション、根本的な変化をもたらす七つのステップが提示されているが[4]、第一のシフトは、過去の解釈枠組を棚からおろして現実を評価・判断する (Downloading) 状態から、過去の解釈枠組を保留して現実を観る (Seeing) 状態へのシフトとされている。このシフトにおいては次の三つの原則がある (Scharmer 2007 : 174-180=2010 : 212-213)。

(一) 問いと意図の明確化
(二) 問題の状況 (コンテクスト) に入り込む
(三) 判断を保留し好奇心を呼び覚ます

ここまでのアナを振り返ってみると、トロールの長老の言葉をきっかけに、自らの凍りついた心を溶かしてくれる

「真実の愛の行い」とは何かという問いを明確化させ、その回答を得ようとする意図をもち始めている点で（一）と合致している。

　この問いと意図のもと、アナは自らの足で探求を開始する。まず、トロールのひとりから「真実の愛の行い」とは「婚約者ハンスからのキス」のことではないかと示唆され、ハンスに会いに行くのだが、王国乗っ取りの企みをもっていたハンスにその期待は裏切られる。そののち、オラフに示唆されて、アナは、これまで自分への協力を惜しみなく提供してくれたクリストフの存在を思い出し、クリストフを探しに向かう。「真実の愛の行い」とは何かという問いに対する回答を、決して安直に誰かに教えてもらったり外部に委託したりせずに（示唆はされるが）、あくまで自ら模索して見出そうとしている点、つまり「問題との接触を保ち、状況の展開から離れない」（同上：177）点で、アナは（二）と合致している。

　また同時に、「真実の愛の行い」とは何かという問いへの回答を探求するなかで、アナの「ハンスではないか」という判断、期待は裏切られるのだが、ハンスの裏切りという現実に対して、アナは否定も無視も逃避もせず、実際に起こっている状況として接触を維持し直面している（現実を観る：Seeing）。その後、問いへの回答の探求を放棄することなく、今度はクリストフを探しに向かうアナは、問いへの回答の探求のプロセスのなかで自分の判断を、絶対視することなく、その都度の暫定的な判断として保留している。自分が投影するものとは違うものが現実に進行していることに気づき、それによって好奇心を呼び起こし、その好奇心を糧にさらなる探求へと入り込んでいく。この点でアナは（三）と合致している。

　ここで、アナが他人事ではなく当事者として問題を引き受けている点に、注意を促したい。当初、アナは、王国を凍り付かせ冬にしてしまったという問題を招いたのはあくまでエルサ（の魔力）であるという評価・判断のもとに、エルサを説得しエルサ（の魔力）によって問題の解決をはかろうとしていた。この時点でアナは問題に対して当事者というよりも、他人事としてかかわっている。しかしながら、今や、自らの凍りついた心を溶かしてくれる「真実の愛の行い」とは何かという問いを与えられたアナは、「もっぱらエルサに問題がある」という過去の評価・判断を保留して横に置き、他人事ではなく当事者として現実とかかわり、現実を注視する段階へとシフトしている。過去の評価・判断という障壁を超えて（同上：77）、downloadingからseeingへとシフトしているといえよう。

四　SeeingからSensingへのシフト――皮肉・諦めという障壁

ハンスの裏切りを知ったのち、次第に凍って衰弱していくアナは、ハンスによって城内の冷たい部屋に閉じ込められ放置される。そこへ助けに入った雪だるまのオラフは、凍えているアナを暖めようと部屋の暖炉に火をつける。オラフとアナは次のような会話を交わす。

オラフ「それでハンスはどこ？　キスはどうなったの？」
アナ「あんな人だとは思ってなかった。真実の愛なんかじゃなかったの」
オラフ「僕らがあんなに急いでここに来たのに」
アナ「お願い、オラフ、あなたはここにいちゃだめよ。溶けてしまうわ」
オラフ「君を助けるためには真実の愛の行いを見つけるまでは、ここを動かないよ。君に何か考えがあったりする？」
アナ「…私には愛が何なのかすらわからない」
オラフ「それは大丈夫、僕がわかっているから。愛っていうのは…自分のことより相手のことを大事にするってことだよ。例えば、ほら、クリストフが君をハンスのところに連れ帰って、君のもとを永遠に去ったみたいに」

アナ「クリストフが私を愛している?」

オラフ「あーあ、君って本当に愛のことを何も知らないんだね」

アナ「(暖炉の火で溶けかかっているオラフを見て)あなた溶けているわ」

オラフ「誰かのためなら溶けても構わないってことがあるんだよ」

オラフに促されたアナは、新たに「真実の愛の行い」を求めてクリストフを探しに外へ出る。吹雪のなかクリストフを見つけたアナは、クリストフの方へ進もうとした時、近くで剣が抜かれる音を聞く。そちらに目を向けると、ハンスがエルサに対して刃を向けていた。アナは一度クリストフを見て、そして、エルサを見る。ハンスがエルサに剣を振り下ろすそのとき、アナは最後の力を振り絞って、エルサをかばって立ちふさがる。

ところで、U理論において提示されている、創造やイノベーション、根本的な変化をもたらす七つのステップとステップ間のシフトのうち、先述の第一のシフトに続く第二のシフトは、過去の解釈枠組を保留して現実を観る(Seeing)状態から、相手の立場に身を置いて感じ取る(Sensing)状態へのシフトである。このシフトにおいては次の三つの原則がある(同上:194-198, 213)。

(一)深く潜る

(二)意識の視座を転換する

（三）心を開く

ハンスによってまさに殺されそうとしているエルサを見るやいなや、アナがエルサをかばいに行ったのは、アナが一気にエルサの立場に自分の身を置いたからといえる。それは、エルサへの単なる共感を超えてもはや「エルサそのものになること」といっても過言ではないかもしれない。U理論において（一）でいう「深く潜る」とは、次の通りである。「場の具体的な細部、つまり現象として現われた生命体としての存在に丸ごと没頭・没入することだ。丸ごと入り込むとは、注意して観察している現象と**一つ**になることだ。観客を注意して観察することでは**ない**。顧客と対話することでも**ない**。患者や顧客**になること**、患者や顧客**であること**、それがまるごと入り込むことだ」（同上：195）エルサの置かれている状況にアナが完全に同一化したといえるのなら、それは（一）に合致している。

次に、先述のアナとオラフの会話を振り返ってみると、オラフの言動がアナに根本的な示唆を与えていることは明白である。凍えるアナのために暖炉に火をつけて、自らの身体（雪だるま）が溶けるというイメージは、問題の解決のために自分が犠牲になる（溶ける=死ぬ）というイメージにつながっている。このイメージを与えられて、アナは、アナを助けるためにハンスのもとにアナを連れて行き、アナに対する自らの感情を犠牲にしたクリストフの存在を想起する。のみならず、このイメージは、自分の命を救うかもしれない「真実の愛の行い」をクリストフに求めることを断念し、それよりもハンスに殺されかけているエルサを救うために、むしろ自分の命を投げ出そうとするアナ自身の行動にもつながっている。オラフの行動に端を発したイメージが、クリストフおよびアナの行動へと結合している。

U理論において（二）でいう「意識の視座を転換する」とは、「人々の意識の向きが『対象』（個々の話）からそれを生み出している領域《フィールド》つまり『源《ソース》』へと変わる」ことであり、「実例が生じている場に人々を招きいれる」ことである。そのとき、観察の対象である実例であれ、自ら経験した実例であれ「それぞれの実例の領域《フィールド》に入ろうと試み、そこにとどまる」。すると、「次の事例に移ろうとした瞬間に突然移行《シフト》が起こり、目の前のすべての具体的な実例を生じさせている集合的なパターンが見えてくる。つまり、実例を結合している形成力が見えてくるのだ」（同上：196）。アナが観察したアナに対するオラフの行動、アナが想起したアナに対するクリストフの行動、それぞれの実例が、「誰かのために自分が犠牲になる」という集合的なパターンとして結合したとき、自分の命と引き換えにしてもエルサの命を救おうとするアナ自身の行動が生まれた。とするならば、オラフによる示唆をきっかけとしたアナの行動は、（二）の「意識の視座を転換する」ことによって引き起こされたといえるだろう。

U理論において（三）でいう「心を開く」とは次の通りである。「心を開くことは深いレベルで情動的知覚を目覚めさせ活性化することだ。心で聴くとは文字通り心を、感謝や愛を知覚する器官として使うことだ。ここまでくれば我々は実際に心で見ることができる」（同上：197）。ここにおいて「我々は異なる認知能力、つまり心の知性から出現する知性を働かせるようになる。我々は個々の観察者の視点からだけではなく、命とその源《ソース》である太陽の視点から真実を理解する。結果として心で見ることになる」（同上：213）。自分の命を犠牲にしてもエルサの命を救おうとするアナにおいて、もはや、王国に夏を取り戻すためにエルサに魔力を使用させようとする意図はなく、また、自らの延命のためにクリストフの「真実の愛の行い」を求める意思もない。アナは完全に「心を開く」レベルに移行していた。「このようなより深いフィールド（場）への移行が起こると、たいていの場合、それまでの小さな出来事がそのようなより深い転換への入口となるような割れ目を生じさせていたことに気が付く」（同上：197）。暖炉の火でオラフが自らの身体を溶かしてしまうという「小さな出来事」は、アナにとってまさしく「より深い転換への入口となるような割れ目を生じさせていた」といえる。

ここで、あらためて注意を促したいのは、アナがエルサを救おうと動き出そうとする直前の場面である。自らの延命のためにクリストフの「真実の愛の行い」を求めていたアナは、ようやく見つけたクリストフの方へ進もうとする。近くで剣が抜かれる音を聞き、そちらに目を向けると、ハンスがエルサに対して刃を向けていた。アナは一度クリストフを見て、そして、エルサを見る。この場面において、アナは一度クリストフを見てからエルサを見ている点に注目すると、自らの延命という意図を諦めた瞬間が見てとれる。トロールの長老から告げられた言葉をきっかけに、「真実の愛の行い」とは何かを探求してきたアナが、その探求を断念した瞬間。このとき、アナは皮肉・諦めという障壁を超えて（同上：77）、SeeingからSensingへとシフトしているといえよう。

五　SensingからPresencingへのシフト――恐れという障壁

ほぼ完全に凍りつつあったアナであったが、ハンスがエルサに剣を振り下ろそうとするとき、最後の力を振り絞ってエルサをかばい、ハンスの前に立ちふさがる。その瞬間、固く凍りついたアナの体に剣が当たって折れ、ハンスは吹き飛ばされる。エルサはアナに駆け寄り、その凍った顔に触れる。氷の彫像と化したアナにすがって泣くエルサ。次第に、氷の体が溶けてアナは息を吹き返す。以下、アナとエルサ、およびふたりに追いついたオラフの三者の会話。

エルサ「アナ？」

（元の姿に戻ったアナとエルサが抱き合い、見つめ合う）

アナ「ああ。エルサ」

エルサ「自分を犠牲にして私を救ってくれたの？」

アナ「大好きだから」
オラフ「（息を飲んで）真実の愛の行いが凍った心を溶かす」
エルサ「『愛が溶かす』。愛。そうなのね」
アナ「エルサ？」
エルサ「愛！」
（エルサは微笑むと両腕を上げる。海の氷が溶け、雪が空へと戻っていく。王国から冬が去っていく）

ところで、U理論において提示されている、創造やイノベーション、根本的な変化をもたらす七つのステップとステップ間のシフトのうち、先述の第二のシフトに続く第三のシフトは、相手の立場に身を置いて感じ取る（Sensing）状態から、手放すことで「出現する未来」を迎え入れる（Presencing）[5]状態へのシフトである。このシフトにおいては次の四つの原則がある（同上：242-246）。

（一）手放すことと委ねること
（二）転換―針の穴（敷居）を通り抜ける
（三）より高次（真正）な存在《プレゼンス》と自己の誕生
（四）場の力―深い傾聴から保持空間を創る

U理論において（一）でいう「手放すこと[6]と委ねること[7]」とは「古いものを手放し未知のものに委ねる」ことであ

る。アナは何を手放したか。王国に夏を取り戻すためにエルサに魔力を使用させようとする意図、また、自らの延命のためにクリストフの「真実の愛の行い」を獲得しようとする意思、そして言うまでもなく自らの命を、アナは手放した。[8] そして、未知の展開に身を委ねる。「手放すことと委ねることは同じコインの裏表と考えられる。手放すことは、開くプロセス、道をさえぎる障壁やがらくたを取り除くことに関係がある。委ねることは手放した結果生じる入口に入り込むことだ」（同上：242-243）。

続いて（二）の「転換《インバージョン》」は「個人またはグループが針の穴を通り抜け、出現しようとしている領域とつながり始めるときに起こること」を説明している。「針の穴」とは、「そこを通り抜けるには必要ではないすべてを捨てなければならない敷居」のことである。エルサをコントロールしようとする意図、「真実の愛の行い」を獲得しようとする意思、そして自らの命を手放したアナは、「針の穴」を通ろうとしている（同上：243-244）。

次に（三）の「より高次（真正）な存在《プレゼンス》と自己の誕生」とは、「新たな入口から前に向かって引っ張られて」、あるいは「これまでとは異なる自己、本質的で真正な自己の具現化に何らかの形で結合する様々な可能性」に導かれて、「新しい自己―我々を真の自分へとつなげる本質的で真正な自己―が到来し、生まれ、命を得る」ことである（同上：244-245）。自らの命を手放して氷となった（死んだ）アナは、身体の氷が溶けて蘇る。それは、以前とは異なる新しい「真正な自己」の誕生かもしれない。

また（四）の「場の力―深い傾聴から保持空間を創る」の原則は、「場の力に関するものである。プレゼンシングは場の中で起こる。つまり、何らかの形で空間が保持《ホールド》されている状況《コンテクスト》で起こる」。そして、保持されている空間を出現させる三種類の傾聴の状態として「無条件に立ち会うこと」（判断を下さないこと）、「無条件の愛」（個人を超えた愛）、「真の自己を見ること」が挙げられている（同上：236, 246-247）。アナがエルサをかばいに入ったあと、沈黙が訪れるが、その場とは、この三種類の傾聴によって出現した空間がアナとエルサによって保持されている場ではないだろうか。そして、この空間において「出現する未来」が迎え入れられる。

恐怖を乗り越えて自らの命を手放したアナは、恐れという障壁を超えて、第三のシフト、すなわち、相手の立場に身を置いて感じ取る（Sensing）状態から、手放すことで「出現する未来」を迎え入れる（Presencing）状態へのシフトを経たといえよう。

六　むすび

冒頭で掲げた問いに戻ろう。アナの「凍りついた心」を溶かしたのは何か。そして、トロールの長老が示唆した、凍りついた心を溶かす「真実の愛の行い」とは何だったのか。それは、ハンスによっても、クリストフによっても、さらにはオラフによっても（示唆はされたが）、アナに与えられることはなかった。アナの「凍りついた心」を溶かした「真実の愛の行い」とは、他ならぬアナの行動、すなわち、自らの命を手放してエルサを救おうとするアナの行動そのものではないだろうか。自らの命を投げ出して、いちど完全に凍りつく（死ぬ）ことで、はじめて「凍りついた心」が溶けた（再生した）のではないだろうか。もちろん、完全に凍りついたアナに気づきアナを抱擁するエルサの行動が示すアナへの愛こそが「真実の愛の行い」であるという解釈も成り立つだろう。しかし、そうしたエルサの行動をもたらした初発の契機は、やはり、アナの行動「命を手放す＝死ぬ」ではなかっただろうか。

ここまで、U理論をもとに映画『アナと雪の女王』について分析してきたが、U理論とは、検証可能な科学を志向しているわけではなく、むしろ、経験についての知、それも、創造やイノベーション、根本的な変化をもたらすための経験についての知を志向しているといえる。そして、既存の知識やそれを支える認識枠組の直線的な集積や継続ではなく、むしろ既存の知識、評価・判断、認識枠組を保留し解除することで、いかにして創造やイノベーション、根本的な変化をもたらすかという問題に照準を当てている。同映画のなかでアナがたどった道のりも、既存の知識や評価・判断、認識枠組の集積、継続のプロセスというより、自分を縛っているそうした知識や評価・判断、認識枠組を保留し解除していくプロセス、まさしく「手放す」プロセス、いわば「無知」に至るプロセスといえる。その意味で、U理論は、創造やイノベーション、根本的な変化のための「無知の技法」といえるのではないだろうか。

【注】

（1）本章では、説明の必要上、この映画のあらすじが結末にいたるまで明らかにされることを、あらかじめお断りしておきたい。

（2）U理論を網羅的にわかりやすく解説した文献として、中土井僚（２０１４）がある。

（3）本章で映画『アナと雪の女王』内の登場人物の日本語訳のセリフを記述するにあたり、高橋基治（２０１６）の日本語訳を参考にしている。

（4）本章では、そのうちの最初の四つのプロセス（および三つのシフト）に注目した。というのも、最初の四つのプロセスにより意志的な努力が求められるからであり、映画『アナと雪の女王』のストーリーも最初の四つのプロセスに対応しているからである。

（5）Presencingとはシャーマーの造語であり、sensing（感じ取る）とpresence（存在）の混成語である。

（6）「手放すこと（Letting go）」という語から連想されるのは、映画『アナと雪の女王』のテーマソング、劇中歌に登場するlet it goのフレーズである。映画の日本語の吹き替えや字幕では、歌うキャラクターの英語発音の口の動きに合わせるためか、let it goに対して「ありのままの」「ありのままで」という日本語訳が当てられているが、本章ではU理論に引き寄せて「手放す」と訳してみたい。

（7）「委ねること（Surrendering）」という語に注目するならば、クルト・H・ヴォルフ（Kurt H. Wolff）の「サレンダー・キャッチ」理論（Wolff 1995=2000）が想起される。U理論の「U」とは、何かの頭文字ではなく、「U」という形を創造や変革のプロセスになぞらえたものであり、「U」の左半分のいわば「委ね手放して」沈潜するプロセス、右半分の「新たなものを獲得して」浮上するプロセスのふたつから成り立つプロセスを示している。「サレンダー（委ねる）」「キャッチ（獲得する）」のふたつから成り立つプロセスに注目している点で、U理論とヴォルフの「サレンダー・キャッチ」理論は近しい。

（8）シャーマーは、「リーダーシップ」の語源的な意味は「死ぬ」であると述べている。「leadやleadershipの語源であるインド・ヨーロッパ語の、leithは、『出発する』『出発点（敷居）を超える』、または『死ぬ』という意味だ。時に、何かを手放すということは『死ぬ』ように感じることもある。しかし我々がUの深いプロセスから学んだことは、何かが変わらなければ、つまり敷居を超えなければ、新しいものは出てこられないということだった」（同上：157）。創造、変革のために「死ぬ」アナは、語源的な意味において真のリーダーといえる。

【引用・参考文献】

高橋基治監修（2016）『英語シナリオで楽しむ　アナと雪の女王』学研プラス

中土井僚（2014）『人と組織の問題を劇的に解決するU理論入門』ＰＨＰ研究所

Scharmer, C. Otto（2007）*Theory U : Leading from the Future as it Emerges.*（＝2010, 中土井僚・由佐美加子訳『U理論――過去や偏見にとらわれず、本当に必要な「変化」を生み出す技術』英知出版）

Wolff, K. H.（1995）*Transformation in the Writing : A Case of Surrender-and-Catch (Boston Studies in the Philosophy and History of Science).*（＝2000, 那須壽・澤井敦・芦川晋・伊藤智樹・矢部謙太郎訳『危機と人間主観――サレンダー・キャッチと社会理論』マルジュ社）

第四部

社会学知の社会学

第十章　氾濫する「〇〇力」の教育と大学の意義
――社会学教員の認識を手がかりに

木村　正人

本章では、大学など高等教育機関において社会学を専門とする教員が、高等教育の意義（レリヴァンス）をどのように認識し、何がその認識を規定しているのかを検討する。従来の教育レリヴァンス研究は、概して教育を受ける側の当事者、すなわち児童や生徒、学生の視点からみた教育の意義に焦点をあてるか、企業等による要請を論じたもの、あるいは人材育成等の観点から関連の政策課題に焦点化したものが主であった。これらの先行研究とは異なり、ここでは、二〇〇九年に日本社会学会の会員を対象として独自に行った質問紙調査の結果を利用して、高等教育の意義を、大学教員（社会学教員）の視点から明らかにする。

分析の結果、高等教育のレリヴァンス認識を構成する要素として、将来の職業に役立つ知識や技能に関わる「職業的レリヴァンス」、友達づくりなどに関する「人間形成的レリヴァンス」のほか、「知識習得的レリヴァンス」とも呼ぶべき、基本的・専門的な知識や才能の開発に関わる主成分が見出された。これらのレリヴァンス群がそれぞれ社会学教員によってどのように認識され、教育を受ける側の認識とどのような異同を示しているのかを確認したうえで、各レリヴァンス群を規定する諸要因を、回答者の諸属性、所属機関の設置形態や大学ランクに関する認識等に特定する。

一　関心の所在――高等教育政策における「力」の氾濫

知識基盤社会の到来やグローバル化、少子高齢化、一八歳人口低下と進学率上昇による高等教育の「ユニバーサル化」、学生の就職環境悪化などに伴う「大学の変容」が叫ばれて久しい。一九八七年の大学審議会設置以降、日本の教育政策は、いわゆる「新学力観」の提示（一九八七年教育課程審議会答申）、九一年の大学設置基準大綱化に伴う一般・専門教育区分の廃止、「生きる力とゆとり」（一九九六年中央教育審議会（中教審）答申）など、当初「規制緩和」の方向で改革を進めてきた。しかし、教養教育の解体に対する批判やその後の学力低下をめぐる議論の影響もあり、九〇年代後半から二〇〇〇年代初頭にはその実質的な転換を余儀なくされたと言える。

「高等教育の一層の改善について」（一九九七年）、「二一世紀の大学像と今後の改革方策について」（一九九八年）、「グローバル化時代に求められる高等教育の在り方について」（二〇〇〇年）と、大学審議会によって矢継ぎ早に取りまとめられた答申において、高等教育は実に様々な「力」の涵養を求められている。「主体的に変化に対応し得る幅広い視野や総合的な判断力や豊かな創造性を持つ人材の養成」（一九九七年）、「自ら将来の課題を探求し、その課題に対して幅広い視野から柔軟かつ総合的な判断を下すことのできる力（課題探求能力）の育成」（一九九八年）、さらにはコミュニケーション能力や情報・科学リテラシーといった「新しい時代の教養」（二〇〇〇年）などが、二一世紀の大学が追求すべき新たな課題とされている。

こうした動きは、人材としての学生の力の涵養を求めるだけでなく、同時に「教員の教養教育に対する意識改革」を呼びかけるものであり、「研究能力だけではなく教育能力」（いずれも中教審 2002）を大学教員に要請した。二〇〇一年には、大学設置基準の一部を改正する省令（文科令四四号）により、それまで「教育研究上の能力を有すると認められる者」（第一四条—傍点は引用者）とされていた大学教授の資格基準は、「大学における教育を担当するにふさわしい教育上の能力を有する者」と改められ、いわゆる実務家教員の雇用をも許すものとなった。

欧米では九〇年代以降、ＯＥＣＤやＥＵといった国際機関によって、教育の現場と就業の現場をつなぐ「新しい能力」（松下 2010）が提唱され、「キー・コンピテンシー」や「移行可能スキル（transferable skills）」といった諸概念が、知識基盤社会における重要な能力として注目されてきた。これらは九六年答申のいう「生きる力」や九八年答申が強調した「課題探求能力」に通ずる側面を持つと同時に、学校教育から就職後の職場（大学から社会）へ、また特定の職務に限定されず、職場から職場へと応用可能な技能を意味するものである。こうした海外の動向の影響のもと、日本でも特に二〇〇〇年代以降、「ＰＩＳＡリテラシー」、「二一世紀型スキル」、「エンプロイヤビリティ」（日経連 1999）、「学士力」（中教審 2008：4）、「ジェネリックスキル」（濱名 2010；清水 2012）などの新しい力が、教育改革の文脈で注目を集めるようになった[1]。

さらに二〇〇〇年代後半以降、中教審答申は、より明白に「人材養成」と「就業力」を強調するようになる。二〇〇五年答申「我が国の高等教育の将来像」では、「企業内教育機能が低下すると同時に、知識基盤社会においては（中略）、大学の人材養成機能に対する社会の期待は極めて高くなった」と述べられている（中教審 2005：64——傍点は引用者による）。そこではまた、「研究成果の披瀝が最高の教育」であるとする「フンボルト的大学観」から、教養教育に加えてとりわけ「専門職業人養成」を科学研究にも優先する「大学の使命」として位置づけるオルテガ的大学観への転換、ならびに「現代の大学を教育・研究・社会サービスの多機能を持った『マルチバーシティ』と考え」るクラーク・カー（Clark Kerr）的構想（Kerr 1963）への転換が提唱されている（中教審 2005：65-66）。

二〇〇八年九月の文部科学大臣諮問（「中長期的な大学教育の在り方について」）を受けた中教審大学分科会での審議

の結果、二〇〇九年八月に職業指導（キャリアガイダンス）の法令化を提言する「第二次報告」が出された。二〇一一年四月施行の改正大学設置基準は「社会的・職業的自立に関する指導等」（第四二条二項）を行う組織体制を大学に求め、その教育課程に職業指導を盛り込むことを義務づけた。その後も中教審では、二〇一二年に「大学教育の質的転換に向けて（答申）」において「汎用的能力」としての「学士力」を「グローバル人材の土台」として強調したほか（中教審 2012：9）、二〇一三年「第2期教育振興基本計画について（答申）」においては「社会を生き抜く力（個人の自立と様々な人々との協働に向けた力）」の養成を成果目標として掲げ、指標化している（中教審 2013：17, 54）。

このように、現在大学をはじめとする教育機関は、従来の一般的・専門的な知識の習得に加え、分野横断的な「新しい教養」や、「課題探求能力」、さらには「生きる力」「人間力」「社会人基礎力」「就業力」など、個人に帰せられる実に多様な「力」の養成を求められている。様々に寄せられる期待と大学の現状を、実際に授業を行う教員たちはどのように認識しているのか。

二　調査およびデータの概要

ここで取り上げる調査データは、那須壽教授（早稲田大学）以下「知の社会学」研究プロジェクトチームが、日本社会学会の全「一般会員」（個人会員のうち大学院生・学部生会員を除いたもの）[2]を対象として、二〇〇九年二月から三月にかけて実施した質問紙調査によるものである。郵送した調査票二五九二票のうち、七三四票が回収され、回収率は二八・三％であった。ここでは、先行して同年一月に行われたプリテストを通じて回収された三二票（日本社会学会非会員を含む高等教育機関の社会学教員五〇名に配布、回収率は六四・〇％）をあわせて、合計七六六票を分析の対象とした。主な設問の内容は、（一）勤務の形態および勤務先機関、（二）授業とシラバス（講義要項等）、（三）教育、

表10－1　回答者の年齢階級と性別

			年齢階級						
			20代	30代	40代	50代	60代	70代以上	合計
性別	男性	度数	3	103	159	136	112	47	560
		%	0.5	18.4	28.4	24.3	20.0	8.4	100.0
	女性	度数	1	57	63	37	20	4	182
		%	0.5	31.3	34.6	20.3	11.0	2.2	100.0
合計		度数	4	160	222	173	132	51	742
		%	0.5	21.6	29.9	23.3	17.8	6.9	100.0

（四）研究（影響を受けた社会学者や専門分野、研究方法等）、（五）教育歴、（六）デモグラフィック要因に関わるものである[3]。

回答者の基本的な属性と勤務先の種別等について手短に確認すると、性別は、男性が七五・〇％（有効パーセント。以下特に断りなき場合は同様）、女性が二五・〇％、年代については、二〇代が〇・五％、三〇代が二一・六％、四〇代が二九・九％、五〇代が二三・三％、六〇代が一七・八％、七〇代以上が六・九％であった（表10－1）。

回答者の勤務先機関については、得られた有効回答（N＝七五一）のうち、大学・大学院が九五・三％とその大半を占め、短期大学が二・九％、専門学校および高専が一・三％、その他（研究所等）が〇・四％であった（以下では「その他」を除く高等教育諸機関を「大学等」と表記する[4]）。このほか、大学等に「今まで勤務したことはない」ものが七名、勤務経歴が不明なものが二名存在した。勤務先の大学等について、さらに設置主体（N＝七四五）や共学別学（N＝七三七）、所在地（N＝七四四）等を確認したところ、独立行政法人（旧国公立大学）が三〇・三％、私立が六八・三％、共学が九〇・二％、所在地については表10-2に示す通り、関東圏の勤務者が四二・七％ともっとも多い。また「社会学が専攻できる大学院研究科」が存在する大学等に勤めるものは、有効回答七四三票のうち六二・二％と過半数を占めた。

表10－2　勤務先機関の所在地

		度数	%	有効%	累積%
有効	北海道	25	3.3	3.4	3.4
	東北	49	6.4	6.6	9.9
	関東	327	42.7	44.0	53.9
	中部	97	12.7	13.0	66.9
	近畿	151	19.7	20.3	87.2
	中国・四国	40	5.2	5.4	92.6
	九州・沖縄	54	7.0	7.3	99.9
	その他	1	.1	.1	100.0
	合計	744	97.1	100.0	
欠損値	非該当	7	.9		
	不明・無回答	15	2.0		
	合計	22	2.9		
合計		766	100.0		

そもそも日本社会学会の会員であるからといって、必ずしも大学等において社会学を専門とする教員であるとは限らず、回答者のなかには、上述の通り大学等での勤務経験を持たないものが、わずかながら存在するほか、大学等における授業を非常勤職を含めて担当したことがないものが、全回答者中一一名（一・四%、単純パーセント）、また授業担当経験の有無が不明なものが一二名（一・六%、同）存在する。回答者の主たる専門分野については、研究分野と授業で教えたことがある分野それぞれについて、日本社会学会の「内容分類」が示す三三分野（「その他」含む）にもとづいて、多重回答形式で尋ねているが、研究分野については三一名（四%）が、授業担当については五一名（六・七%）が無回答であり、その専門分野を特定することが出来なかった。したがって、厳密に言えば正確さを欠く表現ではあるが、以下ではこれらを含めた被調査者を「社会学教員」として扱うこととし、高等教育レリヴァンスに関するその認識について分析を進める。

三　高等教育の意義――学生と教員による認識の比較

上述の調査に含まれる四七の質問項目のうち、ここでとりわけ注目に値するのは、回答者全員に対して「大学等における教育は、学生にとってどのような意義があるとお考えですか」と尋ねた問26である。以下では、この項目を中心に、社会学教員が捉える高等教育レリヴァンスについて、先行研究の結果との比較を交え、考察する。この設問には、一一項目にわたる選択肢（「意義はない」を含む）が設けられており、あてはまるものすべてを選択する形式になっている。基本的な結果を集計して、全回答者七六六名中、各項目を選択したものの割合を示したのが図10-1である。

もっとも多くの回答者が挙げた高等教育の意義は、「基礎的な知識の習得」（八〇・一％）であり、それに続くのが「専門的な知識の習得」（七六・〇％）であった。これら二項目はいずれも、いわば学生の本分とも言える知識の習得に関わる事項であり、その選択割合はこれら以外の項目に比して際立っている。三位以下の項目で、回答者の半数以上によって選択されたのが、「教員や友人から生き方を学ぶこと」（五四・四％）、「自分の才能をのばすこと」（五一・八％）という選択肢であり、以下「自由な時間を利用できること」（四〇・六％）、「友達づくり」（四〇・三％）と授業外の活動に関わる選択肢が続く。「学歴や資格の取得」（三七・六％）、「仕事に必要な技能の習得」（二八・三％）、「就職に有利になること」（二七・八％）は、いずれも学生の卒業後の就職にとって関連性の高い事項であるが、実際の教育現場に携わるものの目から、大学等に見出しうる意義としては、あまり強く認識されていないことがわかる。もちろん、今回の調査では、「大学等における教育が、学生にとってどのような意義がある」か、事実認識を尋ねているのであって、高等教育がどのような役割を果たすべきかに関する、教員たちによる規範的な志向は、これとは別ものであることは銘記されてよい。しかしなお、大学における人材養成と就職支援が政策課題として叫ばれ、高等教育が学生たちの卒業後の進路に対してもちうる意義について期待が高まっている現状からすれば、やや心もとない結果ではある。

　社会学教員の認識については上記のような結果が得られたが、過去現在に大学で授業を受けたことのあるものの側から、高等教育レリヴァンスはどのように認識されているのであろうか。「日本人の意識や行動を総合的に調べる社会調査」として一九九九年から継続的に実施されてきたＪＧＳＳ（Japanese General Social Surveys）プロジェクトは、二〇〇二年実施の留置調査票（JGSS 2002a）において、大学の意義に関する類似の質問項目を設けており、比較考察に値する(5)。用意されている設問および選択肢の内容は、ＪＧＳＳでは過去の経験について尋ねているため、一部文章の時制が過去形になっているほか、「７．先生から生き方を学ぶ」「９．配偶者との出会い」については

問26　大学等における教育は、学生にとってどのような意義があるとお考えですか（MA）

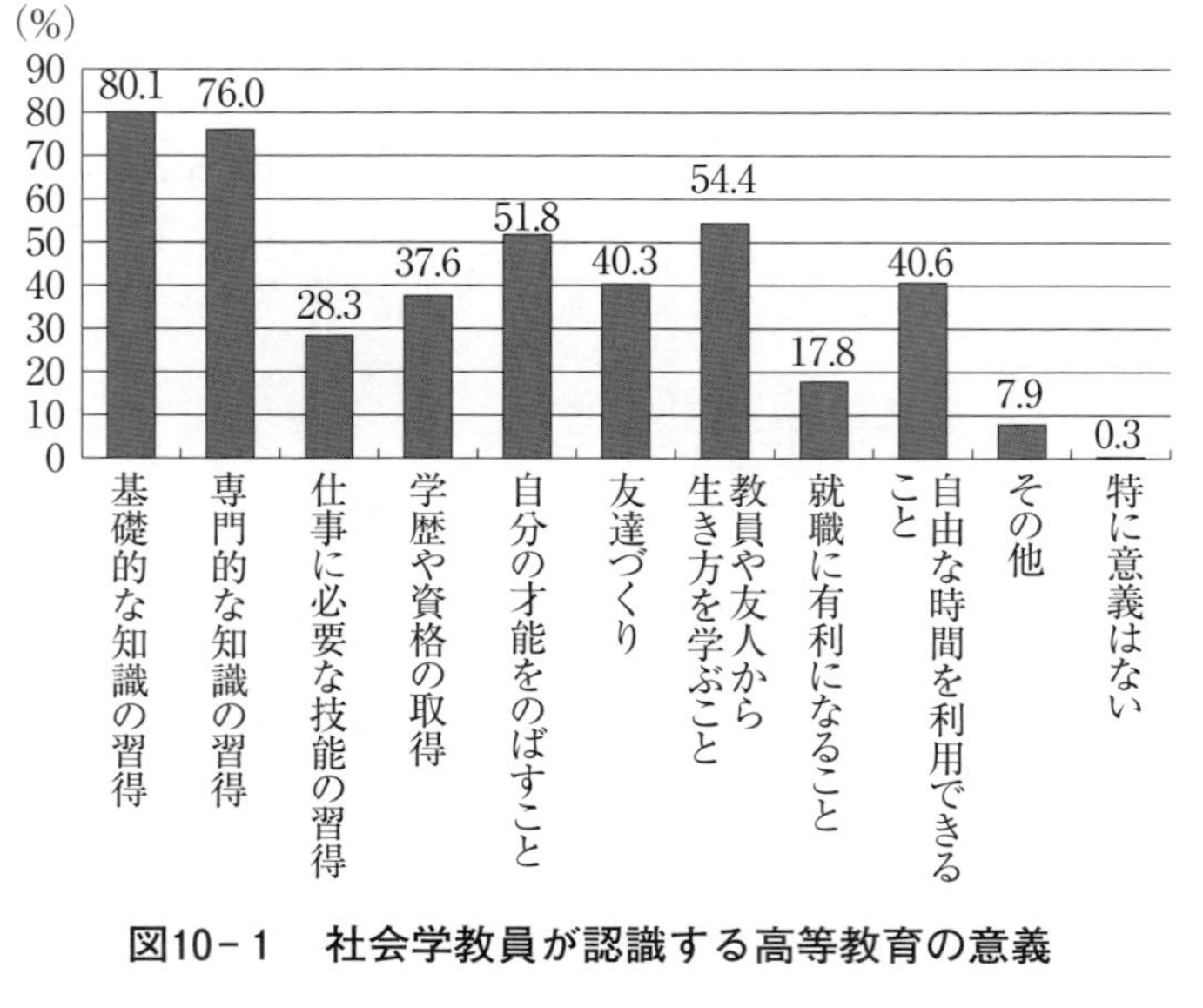

図10－1　社会学教員が認識する高等教育の意義

文言の異同があるか、独自のものである。ここでは、その調査結果を分析した本田由紀（2004）を参照しながら、知見を得たい。

図10-2は、当該の設問に対する回答結果を、本田が高卒者、大卒者ごと（それぞれ現役の生徒学生を含む）にまとめたものであり、ここでは大卒者が認識する大学の意義に特に注目する。回答の一位は「友達づくり」であり、対象者の七割超が選択している。知識の習得に関する項目は、社会学教員による選択割合に比べれば低いものの、いずれも六割程度の値を示している。特に専門的な知識の習得については、高卒者が高校の意義として捉えている比率に比べて顕著に高く、中等教育との違いにおける高等教育の特徴的意義として認識されていることがわかる。

さらに高校との違いに着目するなら、「学歴や資格の取得」「自由な時間が利用できたこと」も選択率の差が大きい。本田は、「友達づくりが1位であること、『自由な時間』が享受されていることなどは、いわゆ

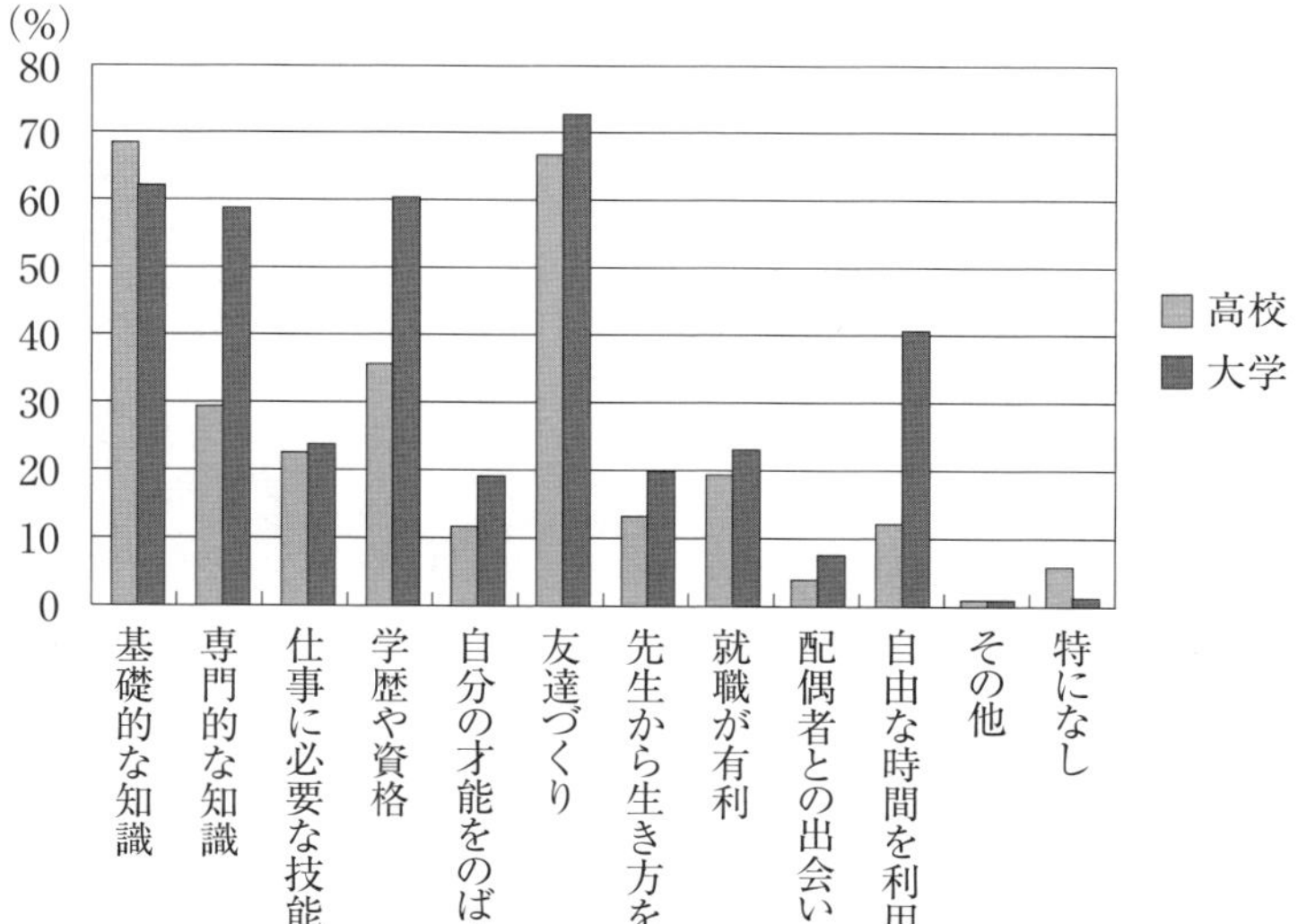

図10-2　学卒者が認識する学校の意義

出所）　本田 2004：31

る大学の『レジャーランド化』という通説と一致している」と述べているが（本田 2004：31）、「自由な時間」については、上述のように、大学教員の側でもやはり四割方が大学の意義として認めている。「通説」にみられる批判的な含意とは異なり、社会学教員が学生による「自由の謳歌」をむしろ積極的に受け止めている様子がうかがえる。

また教員による認識と比べると、「学歴や資格の取得」に意義を見出す大卒者の割合は存外に高いと言えるが、他方で、「仕事に必要な技能の習得」「就職が有利になった」など、やはり就職に関わる意義を認めたものの割合は、教員同様、比較的低い結果となっている。

このほか、「自分の才能をのばせた」「先生から生き方を学ぶ」という項目については、逆に社会学教員の側で類似の選択肢（「自分の才能をのばす」「教員や友人から生き方を学ぶこと」）を選んだ割合が三〇ポイント以上高くなっている。後者については先生（教員）だけではなく「友人」の影響が加えられている点から、単純な比較は難しいものの、「生き方」を伝えたいと考える教員と学生との間にはミスマッチが生じているようである。

四　高等教育レリヴァンスの規定要因

さて、ここからはＪＧＳＳの調査結果から離れ、再び高等教育レリヴァンスに関する社会学教員の認識に目を向けて、どのような要因が教員の認識を規定しているのか、さらに検討を行うことにしよう。「知の社会学」研究プロジェクトによる調査の問26に挙げられている諸項目を、主成分分析を用いて分析したところ、「特に意義はない」、「その他」のみ因子負荷量が負となった。この軸は、「その他」を除く選択肢に挙げられているいずれかの意義が回答者によって認識されているかどうかを示すものと解釈できる。そこで、レリヴァンスの有無ではなく、教員たちが高等教育にどのような意義を見出しているのかを特定するため、「特に意義はない」「その他」を除外してふたたび分析

表10－3　高等教育レリヴァンスに関する主成分分析

			第1主成分 職業	第2主成分 人間形成	第3主成分 知識習得
問26	4.	学歴や資格の取得	.754	.161	.066
問26	8.	就職に有利になること	.751	.206	−.049
問26	3.	仕事に必要な技能の習得	.649	−.221	.310
問26	9.	自由な時間を利用できること	.033	.772	−.044
問26	7.	教員や友人から生き方を学ぶこと	.054	.665	.263
問26	6.	友達づくり	.474	.603	.149
問26	2.	専門的な知識の習得	.093	−.111	.756
問26	1.	基礎的な知識の習得	−.034	.230	.689
問26	5.	自分の才能をのばすこと	.223	.261	.484

因子抽出法：主成分分析　　回転法：Kaiserの正規化を伴うバリマックス法

を行ったところ、三つの主成分が抽出された。項目ごとにバリマックス回転後の因子負荷量を示したものが表10-3である[6]。

第一主成分で因子負荷量が高くなっているのは、「4．学歴や資格の取得」「8．就職に有利」「3．仕事に必要な技能の習得」と、いずれも職業に関する項目となっており、この成分は、高等教育の「職業的レリヴァンス」[7]を表すものと解して差し支えないだろう。第二主成分で因子負荷量が高いのは、「9．自由な時間」「7．生き方を学ぶ」「6．友達づくり」であり、同様の項目から構成される二軸を抽出している本田（2004）にならって、これを「人間形成的レリヴァンス」と呼ぶことにしたい[8]。最後に、第三主成分で因子負荷量が高いのは、「2．専門的知識の習得」「1．基礎的知識の習得」「5．自分の才能をのばすこと」であり、この主成分を「知識習得的レリヴァンス」と呼ぶことにする。

これら三つの主成分について、因子負荷量が高い上述の上位三項目を、それぞれのレリヴァンスの中核要素とみなし、各回答者がこれらを選んだ項目数（各三点満点）を、職業的、人間形成的、知識習得的レリヴァンススコアとして算出した。以下ではこれらを分析の対象とする。

まず、それぞれのスコアの記述統計量を確認すると、職業的レリヴァンススコアの平均値が〇・八四（標準偏差〇・九八）、人間形成的レリヴァンススコアが一・三五（標準偏差一・〇九）、知識習得的レリヴァンススコアの平均値が最も高く二・〇八（標準偏差〇・九二）となっている。もっとも水準が高く分散が小さいのは知識習得的レリヴァンスであるが、クロンバックのアルファ係数は、職業的レリヴァンススコアが〇・五八八、人間形成的レリヴァンススコアが〇・五八三、知識習得的レリヴァンススコアが〇・四二八となっており、知識習得的レリヴァンススコアは尺度としての信頼度がやや低くなっている。

さらに三つのスコアの相関関係をみると、職業的・人間形成的レリヴァンススコアの相関係数は〇・三二一、職業的・知識習得的レリヴァンススコアの相関係数が〇・二七六、人間形成的・知識習得的レリヴァンススコアの相関係数が〇・三一三となっており、これら三項の間にはいずれも正の相関が存在する。

さて、これら三つのレリヴァンススコアは、回答者のどのような属性に応じて差が認められるだろうか。男性と女性との間でスコアの平均値を比較した結果、職業的レリヴァンススコアについては、男性より女性のほうが職業的レリヴァンスをより高く認識していることがわかった（平均値はそれぞれ、〇・七八と〇・九八）。人間形成的レリヴァンスと知識習得的レリヴァンススコアについては性別による顕著な差は見られなかった（以下では概ね、スコアの平均値に〇・二ポイント以上の差が見られるケースに言及する）。

各スコアと年齢との間に明確な直線的相関は見出せなかったが、年齢階級（二〇～三〇代、四〇代、五〇代、六〇代以上）ごとの平均値をみると、わずかな差ではあるものの、六〇代以上では二〇代～三〇代の若年層に比して、知識習得的レリヴァンス認識が高く、職業的レリヴァンス認識が低い傾向がうかがえる（図10-3）。

勤務先機関の「設置種別」（大学・大学院、短期大学、専門学校・高専、その他）（問2A）については（表10-4）、大学を除く各区分の度数が少ないため留意が必要ではあるが、大学・大学院教員が認識する職業的レリヴァンススコアの平均値（〇・八二）に対して、短大教員の認識では一・二三と値が高く、逆に知識習得レリヴァンスのスコアは若干低くなっている。より短い在学期間で就職準備を迫られる短期大学において、教員が教育の職業的レリヴァンスをより強く意識しているであろうことは、短大に対して寄せられる一般的な期待に沿うものであると言える。

他方、「設置主体」（独立行政法人と私立の別）（問2B）について、教育を受けた（受けている）ものによる教育レリヴァンス認識を調べた先行研究においては、「大学設置者が国公立であること」に応じて、高等教育の職業的レリヴァンス認識が高くなるとの指摘があるが（本田 2004：40）、今回の調査データからはいずれのスコアについても水準の違い

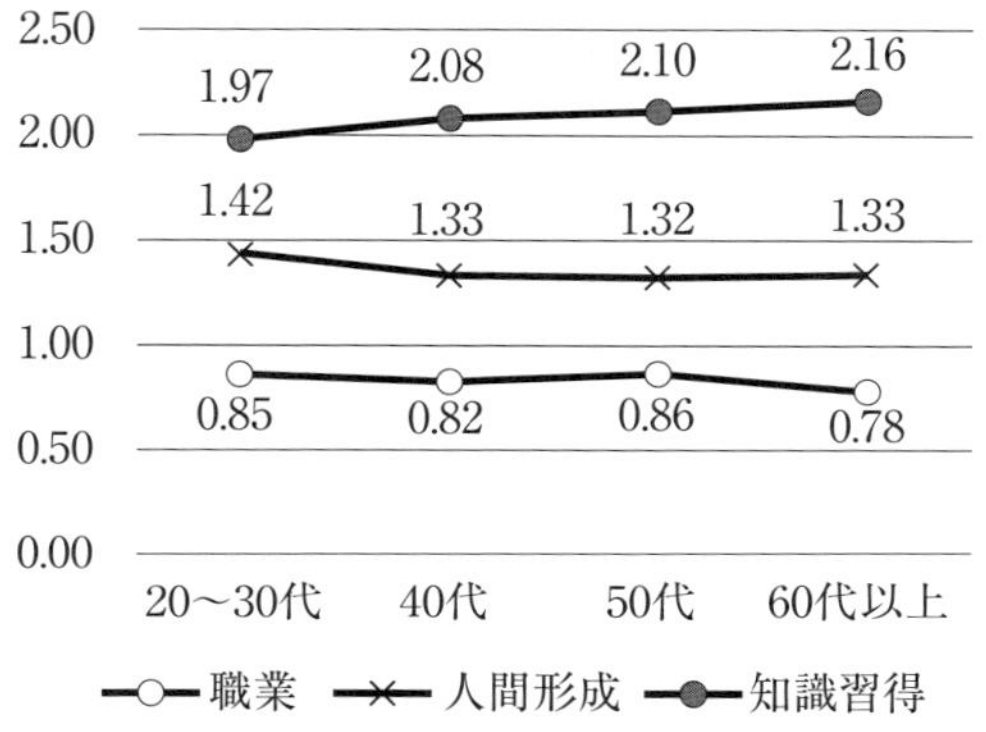

図10-3　年齢階級とレリヴァンススコア

表10-4　大学・短大とレリヴァンススコア

		度数	平均値	標準偏差
職業	大学・大学院	716	0.82	0.97
	短期大学	22	1.23	1.07
人間形成	大学・大学院	716	1.36	1.08
	短期大学	22	1.27	1.24
知識習得	大学・大学院	716	2.09	0.91
	短期大学	22	1.95	0.79

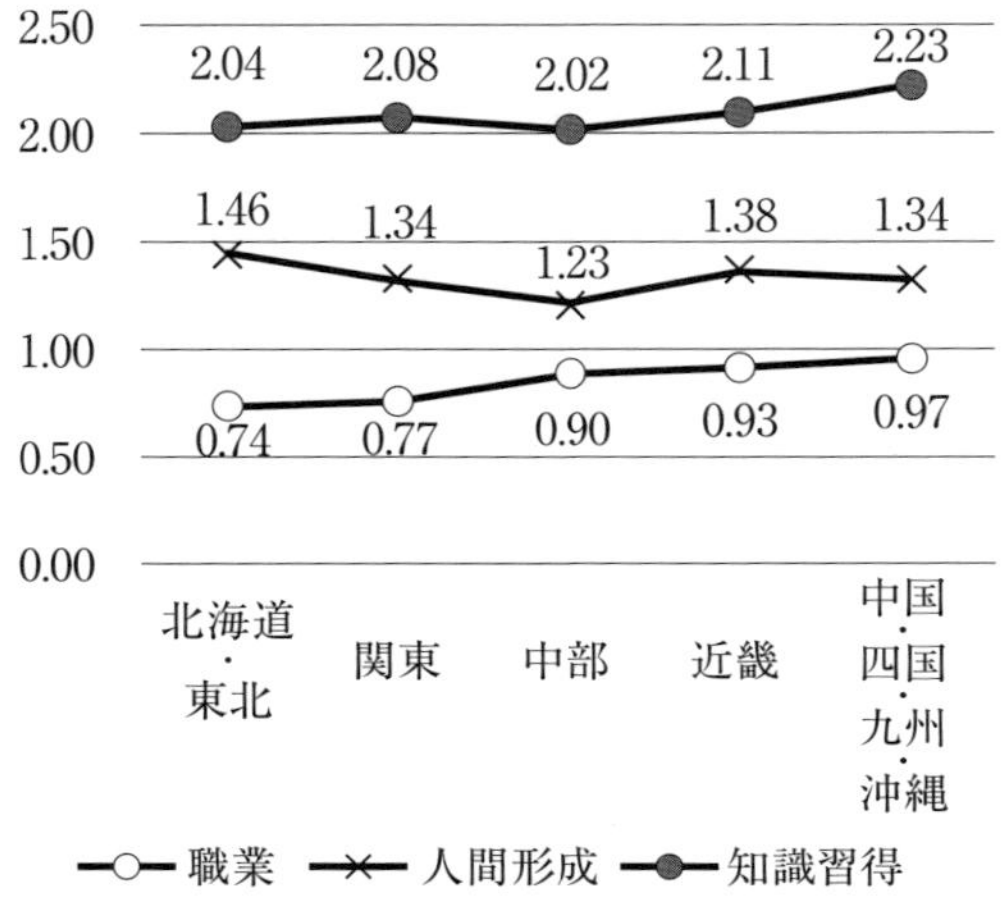

図10－4　勤務先所在地とレリヴァンススコア

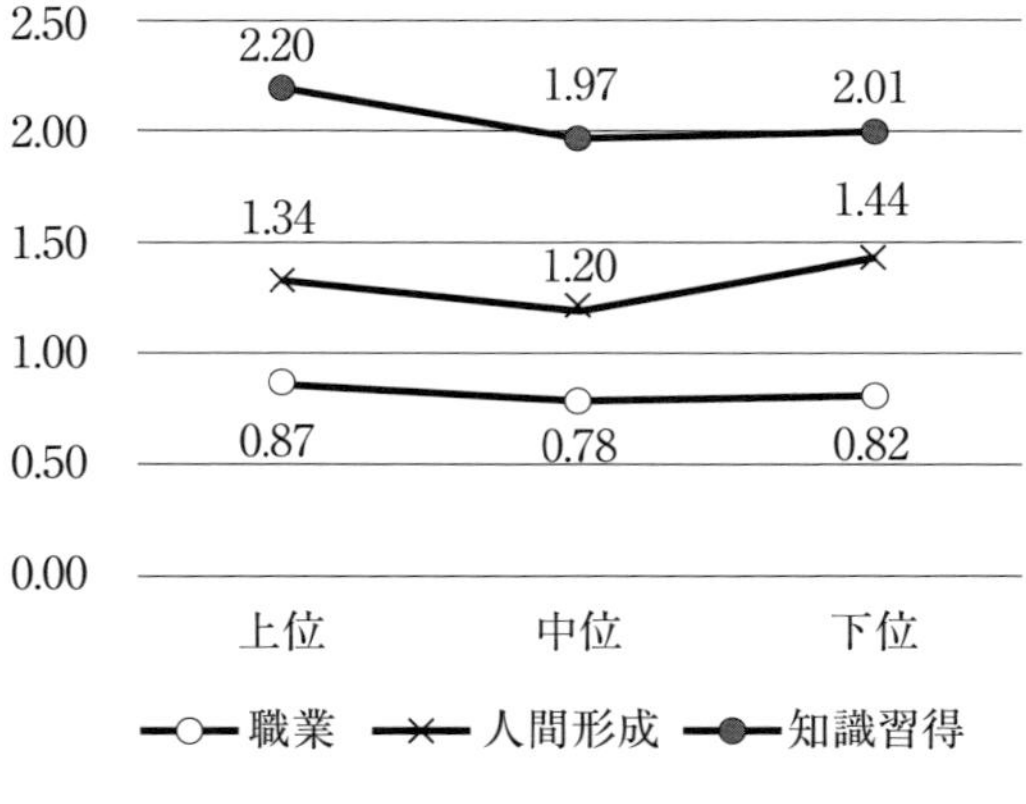

図10－5　大学ランク認識とレリヴァンススコア

が見られなかった。また、共学か別学（女子校等）か（問２Ｃ）による差も認められなかった。

さらに勤務先機関の所在地（問２Ｄ：地域九区分）について、各レリヴァンススコアの平均値を比較したところ、職業的レリヴァンスについては北海道・東北および関東圏で、他の地域よりやや低く、人間形成的レリヴァンスについては北海道・東北に比して中部地方でやや低く[9]、知識習得的レリヴァンスについては、中国・四国・九州・沖縄で他の地域よりやや高い値が得られた（図10-4）。

調査票は問4で、「所属している（いた）、あるいは主に教えている（いた）学部（学科等）の一般入試の難易度」（以下「大学ランク」とする）についての主観的認識を五点尺度で尋ねている。これに対する回答結果を、「上位」（高い方、中の上位：N＝二九六）、「中位」（N＝一七二）、「下位」（中の下位、低い方：N＝二五二）に再分類したうえで、各スコアの平均値の差を確認すると、知識習得的レリヴァンスについては、大学ランクを「上位」と認識している所属学部等の教員のほうが他の群に比べてやや高く、人間形成的レリヴァンスについては「下位」群でやや高い結果となった（図10-5）。なお、所属機関に「社会学が専攻できる大学院研究科」があるかどうか（問5）によっては、各スコアの平均値に顕著な差は見られなかった。

被調査者の教育歴について、調査票には、大学等で授業をはじめて担当した西暦年を（および退職者については退職年も）非常勤か専任かに区別して尋ねた項目があり（問39、40）、そこからおおよその授業担当年数を算出することができるが、この期間と各スコアの間に顕著な相関は認められなかった。このほか特に職業的レリヴァンススコアについて、「大学等以外での就労経験」の有無（問41）に応じて差があるのではないかと予想したが、これについても顕著な差は得られなかった。

それでは大学教育レリヴァンスは、いかなる要因によって規定されていると言えるだろうか。以上の検討から得られた結果を手がかりに、職業的レリヴァンススコアを従属変数とする重回帰分析を行い、その結果を示したのが、表10-5である（他のレリヴァンススコアについても検討を行ったが、分析に堪える独立変数の候補が少なく、十分な寄与率を示すモデルが得られなかったため、結果の掲載は割愛する）。分析にあたっては、性別（女性）、勤務先機関の設置種別（短大）と所在地（北海道・東北および関東）までを投入したモデル1、これに大学ランクの認識（上位）を加えたモデ

表10－5　職業的レリヴァンスの規定要因（重回帰分析）

値は非標準化係数(B)

		モデル１	モデル２	モデル３
性別	女性	.189	.206	.209
設置種別	短期大学	.455	.521	.525
勤務先所在地	北海道・東北	－.182	－.214	－.213
	関東	－.174	－.204	－.201
大学ランク認識	上位		.115	.129
コーホート	60代以上			－.002
(定数)		.869	.826	.819
調整済みR2乗		.016	.020	.020

ル２、さらにコーホート変数（六〇代以上）を加えたモデル３を設定したうえで、比較検討した。独立変数はいずれもダミー変数である。

いずれのモデルとも説明力が高いとは言えないものの、性別、設置種別、勤務先所在地、大学ランク変数を投入したモデル２と、さらにコーホート変数（六〇代以上）を加えたモデル３とを比較した場合、後者では寄与率の向上が見られず、コーホート変数は職業的レリヴァンススコアにほとんど影響を与えないことがわかった。個別の独立変数として、職業的レリヴァンスへの影響力が大きいのは、設置種別（短期大学）であり、勤務先所在地の二つのカテゴリーについては、負の効果を及ぼしている。

五　考　察

本章では、社会学教員を対象とした独自の調査をもとに、高等教育のレリヴァンスに関する教員の認識について検討してきた。その結果、教員が捉える大学の意義は、職業、人間形成、知識習得に関わる三つの主成分に要約しうることがわかった。大学等における基礎的専門的な知識の習得は、それを教授する教員たちによって、就職に有利になることや仕事に必要な技能の習得といった就職支援的な要素からは、依然として切り離されたところで理解されている。また、これらのレリヴァンスの構成要素のうちもっとも水準が高く認識されているのは、知識習得的レリヴァンスであり、職業的レリヴァンスに関わる意義はそれぞれ、せいぜい三～四人に一人程度が認識しているにすぎない。さらに人間形成レリヴァンスに関しては、大卒者たちが大学の意義として一番に挙げる「友達づくり」が、教員の認識においてはやや軽視されていること、その一方で、「生き方」の伝達については教員からの期待が相対的に高く、ミスマッチが生じている。

ここでは社会学分野の教員に限定してその認識を検討したが、職業的レリヴァンスの認識は当然、専門分野間でかなりの開きがあるだろう。社会科学系の分野を専攻した学卒者たちが示す職業的レリヴァンス認識のスコアが、理工系はもちろん、保健、芸術、家政、教育分野を専攻したものに比べて、顕著に低いことを、本田（2004：39）が指摘している。[10] 近年声高に言われるように、「人文・社会系」の教育課程に特有の課題を、この分野の教員による職業的レリヴァンス認識の低さという点に見出すことはたやすい。従来教養教育の中核を担ってきたこの分野が、リベラルアーツの枠組みから制度的に切り離されたうえ、「専門職業人養成」を謳う急速な実学志向の高まりのなかで今確かに向かい風に晒されていることは、現場の教員によってより真剣に受け止められなければならないだろう。

すでに見たように、日本の高等教育施策の方針は、八〇年代末に端を発した大学改革以後、九〇年代後半からの動揺を経て混迷を深めた後、二〇〇〇年代後半以降は現在に至るまで、とりわけキャリア開発や就業支援を、大学が果たすべき新たな役割として強調している。

教育政策が求める様々な「力」のうち、従来の「知識伝達型の教育や専門分野への入門教育」に関わる知識習得的レリヴァンスと「生きる力」などに関連が深いであろう人間形成的レリヴァンスとの規定要因に関して、本章での分析から説明できることは限られている。ただし、職業的レリヴァンスについては、男性より女性、大学・大学院教員より短大教員によって、また北海道・東北および関東圏以外の諸地域において、わずかとはいえより強く認識されていることがわかった。他方で、コーホートについての比較結果や在職年数、大学以外での実務経験の有無についての検討からは、特定の傾向は検出できず、大学ランクについても「上位」校に若干の水準の上昇が見られるだけで、「下位」校所属の教員には特有の職業的レリヴァンス認識が見られなかった。(11)

こうした結果から考えると、むしろ、近年の教育を取り巻く環境の劇的な変化にもかかわらず、大学教員において、世代や教職経験、大学ランクの違いによるレリヴァンス認識の差が見られないことのほうに根深い問題が浮き彫りになっていると言えるのではないか。実務経験を持つ教員の採用も昨今強調されているが、そうした方針の有効性も他の様ざまな観点を考慮したうえで改めて検証が必要である。さらには、設置主体の違い（独立行政法人か私立か）や共学別学による影響も見られず、これらの間の棲み分けや機能分化が、一八歳人口が減少し進学率が上昇した今日において、すでに相当程度困難になっている可能性が推察される。これらの諸点についてはさらなる検討を要するが、事柄の性質からして、学ぶ側・教える側の人的資質や能力開発に先立って、学校諸制度そのものに関する政策的な対応が必要だろう。

高等教育レリヴァンスを構成する種々の要件や能力については、すでに多様な定義や分類が提示され、指標化する試みなども行われているが、あくまでも教員の側の視点に立って言えば、それら包括的な「力」が、もっぱら狭義の大学教育、すなわち講義や演習などの授業を通じていかにして養われうるのかは不透明なままであり、答申の類に見られる総花的な要求には、正直なところ、なお戸惑いを覚える向きも少なくないと思われる。

他方で、高等教育の職業的レリヴァンス向上について、現場の教員たちは、授業を通じた支援に加え、ゼミナール等を拡張した学生の課外活動支援や学内委員会の業務等を通じたフォーマル・インフォーマルな学生サポートに、自発的であると否とにかかわらず、すでに相当程度時間を割かざるを得なくなっている現状もある。学生の就職率の向上などは、「全入時代」において激化する学生獲得競争を迫られるなか、大学によっては、学生募集、ひいては組織存続のための文字通り生命線になっている。大学等における教育が「学生にとって」どのような意義があるとお考えですか」という問いかけに対する教員たちの応答がそれでもなお、とりわけ職業的レリヴァンスに関して低調であるのは、そうした大学の役割に対する規範的要請を否定しているというよりは、むしろ、期待水準の高さと現状への不満をこそ反映している可能性も否定できない。

また、教育行政が強調する学生の主体性や自立性という観点からは、むしろ教職員が介在しない、学生の自発的な活動経験を通じて促進される能力も当然あるだろう。様ざまな「力」のうち、何が大学教育の現場において涵養されえ、そのうち何が「教員」によって「開発」「養成」されうる力であるのかについて、今一度丁寧な整理が必要ではないだろうか。

最後に、今回の分析から直接に引き出しうる結論ではないが、上述の観点から、個人の「力」が声高に叫ばれる現状にはなお留保をつけておきたい。教育を所管する文科行政はまだしも、厚労省、経産省までもがこぞって個の能力開発を強調するような昨今の事態は、社会問題の能力主義化とも呼ぶべき、それ自体社会学的な検討を要する現象である。社会経済環境の変化への対応にあたって、個の「力」を過度に強調することは、たとえば就職難という、とりわけ若年層が直面する社会的課題の解決とそれに対する責任を個人レベルに矮小化し、ひいては自己責任論のような粗悪な議論をさえ招きかねない。社会学という学問領域が特有に果たしうる「力」を考えるなら、個人の能力開発に問題を切り詰めることなく、教育の社会環境的要件に適切に配意することにこそ、社会学固有の貢献が求められるべきであろう。

＊本稿は、那須壽編著（2016）所収の拙稿「社会学教員がみる高等教育の意義」に加筆修正を加えたものであり、調査研究にあたって、文科省科学研究費（二〇〇七～二〇〇九年度文部科学省科学研究費補助金［基盤研究B］課題番号19330119）の助成を受けた。

【注】

（1）エンプロイヤビリティは、厚生労働省が二〇〇四年にスタートした若年者支援事業においては、「就職基礎能力」と訳され、コミュニケーション能力、職業人意識、基礎学力、ビジネスマナー、資格取得の五領域（一三項目）のもとに理解されている（厚生労働省 2006）。同時期に、経済産業省内に設けられた研究会は「職場等で求められる能力」として「社会人基礎力」概念を提唱し、それをアクション、シンキング、チームワークの三要素（一二項目）に分類している（経済産業省 2006：12f.）。このほか、経済財政諮問会議による発案で内閣府内に設けられた「人間力戦略研究会」は、「基礎学力の向上」に加えて「人間力の戦略的強化を図る必要性」（2003：9）を謳い、やはり個々人に帰せられる包括的な「力」の開発を強調している。

（2）日本社会学会の現行の会則において、会員種別は「正会員、団体会員、賛助会員、準会員」に分類されているが（日本社会学会 2015）、学会参加費の区分等では「一般会員」との呼称が用いられており、ここではそれに準じた。

（3）調査の概要と基本集計結果については、那須編著（2016）の序論、巻末資料を参照のこと。

（4）これらには、当該機関に「以前勤務していたが現在は勤務していない」、いわゆる退職者が含まれるが、退職者に対しては、問2で、過去に「もっとも長く勤務された大学等」について、勤務先機関の種別や形態について尋ねている。また勤務先が複数ある場合はそのうちいずれかひとつを想定させて回答を依頼している。

（5）二〇〇二年一〇月から一一月に実施、対象は全国の男女個人（「二〇〇二年九月一日時点で満二〇歳以上八九歳以下の男女個人」）五千人。層化二段無作為抽出法による。有効票数は二九五三票、回収率は六二・三％（JGSS 2002b）。

（6）離散変数をもとにしているため、主成分分析はレリヴァンスを説明する主たる次元を探索する目的でのみ用い、解釈上の都合から敢えて回転を加えた。後述するように以下の分析では、主成分分析を通じて合成された得点をそのまま用いるのではなく、各次元と関連の強い選択肢への回答結果から改めてスコア化を行っている。

（7）小方（2002）は、大学教育の職業的レリヴァンスを扱った先行研究を整理検討している。

（8）ただし、本田による分析結果において「専門的知識の習得」は職業的レリヴァンスに、「基礎的な知識の習得」は、人間形成的レリヴァンスに関連づけられている（本田 2004：38）。

（9）さらに、職業的レリヴァンススコアを東北地域単独（N＝四九）で見た場合、その平均値は〇・七一と、北海道（〇・八〇）のスコアより低くなっている。

（10）ただし、本田による分析において職業的レリヴァンススコアは、ここでの分析とは異なり、「仕事に必要な技能の習得」、「専門的な知識の習得」、「自分の才能をのばす」の三項目から構成されており、留意が必要である。

（11）詳述する余裕はないが、授業を行う際に何を重視するかを問うた設問（問12A～F）に対する回答結果を因子分析したところ（主成分法、バリマックス回転による）、教員の「研究本意」と「学生本意」的志向として解釈できるような潜在的変数が抽出された。これらの因子得点の平均値の差を大学ランク群の間で確かめると、教員の研究志向は上位群よりも中位、下位群に行くほど高く、逆に学生本意的志向については低くなっており（上位と下位の差は前者がプラス〇・四三、後者がマイナス〇・二〇）、教員の研究志向が際立つ下位校ほど、授業を受ける学生の理解力等との間にずれが生じている可能性がある。ただし、これらの因子と職業的レリヴァンスとの間に直接の強い相関関係は見られなかった。

【引用・参考文献】

小方直幸（2002）「職業的レリバンス研究における大学教育」『広島大学大学院教育学研究科紀要』51：407–413.
教育課程審議会（1987）「幼稚園、小学校、中学校及び高等学校の教育課程の基準の改善について（答申）」
経済産業省（2006）「社会人基礎力に関する研究会〈中間取りまとめ〉」
　http://www.meti.go.jp/policy/kisoryoku/chukanhon.pdf（二〇一六年二月二三日閲覧）
厚生労働省（2006）「YES-プログラムの概要」（平成一八年三月一〇日報道発表資料別紙一）
　http://www.mhlw.go.jp/houdou/2006/03/h0310-6a.html（二〇一六年二月二三日閲覧）
清水禎文（2012）「ジェネリック・スキル論の展開とその政策的背景」『東北大学大学院教育学研究科研究年報』61（1）：275–287.

大学審議会（1991）「大学教育の改善について（答申）」

――（1997）「高等教育の一層の改善について（答申）」

――（1998）「二一世紀の大学像と今後の改革方策について（答申）」

――（2000）「グローバル化時代に求められる高等教育の在り方について（答申）」

中央教育審議会（中教審）（1996）「二一世紀を展望した我が国の教育の在り方について（第一次答申）」

――（2002）「新しい時代における教養教育の在り方について（答申）」

――（2005）「我が国の高等教育の将来像（答申）」

――（2008）「学士課程教育の構築に向けて（答申）」

――（2012）「大学教育の質的転換に向けて（答申）」

――（2013）「第2期教育振興基本計画について（答申）」

那須壽編著（2016）『学知と社会の関係に関する理論的・実証的研究』（二〇一三～二〇一五年度文部科学省科学研究費補助金［基盤研究C］研究成果報告書）

日本経営者団体連盟（日経連）編（1999）『エンプロイヤビリティの確立をめざして――「従業員自律・企業支援型」の人材育成を』（日経連教育特別委員会エンプロイヤビリティ検討委員会報告）日本経営者団体連盟教育研修部

日本社会学会（2015）「日本社会学会会則」（平成二七年九月一九日改訂版）http://www.gakkai.ne.jp/jss/about/rules.php（二〇一六年二月二三日閲覧）

人間力戦略研究会（2003）『人間力戦略研究会報告書』http://www5.cao.go.jp/keizai1/2004/ningenryoku/0410houkoku.pdf（二〇一六年二月二三日閲覧）

濱名篤編著（2010）『学士課程教育のアウトカム評価とジェネリックスキルの育成に関する国際比較研究』（二〇〇七～二〇〇九年度科学研究費補助金［基盤研究B］成果報告書）

本田由紀（2004）「高校教育・大学教育のレリバンス」『JGSSで見た日本人の意識と行動――日本版General Social Surveys研究論文集3』（東京大学社会科学研究所資料第二四集）東京大学社会科学研究所、pp. 29-44.

松下佳代編著（2010）『〈新しい能力〉は教育を変えるか――学力・リテラシー・コンピテンシー』ミネルヴァ書房

JGSS（2002a）「JGSS-2002留置調査票——生活と意識についての国際比較調査」（調査企画：大阪商業大学比較地域研究所および東京大学社会科学研究所）
http://jgss.daishodai.ac.jp/surveys/sur_quest/JGSS2002_Questionnaire_SelfAdministered.pdf（二〇一六年二月二三日閲覧）
———（2002b）「JGSS-2002『第3回生活と意識についての国際比較調査』の調査概要」
http://jgss.daishodai.ac.jp/surveys/sur_jgss2002.html（二〇一六年二月二三日閲覧）
Kerr, Clark（1963）The Uses of University, Harvard University Press.（=1966, 茅誠司監訳『大学の効用』東京大学出版会）

第十一章　社会学総合誌にみる日本の理論・学説研究の歴史的動向（一九六四年から二〇一三年まで）

大黒屋　貴稔・鳥越　信吾

一　はじめに

日本の社会学史はこれまで多くの場合、主要な研究書や翻訳書といった書籍の動向を中心に描かれてきた。日本社会学史では、研究論文に対する目配りは相対的に希薄であったといってよい。これをふまえて、本章では、『社会学評論』と『ソシオロジ』という日本を代表する社会学総合誌に掲載された論文の歴史的動向を追うことを通じて、研究論文という視角から日本社会学史の一端を描くことを目指す。

本章はなかでも、理論・学説に関する研究の動向に関心がある。この点については、その多寡の推移を取り上げて論じた先行研究がいくつか存在するが（西原和久・杉本学 2001；太郎丸博・阪口祐介・宮田尚子 2009）、本章はこれらを参考にしつつも、一層立ち入った検討を行う。理論学説関連の研究論文に関して指摘されるそうした量的な動向の内側に目を向けたとき、いかなる内容の変化がそこには生じていたのか。本章では、この問題に複数の角度からアプローチしてみたい。

以下ではまず、先行研究の検討を通じて、本章がいかなる分析上の立場をとるか、明らかにする（二節）。ついで、本章が実施した調査の対象と分析の方法を説明する（三節・四節）。それから、同調査の結果について報告し（五節）、最後にこの点に関して考察を試みる（六節・七節）。

二　先行研究

（一）「書籍」に着目した先行研究

我が国の社会学史については、これまでにもさまざまに研究がなされてきた。ここではそのなかで、本章の取り上げる時代と大部分が重なる「戦後」を主な対象とした文献を二点、それらが何を「素材」として社会学史を描いているかに焦点化しつつリファーしてみたい(1)。

まず代表的なものとして、富永健一（2004）をあげることができる。その特徴は、「社会学史を書く」にあたって自身が依拠しているスタンスを明示している点にある。すなわち富永は「通常の用語の意味における戦後日本社会学史」（富永 2004：i）としての自身の試みを、「戦後日本の社会学の展開の中から、私が一定のストーリーを「構築」し、それに適合する重要な社会学書を選び出して、それらの一つ一つと対話を重ねることにより、社会学というディシプリンが形成してきた戦後史を、興味ある一つの物語として描き出すことを目的とする」（富永 2004：i）ものとして規定しているのである。つまり、「日本人研究者による代表的な社会学書」（以下「研究書」と略記）を素材とした「物語」、これが富永の日本社会学史叙述の基本的なスタンスである。

ついで、飯田哲也（2014）をあげることができる。飯田は戦後を「一九六〇年代まで」「一九六〇―七〇年代」「一九八〇―九〇年代」の大きく三つの時代に区分したうえで、やはり富永と同様に、主として時代ごとにインパクトをもたらした研究書（およびその著者）を歴史的に配列し、それをもとに社会学史を描いている。もちろん富永と飯田が提示する戦後日本の社会学史像はそれぞれに異なってはいる。だが、両者の基本的なスタンスは共通なのである。研究書を素材とした社会学史、これである。

また彼らの社会学史叙述は、著名な西洋学説の我が国における受容のあり方にも強く注意を払っている。たとえば富永は、ウェーバー（M. Weber）やデュルケーム（É. Durkheim）、ジンメル（G. Simmel）、パーソンズ（T. Parsons）の学説に依拠した社会学を「リベラル社会学」と呼び、マルクス主義に依拠した「マルクス主義社会学」とこれとの一九六〇年代から八〇年代にかけての対立を経て、社会学は「マルティパラダイム化」していくというようにもまた学史を綴る。飯田も用語法こそちがえ、同様の観点に立っている。ここには明らかに「西洋学説の翻訳書の受容動向」によって日本の社会学史を説明しようとするアプローチが存している。

以上から、我が国の戦後の社会学史に目を向けた研究はこれまで、主として二つの動向に着目しつつなされる傾向にあったといえる。第一に、時代ごとに一定のインパクトをもたらした研究書の刊行動向であり、第二に著名な西洋学説の翻訳書の受容動向である。したがって、過度の単純化の誹りをおそれずに言えば、戦後日本の社会学の歴史的動向についての叙述とは主として、研究書の刊行史と翻訳書の受容史とからなるものであった。

もちろん、こうした叙述の意義は決して軽んじられるべきものではない。とはいえここでわれわれが強調したいのは、戦後日本の社会学の展開は、主要な研究書や翻訳書とともに、社会学の論文誌に掲載された無数の研究論文によってもまた支えられてきた、という点である。だが、それにもかかわらず、これまで研究論文の動向は既存の学史の叙述に十分には組み入れられることはなかった。こうした事情に鑑み、本章では、日本の社会学総合誌にどのような研究論文が掲載されてきたかということに焦点を当て、これを実証的に明らかにすることを通じて、我が国の社会学史をまた別の角度から補完することを試みたい。

（二）「研究論文」に着目した先行研究

我が国の社会学研究の動向について、本章と同様に研究論文の検討という点から経験的にアプローチした先行研究としては、西原・杉本（2001）と太郎丸・阪口・宮田（2009）があげられる。

西原らは『社会学評論』掲載論文における人名をタイトルに含む論文の比率の推移を指標に、「理論学説研究への関心は減少せず、ほぼ一貫して持続している」（西原・杉本 2001：10）と主張している。

こうした主張に対し批判的である太郎丸らは、『社会学評論』と『ソシオロジ』の掲載論文（偶数年）をそれらの用いる「方法」により分類するという別個の仕方で、この問題に接近する。「学説や理論の研究をするのか、質的にせよ量的にせよデータの分析を主要な課題とするのか、といった研究の素材とその処理法のこと」（太郎丸他 2009：二）と定義される「方法」に着眼した太郎丸らは、それぞれの論文をその方法に沿って、次の五つのカテゴリに分類した。①主な検討対象が社会学の文献以外にない研究である「理論・学説」、②主な検討対象が数量化されたデータである「計量分析」、③生活史・インタビュー・エスノグラフィー・エスノメソドロジー研究等、主な検討対象が、研究者が直接見聞して得た資料である「エスノグラフィー」、④主な検討対象が文書や図像・動画等である「歴史・言説分析」、⑤主な検討対象が数理モデルの「数理」である。

これらのカテゴリの分布の推移を時系列的に分析した結果、太郎丸らは「ほぼ一九八〇年頃から理論・学説研究の比率が減少し、事例研究（エスノグラフィーと歴史・言説分析）の比率が増加した」（太郎丸他 2009：12）と結論し、西原らの先の主張に異を唱えている。西原ら自身も認める通り、人名をタイトルに含まない論文にも、理論・学説的な研究は一定数存在するであろう。このことから、そうした論文をも検討対象に含めたうえでなされた太郎丸らの主張の方が妥当性は高いと考えられる。それゆえ、理論・学説に関する研究論文は年を追うにつれ、全体的に減少しているといってよい。

しかしながら、太郎丸らの研究では、理論・学説研究のそうした量的な動向がいかなる内容上の変遷をともなって生じているのかという点に関しては、ほとんど何も論じられてはいない。そこで、以下では、いくつかの角度からこの問題について実証的に検討し、回答を模索することにしたい。

三　調査対象

『社会学評論』および『ソシオロジ』という日本の社会学研究を代表する二つの社会学総合誌に一九六四年から二〇一三年にかけて掲載された計一九〇六本の研究論文より、そのタイトル・副題・要旨（要旨のない場合は「はじめに」）を確認した結果、理論や学説の検討（＝理論や学説の紹介・整理・展開・形成）が主題であると判明した計六六三本の論文（以下「理論文献」と略記）を選定し、対象とした。

四　分析方法

理論文献（六六三本）の量的動向および質的動向について、それぞれ次のような方法で分析を行った。

（一）量的動向の分析

理論文献の本数を五年ごとに集計し、その動向について実数およびパーセントで時系列を追って検討した。

(二) 質的動向の分析

理論文献の本文の内容を検討し、その動向に関して、次の二つの分析を行った。①理論・学説の検討が領域的になされているか、非領域的になされているかの動向に関する分析、②理論・学説が非領域的に検討される際の単位の変化に関する分析である。それぞれ詳しくみていくことにしよう。

① 理論・学説の検討が領域的になされているか、非領域的になされているかの動向に関する分析

理論・学説の検討が何らかの領域に関わる形でなされているか否かに応じて、以下にみるような「領域」と「非領域」の二つのタイプに理論文献を分類した。そのうえで、これらの構成比を五年ごとに算出し、その推移を時系列的に検討した。

「領域」とは、「家族」「都市」「医療」といった特定の連字符社会学的な領域に関わる形で理論・学説が検討されている文献のタイプであり、このタイプにはたとえば次のような文献が分類される。

タイトル・副題「有賀喜左衛門の「家」理論とその論理構造——戸田貞三との対比で」

要旨:「(前略) 家族生活の近代化に着目し、「小家族」論的立場から家族集団の結合原理を論理的・演繹的に措定し、これを理論的準拠枠として日本家族の実証的分析を行なった戸田に対して、柳田国男の民俗学を経由した有賀喜左衛門は、家族生活の歴史的変遷に関心を寄せ、「大家族」形態に日本の家族の本質を見出し、帰納的手続きにより「家」として日本の家族を定義した。本稿はこうした戸田と有賀の方法論上の相違を、両者

の社会学基礎理論との関連で検討しようとするものである」（森田 1979：20）

「非領域」とは、「機能主義の方法」や「パーソンズ理論」「ウェーバーの意味概念」等について論じられる場合のように、特定の連字符社会学的な領域に主題として関わることなしに、理論・学説が検討されている文献のタイプであり、このタイプにはたとえば次のような文献が分類される。

タイトル・副題「U．ベックの個人化論――再帰的近代における個人と社会」

要旨：「U．ベックは、二〇世紀後半、とりわけ一九七〇年代以降に顕在化した社会の構造変化を「再帰的近代化」としてとらえる社会学者の一人である。（中略）再帰的近代の主要局面として、リスク社会、グローバル化と並び、「個人化」があげられている。本稿では、ベックの個人化論を検討することで、個人化という用語でもって彼がどのような事態を表現しようとしたのか、個人化論の学説史上の意義は何か、個人化は概念として社会学においてどのような機能をもつのかを探る（後略）」（伊藤 2008：316）

② 理論・学説が非領域的に検討される際の単位の変化に関する分析

「非領域」タイプに分類された理論文献（以下「非領域文献」と略記）に関して、理論・学説の検討がいかなる単位のもとなされているか否かに応じて、以下にみるような「学派」「学説」「概念」の三つのタイプに同文献を分類した。そのうえで、これらの構成比を五年ごとに算出し、その推移を時系列的に検討した。

「学派」とは、「〇〇学派」や「△△主義」等の単位を軸として、理論・学説が検討されている非領域文献のタイプであり、このタイプにはたとえばつぎのような文献が分類される。

タイトル・副題「自省的機能主義の基礎」

要旨：「(前略) 本稿では、自己組織性の視点から従来の機能主義を《自省的機能主義》に脱構築する必要性とその基礎づけを論じる。(中略) 従来の機能主義は自省作用の問題を理論から排除してきたため、いわゆる意味学派からの挑戦を受け、これに充分わたりあうことができなかった。また機能主義が依拠してきた近代の科学観も、自己言及の問題にゆさぶられている。自己組織性の社会理論にとっての課題は、自己言及の科学観にもとづいて、自省作用を取り込んだ機能主義、すなわち自省的機能主義を構築することにある、と私は考える (後略)」(今田 1986：38)

「学説」とは、「〇〇理論」「△△論」「××学説」等の単位を軸として、理論・学説が検討されている非領域文献のタイプであり、このタイプにはたとえば次のような文献が分類される。

タイトル・副題「スペンサーにおける社会有機体説への社会学的重要性――群相としての社会と人口」

要旨：「(前略) 社会学の形成期において、人口および群相と個相という生物学的概念の重要性に着目したスペンサーは社会を一個の有機体であると見做す独自の理論を発展させていった。彼にとって、この社会有機体説は決してアナロジーではなく、社会が有機体そのものである、との主張を示したものであった。スペンサーの社会有機体説の核心は、人間社会も生物社会同様、社会を群相として捉えるべきであるとの主張にあった。それゆえ、彼は生物学から多くを学び、議論を展開する必要があったのである（後略）」（挾本 1997：64）

「概念」とは、「○○概念」等の単位を軸として、理論・学説が検討されている非領域文献のタイプであり、このタイプにはたとえば次のような文献が分類される。

タイトル・副題「ノルベルト・エリアスにおける〈発展〉の概念——認識論的な問題構制をめぐる二重性」

はじめにより抜粋：「ノルベルト・エリアスは、みずからの社会学的アプローチを〈フィギュレーション的〉かつ〈発展的〉と特徴づけている。ところがその二つのアプローチのうち、従来の社会学の議論のなかではもっぱら前者のフィギュレーション（Figutation; figuration）概念だけが着目され、それについての検討と批判が重ねられてきた。一方で、後者の〈発展〉（Entwichlung; development）概念は、ほとんど議論の対象としてとりあげられることがないか、言及される場合にも、その概念のイデオロギー的な含意をめぐって非難が向けられるだけであった。（中略）しかしながらエリアスは〈発展〉概念をとりさげることはなく、機会あるごとに概念の再規定と精緻化につとめ、それを科学的な概念として保持していこうとする。（中略）なぜエリアスはそこまで〈発展〉概念にこだわったのか。そしてまた、なぜエリアスは最後まで〈発展〉概念に満足のいく定式化を与えられなかったのか。（中略）本稿の目的は、このようなエリアスにおける〈発展〉概念をめぐる問題構制の二重性を明らかにすることにある」（近森 2001：3-4）

表11－1　理論文献の本数の推移（実数）

	論文数	理論文献数
1964－1968	181	54
1969－1973	144	50
1974－1978	169	70
1979－1983	148	59
1984－1988	180	81
1989－1993	175	105
1994－1998	175	67
1999－2003	218	60
2004－2008	277	72
2009－2013	239	45
総計	1906	663

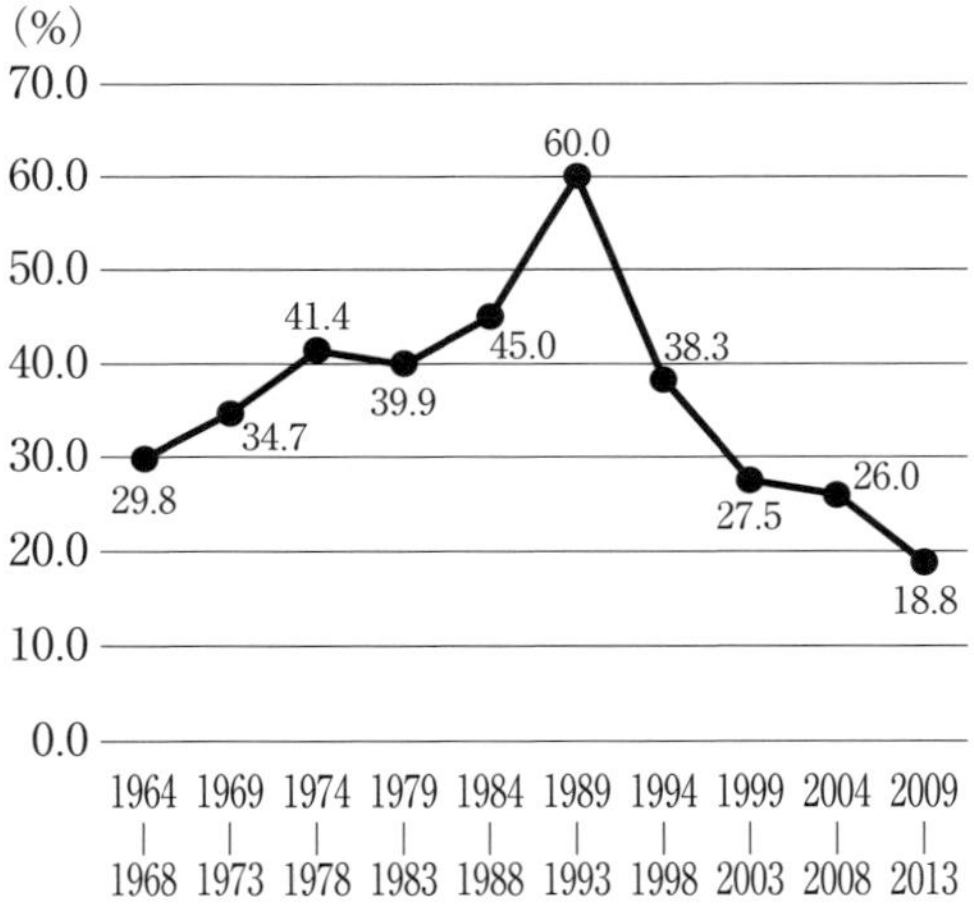

図11－1　理論文献の本数の推移

五　結　果

（一）量的動向

理論文献の本数の動向について実数ならびにパーセントでみてみよう（表11－1・図11－1）。一九八九―九三年（六〇%）をピークに、増加から減少に転じる山型の趨勢にあることがわかる。『社会学評論』と『ソシオロジ』に関する限り、五〇年間をとおしてみると、理論・学説の検討を主題とする論文は、六四年から九三年にかけての三〇年間は隆盛、九四年から二〇一三年にかけての二〇年間は衰退の傾向にあるといえるだろう。ほぼ同様の指摘は太郎丸ら（2009）によってもなされており、興味深い。

（二）質的動向

① 理論・学説の検討が領域的になされているか、非領域的になされているかの動向について

「領域」「非領域」という理論文献に関する二タイプの構成比の推移から、理論・学説の検討が領域的になされているか、非領域的になされているかの動向についてみてみよう（図11-2）。

六四年から九三年にかけての三〇年間は、六九―七三年と七九―八三年の一〇年では、「非領域」が七割半から八割に達するとともに、その他の二〇年でも、おおむね「非領域」が六割前後、「領域」が四割前後で推移している。この時期の理論文献の主流は明らかに「非領域」であった。

だが、九四―九八年に入ると、そうした状況に変化が訪れる。一二ポイントほど、「非領域」が減少し「領域」は増加した結果、ともに約五割の割合となり、理論文献において両者は拮抗するよう

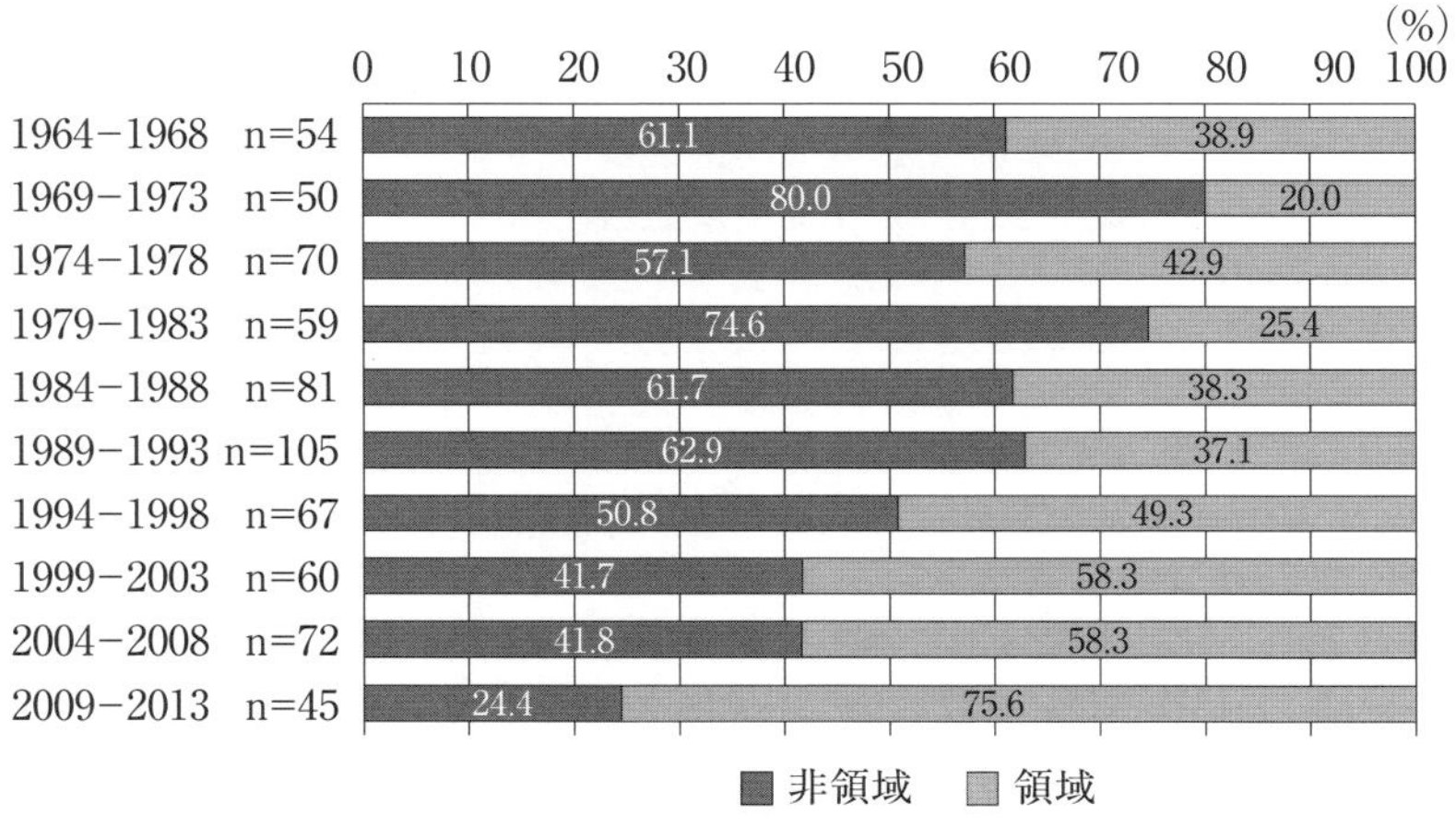

図11－2　理論文献２タイプの分布状況の推移

になる。

そして、九九年から一三年にかけての一五年間に目を移してみると、時代が下るにつれ、「非領域」は四割強→四割強→二割半弱とますますその割合を減じていく一方で、「領域」はというと、六割弱→六割弱→七割半強とますますその割合を増大させている。この一五年にあって、理論文献は「非領域」から「領域」へとその主流を完全にシフトさせたといってよい。

六四年から一三年の過去五〇年間をとおしてみるかぎり、九四—九八年以降、理論文献の主流は「非領域」から「領域」へと次第にシフトしていき、理論・学説は非領域的に検討されるよりも、領域的に検討されるようになっていくといえるだろう。

②　理論・学説が非領域的に検討される際の単位の変化について

「学派」「学説」「概念」という非領域文献が検討される単位に関する三タイプの構成比の推移から、理論・学説が非領域的に検討される際の単位の変化についてみてみよう（図11-3）

六四年から七八年にかけての一五年間は、「学派」が二割弱→一割強→一割弱と減少傾向にある一方、「学説」は五割弱→五割→六

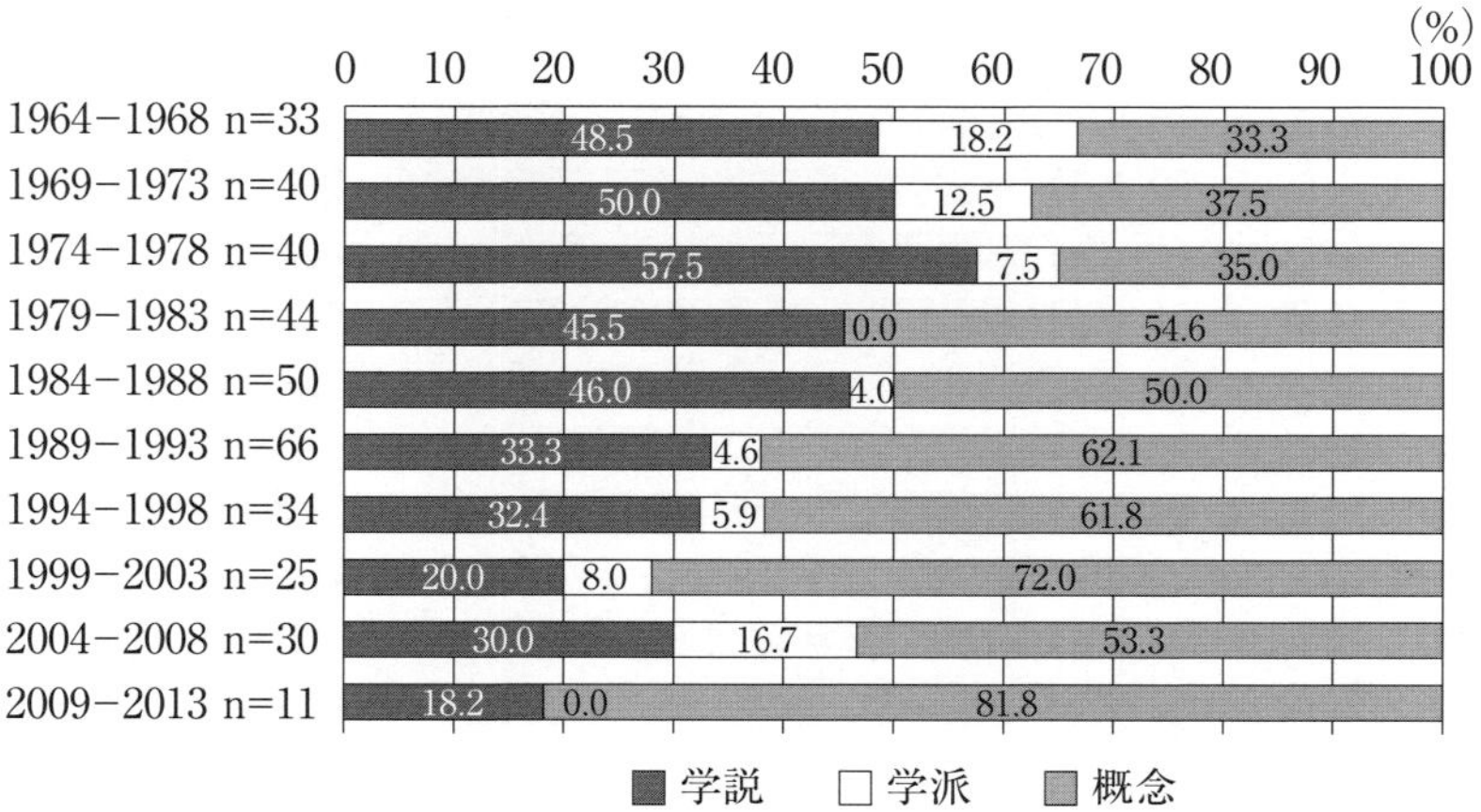

図11-3　非領域文献3タイプの分布状況の推移

割弱と漸増傾向にあり、「概念」は三割半前後で推移と横ばい傾向である。この時期の非領域文献の主流は明らかに「学説」であった。

ところが、七九—八八年の一〇年間に入ると、そうした状況に変化がきざしてくる。「学派」は減少傾向に一層拍車がかかり、「学説」も一二ポイントほど減少する一方、「概念」は一五ポイントから二〇ポイントほど増加する。その結果、「学派」は〇%から四%とごくわずかな割合となったのに対し、「学説」と「概念」に関しては、ともに約五割の割合と、両者が拮抗するようになる。

そして、八九年から一三年にかけての二五年間に目を移してみると、〇四—〇八年の五年間をのぞき、[2]「学派」は五%強→六%弱→八%→〇%、「学説」は三割強→三割強→二割→二割弱とその割合を減じている一方、「概念」はというと、六割強→六割強→七割強→八割強とその割合を増大させている。この二五年にあって、非領域文献は「学説」から「概念」へとその主流を完全にシフトさせたといってよい。

六四年から一三年の過去五〇年間をとおしてみるかぎり、七九—八三年以降次第に、非領域文献の主流は「学説」から「概念」へとシフトしていき、理論・学説が非領域的に検討される際には、学説単位よりも概念単位で主として論じられるようになっていくといえよう。

六　考　察

以上、量的側面と質的側面とに分け、『社会学評論』および『ソシオロジ』に掲載された理論文献（＝理論や学説の検討を主題とする研究論文）の過去五〇年間（一九六四年—二〇一三年）の動向を分析してきた。そこから得られた知見を整理すると次のようになる。

量的動向の分析からは次の点が明らかとなった。理論文献は、一九六四年から九三年にかけての三〇年間は増加、九四年から一三年にかけての二〇年間は減少の傾向にある。こうした傾向は太郎丸らの指摘とも概ね一致するものであった。

質的動向の分析からは次の二点が明らかとなった。第一に、時代が下るにつれ、理論文献の主流は「非領域」から「領域」へシフトしていき、理論・学説は非領域的に検討されるよりも、領域的に検討されるようになっていく。一九六四年から九三年にかけての三〇年間は理論文献の主流は明らかに「非領域」であり、理論・学説は領域と関わらない形で主として論じられていた。だが、九四年―九八年に入ると、その主流は次第に「非領域」から「領域」へシフトしはじめ、理論・学説は主として特定の領域と関わる形で論じられるようになっていく。

第二に、時代が下るにつれ、非領域文献（＝「非領域」に分類される理論文献）の主流は「学説」から「概念」へとシフトしていき、理論・学説が非領域的に検討される際には、学説単位よりも概念単位で主として論じられるようになっていく。一九六四年から七八年にかけての一五年間は非領域文献の主流は明らかに「学説」であり、理論・学説が非領域的に検討される際には主として「〇〇理論」「△△論」「××学説」等の単位が軸となっていた。だが、七九年―八三年以降次第に、その主流は「学説」から「概念」へとシフトしていき、理論・学説が非領域的に検討される際には主として「〇〇概念」等の単位が軸となっていく。また、もとより僅少だった「学派」という単位に関していえば、六九年―七三年以降とかなり早い段階から、減少を開始していた。

理論文献の九四年―九八年以降の「増加→減少」「非領域→領域」というシフト、非領域文献の七九年―八三年以降の「学説→概念」へのシフトということである。『社会学評論』と『ソシオロジ』におけるこれらのシフトをどのように解釈したらよいだろうか。

それが生起した時期の順に、非領域文献のシフトからみていこう。ここでは内的な要因に着目し、次のように解釈してみたい。〈非領域的な理論・学説研究が進展・蓄積していくにともなって、七九年―八三年以降、非領域文献は「学説→概念」へと次第にシフトしていった〉というものである。(3) 非領域的な理論・学説研究がはじまって比較的日の浅い段階でその主流を占めるのは、理論・学説の全体的な特徴を概括的にとらえ紹介するような「学説」タイプといった大きな単位での研究であろう。だが、時代が下り、非領域的な理論・学説研究が進展・蓄積していくにともなって、そうした「学説」単位での研究のシェアは徐々に縮小し、理論・学説の細部に着目し立ち入って検討するような「概念」タイプといった小さな単位での研究が主流を占めるようになっていくと考えられる。前述した「学派」タイプ（というもう一つの大きな単位での研究）の早期からの減少傾向もこうしたプロセスの一環とみることができるだろう。(4)

次に、理論文献のシフトについてみていくことにしよう。ここでは、外的な要因に着目し、次のような解釈を試みる。〈大学設置基準の大綱化の進展や社会調査士制度の確立を通じて、九四年―九八年以降の「増加→減少」「非領域→領域」という理論文献の二つのシフトは惹起された〉というものである。九〇年代の大学設置基準の大綱化（教養部の解体）の進展や二〇〇〇年代の社会調査士制度の確立を通じて、大学の社会学教育の現場では、「社会学史」「理論社会学」「社会学理論」といった非領域的な理論・学説研究に関するポストが廃止されたり、あるいは「環境社会学」「国際社会学」「ジェンダーの社会学」といった領域社会学的なポストに次第におきかえられていったりしたとみられる。このことは、理論・学説の研究を行おうとする者を減少させる一方で、そうした研究を行おうとする場合でも、人を非領域的な理論・学説研究ではなく、領域的な理論・学説研究へと水路づけるだろう。その結果、理論・学説研究全体は数的に減少しつつも、その内部では非領域的なそれのシェアが減るのに対し、領域的なそれのシェアは増していくことになると考えられる。

「非領域的な理論・学説研究の進展・蓄積」および「大学設置基準の大綱化の進展と社会調査士制度の確立」というこれら理論・学説研究内外の要因が相まって、『社会学評論』と『ソシオロジ』における理論文献の三つのシフトは生じたとみることができるのかもしれない。むろん、これは一つの粗描に過ぎない。大学院重点化にともなう大学院生の急増による教員ポストをめぐる競争の激化、大学入学人口の減少による近年の大学経営の恒常的な財政逼迫傾向、「社会的有用性」を基準に知識を選別することを是とする「人文・社会科学の危機[5]」と称される近年の日本の知的動向等も、こうした理論文献の三つのシフトに一定の影響を及ぼしているにちがいない。これらの事情にも配慮した検討については、いまは立ち入らずに今後の課題としたい。

七　おわりに

本章では、これまでの日本社会学史が主要な研究書や翻訳書といった書籍の動向をもとにして描かれてきたことに着眼し、研究論文というそれとは異なる視角から社会学史の一端を描こうと試みてきた。『社会学評論』と『ソシオロジ』という日本を代表する総合二誌に掲載された理論・学説論文の動向にとりわけ着目した本章の議論によって、「理論文献の減少」「理論文献における非領域から領域へ」「非領域文献における学説から概念へ」という三つのシフトが生じていることが明らかになった。

本章の意義は第一に、理論・学説研究の量的な動向のみに着目した先行研究に対して、理論・学説研究の内側に立ち入った検討を行い、それによって理論文献内のより細かな動きを取り出し得たことにある。より具体的に言えば、二番目・三番目のシフトを見出したことが、この文脈での本章の意義にあたる。

また本章の第二の意義は、既存の日本社会学史が主要な研究書や翻訳書の動向をもとに描かれてきたことに関わる。そうした社会学史とはいわば「著名」な西洋の理論家と、著書を出版できる「有力」な日本の研究者とが織りなす一つの歴史であった。これに対して本章では、論文誌という「無名」の研究者にも開かれた媒体を素材として、違った角度から社会学史を描こうと試みた。その結果みえてきたのは、理論・学説についての研究が名もなきあまたの社会学者たちの共同作業によって漸進的に進展していく姿であり、また、大学制度や就職状況などにも翻弄されながらこれらの学知が産出されていく姿であった。この意味での本章の意義は、いわば「もう一つの」学知生産の場面に光を当てたことにある。

ただし、本章には多くの課題も残されている。第一に、理論・学説研究だけに対象を限定したことにより、その他の分野に関する論文の動向についてはふれることができなかった。この点に関しては、かつて論じたことがあるのでそちらを参照されたい（大黒屋・鳥越 2016a, 2016b）。また第二に、『社会学史研究』（日本社会学史学会）や『現代社会学理論研究』（日本社会学理論学会）などの社会学理論・学説の専門誌については、今回の研究では埒外とせざるをえなかった。これらの専門誌をふまえた理論・学説研究の動向についての検討は、別稿を期すことにしたい。

【注】

（1）他にも、日本社会学史を描いた研究としては、戦前から一九五〇年代までを主な対象に「都市」「群衆」等、「社会学が時代の抱える争点として向かい合うことを余儀なくされたいくつかの問題」（秋元 1979：175）に関して学史を叙述した秋元律郎の研究や、戦前と戦時下を主な対象に「学会や研究組織に焦点をあてて近代日本の社会学の歩みを再検討」（川合 2003：iii）した川合隆男の研究をはじめとし、河村望（1973, 1975）、齋藤正二（1976）、庄司興吉（2002）等があげられる。これらの研究は、社会学成立以前の幕末期の思想状況から近年の社会学の動向までの広い範囲をカバーしており、理論・学説の受容や展開動向、また学会の成立動向や連字符社会学の展開状況など、さまざまな点にわたって日本の社会学研究の展開過程を明らかにしている。後で述べるように、本章はこれらの研究を、「研究論文」動向の明示という点で補完するものである。

（2）〇四―〇八年の五年間について補足しておくと、同時期における「学派」および「学説」の増大は、「学派」については『社会学評論』において「構築主義」に関する特集が組まれた二〇〇四年のみ、「学説」については同じく『社会学評論』において「理論形成」に関する特集が組まれた二〇〇六年のみ、そのシェアが突出して増大した結果生じており、その点で一種の外れ値とみることができる。

（3）同様の視点から、社会学の講義要項における「外書講読」の設置動向について論じている大黒屋（2010）も参照のこと。

（4）紙幅の都合上、本文では取り上げることができなかった「領域文献」におけるこうした動向について、その見通しだけでも若干ながらここで補足しておくことにしたい。「農村社会学」「都市社会学」「家族社会学」におけるそれ等、いくつか顕著な例外はあるものの、「非領域→領域」のシフトが比較的後年になって生じたことからもうかがえるとおり、領域的な理論・学説研究は我が国では一般に、非領域的な理論・学説研究にくらべ、始まってから日が浅く、研究の蓄積も乏しいものといってよい。このことは、領域文献における「学説→概念」のシフトの開始時期を非領域文献におけるそれよりもさらに遅れたものとするだろう。

（5）この点については別稿（大黒屋・関水 2018）にて論じたことがあるのでそちらも参照されたい。

【引用・参考文献】

秋元律郎（1979）『日本社会学史』早稲田大学出版部

近森高明（2001）「ノルベルト・エリアスにおける〈発展〉の概念――認識論的な問題構制をめぐる二重性」『ソシオロジ』45(3)：3-18.

挾本佳代（1997）「スペンサーにおける社会有機体説の社会学的重要性」『社会学評論』48(2)：192-206.

飯田哲也（2014）『現代日本の社会学史』学文社

今田高俊（1986）「自省的機能主義の基礎」『社会学評論』37(3)：308-322.

伊藤美登里（2008）「U．ベックの個人化論――再帰的近代における個人と社会」『社会学評論』59(2)：316-330.
川合隆男（2003）『近代日本社会学の展開――学問運動としての社会学の制度化』恒星社厚生閣
河村望（1973・1975）『日本社会学史研究（上・下）』人間の科学社
森田政裕（1979）「有賀喜左衛門の「家」理論とその論理構造――戸田貞三との対比で」『社会学評論』29(3)：20-30.
西原和久・杉本学（2001）「社会学理論と日本の社会学――『社会学評論』の50年」『社会学理論の〈可能性〉を読む』情況出版
大黒屋貴稔（2010）「社会学教育にみる学知の変遷――社会学関連の「外書講読」系科目を事例として」『社会情報学研究 大妻女子大学紀要 社会情報系』19：115-128.
大黒屋貴稔・鳥越信吾（2016a）「総合誌にみる我が国の社会学研究の主題動向（一九六四年から二〇一三年まで）――個別的研究から複合的研究へ」『学知と社会の関係に関する理論的・実証的研究』文部科学省科学研究費成果報告書（早稲田大学 那須壽代表）：25-36.
――（2016b）「総合誌にみる連字符社会学研究の主題動向――「連字符単数」と「連字符複数」という視点から」『学知と社会の関係に関する理論的・実証的研究』文部科学省科学研究費成果報告書（早稲田大学 那須壽代表）：37-60.
大黒屋貴稔・関水徹平（2018）「人文・社会科学の危機を考える」『社会学年誌』59：1-3.
齋藤正二（1976）『日本社会学成立史の研究』福村出版
庄司興吉（2002）『日本社会学の挑戦』有斐閣
太郎丸博・阪口祐介・宮田尚子（2009）「ソシオロジと社会学評論に見る社会学の方法のトレンド1952-2008」http://tarohmaru.web.fc2.com/documents/journal.pdf（二〇一八年一〇月二八日閲覧）
富永健一（1984）『現代の社会科学者』講談社
――（2004）『戦後日本の社会学――一つの同時代学史』東京大学出版会

第十二章　戦後日本の社会学における知の変容
――社会学関連辞典を手がかりに

柿沼　涼平

一　はじめに

現象学的社会学の主唱者であるA・シュッツ（Alfred Schutz）は、独自のレリヴァンス概念を彫琢し、類型化の原理に深く切り込んだ。このシュッツのレリヴァンス概念を拝借するならば、次のように言うことが可能だろう。すなわち、科学者によって反省的になされた類型化の集積たる辞典は、その時代の社会学者のレリヴァンスを反映しているはずである。そうであるとすれば、辞典の項目の変化、記述の変化を丹念に追っていくことで、学知の変容を確認することができるはずである。しかし、こうした研究は、管見のかぎり、これまでほとんどなされていない。本章では、社会学関連辞典と隣接諸科学の辞典を題材として取り上げ、そこでの項目の変化や記述の変化に着目しながら、戦後日本の社会学における知の変容を探究していくことが目指される。

二　〝内〟からみた日本の社会学の変容

第二次大戦後の日本の社会学の学的状況は、その内に身を置いていた研究者の目にはどのように映るのだろうか。ここでは、富永健一（2004）と飯田哲也（2014）を取り上げる。富永は、戦後日本の社会学の歩みを四局面に区分し、戦後日本の社会学史を描き出している。富永によると、第一局面にあたる戦後直後から一九五〇年代初頭までにおいては、一般理論の構築を目指そうとする研究が盛んであった。そうしたなか、一九五一年に『社会学評論』誌上にて、高田保馬と新明正道（と尾高邦雄）とのあいだで論争がおこなわれた。「特殊社会学」を掲げる高田に対し、新明は「総合社会学」としての社会学の重要性を主張した。この論争が一つの契機となり、一般理論を打ち立てようとする動きは勢いを失っていった。一方の総合社会学も論争の勝者にはなれなかった。その結果、比較的論争に左右されなかった「領域社会学」が次第に拡大していった[1]。

一九五一年の論争をきっかけに、第二局面に突入する。富永はこの局面を、諸領域社会学が推し進められた局面とみている。つまり、一般理論の構築を目指すのではなく、社会調査を通じて家族社会学、産業社会学など個別の研究領域の発展を目指した研究が主流となった。富永は、こうした状況について、一方で、中範囲ないし小範囲のスケールにおいて日本社会の実情を明らかにするのに貢献した側面については肯定的に評価しつつ、他方で、諸領域社会学間で共有された概念や理論が確立されず、「社会学を〝バラバラ学〟に転落させる原因になった」（富永 2004：38）側面については否定的に評価している。

一九六〇年代にはじまる第三局面においては、異なる二つの学派、すなわち「リベラル社会学」と「マルクス主義社会学」が優勢であった。富永によれば、「リベラル社会学」は、「バラバラ学」と化した諸領域社会学に対抗するかたちで登場した。それは、社会学という学問分野の再統合を図るべく導入された。その主な理論的支柱となったのが、M・ウェーバー（Max Weber）、G・ジンメル（Georg Simmel）、E・デュルケム（Émile Durkheim）、T・パーソンズ（Talcott Parsons）である。とりわけパーソンズの一般理論は、彼の著書の邦訳（たとえば『行為の総合理論をめざして』（1960）など）が出版されたのを契機に、一九六〇年代後半以降の日本の社会学に多大な影響を与えた。「リベラル社会学」が諸領域社会学に対抗して登場したのに対して、「マルクス主義社会学」は領域社会学から発展してきた。その中心的役割を担ったのが福武直である。福武は、日本の農村には社会主義的な変革が必要であると考え、積極的にK・マルクス（Karl Marx）の思想を社会学に導入した。その後、富永によるとマルクス主義社会学は、「講座」企画などによって拡大していったが、『現代社会学辞典』（1984 有信堂高文社）の刊行を最後に「ほぼ終わりを告げた」（富永 2004：303）。富永は、マルクス主義社会学の拡大が、「同調圧力」を加えることによって、当該学派以外の研究を貶価したとして、この学派を否定的に評価している。

一九八〇年代にはじまる第四局面においては、社会学内におけるイデオロギー対立が徐々に解消され、それと入れ替わるかたちで「マルティパラダイム」時代に至った。この時期には、現象学的社会学、象徴的相互作用論、フェミニズム、ポストモダン論、システム論といったさまざまな「ミニ学派」が形成された。

富永は、戦後日本の社会学の推移について以上のように整理したうえで、そうした推移について全体的には肯定的に評価している。「マルティパラダイム」時代になると、研究者たちは、自分が依拠するのとは異なるパラダイムに立脚した研究をも評価する基準を共有することが可能となり、諸学派間には「論争しても相手を尊重しあう協調的な関係」（富永 2004：42）が築かれ、「バラバラ学」を克服することが可能になった、富永はこのように評価している。

飯田（2014）によると、戦前の日本の社会学は、ドイツの社会学の影響を強く受けていた。この時期には、社会学の性格と原理を明確化することが目指されていた。こうした傾向は戦後初期まで続き、飯田はこれを戦後初期までの日本の社会学界の特徴の一つとみなしている。

一九五〇年代初期には、社会学はまだ確立されたとは言い難い状況であったと飯田は判定している。それを示す一つの例として、一九五三年から五五年にかけて刊行された『社会学大系』（1953-55 石泉社）が挙げられている。『社会学大系』の執筆陣には、法学者や経済学者、政治学者など、社会学者以外の研究者が多数加わっており、社会科学的な性格が強かった。飯田によると、その後刊行された『講座社会学』（1957–58 東京大学出版会）によって、ようやく戦後日本の社会学の「出発点」（飯田 2014：50）が示されるに至った。「戦後最初期までのように、〝社会学とは何か〟について一般的に論じるのではなくて、いくつかの理論的立場が混在しているにしても、この企画の構成によって〝社会学とは何か〟が具体的に示された」（飯田 2014：54 強調は引用者による）。ここで「一般的に」とは、富永が指摘した一般理論のことを指しており、「具体的に」とは、富永が指摘した領域社会学のことを指していると推察できる。富永と飯田が、当時の学的状況に同様の特徴を認めながらも、全く正反対の評価を下していることは興味深い。

一九六〇年代から七〇年代初期にかけては、マルクス主義とウェーバーの社会理論が、多大な影響力をもっていた。当時、「日本の社会科学界では〝ヴェーバーか、マルクスか〟とか、〝ヴェーバーとマルクス〟とかいったことが論議される雰囲気」（飯田 2014：112）が広まるほどに、その影響力は大きなものだったという。しかし一九七〇年代半ばになると、マルクス主義とその系譜にある潮流は次第に衰退し、「消滅とまではいわないが、社会学にかぎらず他の個別社会科学においても、衰退」（飯田 2014：111）していった。対照的に、ウェーバーの社会理論とパーソンズの構造＝機能分析が影響力をもつようになった。とりわけパーソンズに代表される構造＝機能分析は、この時期の日本の社会学界においては中心的パラダイムとみなされていた。その影響力の大きさたるや、「ヴェーバーよりも〝社会学として〟論じられていた」（飯田 2014：111）ほどであったという。しかし同時に、この頃から社会学の「拡散状況」ははじまったと飯田は付言している。

一九八〇年代、九〇年代になると、七〇年代からみえはじめた「拡散状況」が顕著になったと飯田は指摘している。こうした「拡散状況」を示す例として、二〇〇〇年におこなわれた日本社会学会の報告テーマが挙げられている。[2] 飯田は、それらのテーマは本来社会学ではない別の社会諸科学において扱われるテーマであり、そうした研究を社会学に含めることを容認すれば、社会学は「なんでも社会学」（飯田 2014：168）へと陥ると強く批判している。

三 〝外〟からみた日本の社会学の変容

以上、社会学界の内に身を置く研究者の視点から、戦後日本の社会学の学的状況を辿ってきた。では、社会学界の外からみると、戦後日本の社会学の学的状況はどのようにみえるのだろうか。本節では、社会学以外の社会科学の視点、社会学関連辞典の編集者の視点から、戦後日本の社会学の学的状況の変化に迫っていく。

（一）他のディシプリンからみた社会学知の変容

ここでは、法学関連辞典を手がかりに、他のディシプリンからみた日本の社会学の戦後の歩みを辿っていくことを目指す。なお、ここで参照する辞典はいずれも、日本評論社（日本評論新社）から刊行されたものである。これらの辞典のうち、一九三七、五一、五六、七一年に刊行された辞典は、いずれも末川博が編者を務めている。また、一九九一年に刊行された辞典は、末川を「創始」とし、一九三七年以降に刊行された辞典の改訂版と位置づけられている。それゆえ、これら一連の法学関連辞典は通時的な変化を明らかにしようとするここでの目的に適っていよう[3]。

一九三七年に刊行された『新法學辭典』には、「社会学」という独立項目は掲載されていない[4]。同様に、一九五一年に刊行された『法學辭典』にも、「社会学」という独立項目はない[5]。当時の法学者からすると、個別科学としての社会学はまだ確立されていなかったか、あるいは法学と社会学との関連はレリヴァントでなかったのだといえよう。

一連の辞典において「社会学」という独立項目がはじめて掲載されたのが、一九五六年に刊行された『新訂 法學辭典』である。ここでようやく、社会学は法学においてその有意性を認知されるに至った。そこでは、「社会学の性格は史的唯物論との対照のうちに明確にしうる」（末川 1956：470）と説明されている。当時の法学者には、社会学と史的唯物論とは相容れないと認識されていたのである。一九七一年に刊行された『全訂 法学辞典』においても「社会学」という独立項目が設けられてはいるが、その記述内容は、五六年の辞典における記述と全く同一である。(6) つまり、この一五年のあいだには、法学者からしてレリヴァントな変化は社会学において生じなかったといえるだろう。

しかしその二〇年後には、社会学に対する認識は大きく変化している。一九九一年の『新法学辞典』においては、社会学は「史的唯物論と相互に浸透する局面に入っている」（杉村・天野 1991：480）と説明されている。この時期になると、社会学と史的唯物論とは両立可能であると認識されるようになったのである。また、アメリカの社会学、とりわけ構造＝機能主義が、当時の社会学においてヘゲモニーを掌握し、中心的な位置を占めるようになったと指摘されている。さらに、「社会学は、固有に社会学的な領域としての社会的なもの（the social）の専門的経験的な研究になっている」（杉村・天野 1991：480）とみなされている。当時の法学者からすると、社会学は、一九七〇年代以降になってようやく固有の研究対象をみつけ出し、個別科学として確立したといえる状況になったのである。

（二）編集者からみた社会学知の変容

では、社会学知の変容は、編集者の目にはどのように映るのだろうか。ここからは、実際に『新社会学辞典』の編纂に携わった有斐閣の元編集者である池一へのインタヴューをもとに、編集者の視点からみた社会学知の変化を辿っていく。(7) インタヴューでは、主に、一九五八年に刊行された『社会学辞典』（有斐閣）と一九九三年に刊行された『新社会学辞典』（有斐閣）に関して質問した。両辞典の違いについて、まず池の次のことばに注目する。

極論すると、これ［『新社会学辞典』］は本当にこれ［『社会学辞典』］の改訂版ではない、全然違うもの。(8)

『新社会学辞典』の「はしがき」を確認すると、編集代表は『新社会学辞典』を「『社会学辞典』の現代版」（森岡他 1993：2）と位置づけている。しかし池は、両辞典のあいだに改訂版という以上の違いを見出している。では、両辞典のあいだには、どのような違いがあるのだろうか。池はインタヴューのなかで、『社会学辞典』について次のように述べた。

最初の『社会学辞典』の方は、社会科学辞典的な要素があって、まだ社会学もそんなに独立した学問という恰好ではなかったので、結構いろんな、こんなものまで入っているのというものまであったんですね。(9)

一九五八年に刊行された『社会学辞典』は、「社会学」という名を冠してはいるものの、その内容は社会諸科学の概念を多分に含んでいたという。このことを確認するために、執筆者のうちに社会学者の占める割合を調査した。執筆者のなかで当時日本社会学会の会員であった者の割合を確認するために、一九六六年の日本社会学会会員名簿と照合した。(10)すると、執筆者のなかで当時日本社会学会の会員であった者は二九九名中一一一名であり、執筆者全体の三七・一％であった。執筆者のうち社会学を専門としていた者は半数にも満たなかったのである。

一方、一九九三年に出版された『新社会学辞典』は、個別科学として自立した社会学の専門辞典を目指して編纂された。

『新社会学辞典』のときには、方針としては……社会学もそろそろ学問として自立できるようになってきたのではないかということで、社会学の専門辞書をつくろうということで、社会科学的な要素から脱落するものがあってもしょうがないというか。[11]

『新社会学辞典』は、社会学以外の社会科学的な独立項目を除外するという方針のもと編纂された。そして、この辞典は「いま新しい学問として社会学がやろうとしているような項目であれば全部生かす」[12]ことを目指していた。執筆者のうち当時日本社会学会の会員であった者の割合を確認するために、一九九四年の日本社会学会会員名簿と照合したところ、執筆者のなかで当時日本社会学会の会員であった者は五四三名中三二二名であり、五九・三%であった。両辞典を比較すると、執筆者のうちに社会学者が占める割合には、二〇ポイント以上の差がある。いうまでもなく、社会学者であるか否かは、日本社会学会に属しているか否かによってのみ決まるわけではない。とはいえ、先に確認した差は、『新社会学辞典』には社会学を専門とする研究者がより多く加わっていたことを示す一つの指標となるだろう。『新社会学辞典』は、社会科学には還元されない社会学という個別科学の性格を前面に打ち出すことを意図して編纂されたのであった。そしてそうしたねらいに即して、『新社会学辞典』の編纂に際しては、『社会学辞典』のときよりはるかに多くの社会学者が動員されたのであった。

四　辞典の項目の変化にみる社会学知の変容

専門辞典は、その領域の専門家によって、かぎられた紙幅のなかで執筆される。したがって、専門辞典は、各概念のエッセンスを表しているといえる。また、専門辞典は、その記述がなされた当時の社会学者のレリヴァンスを反映しているとと考えられる。ここからは、辞典どうしを通時的に比較、分析することで、各概念の本質的な変容と、社会学者のレリヴァンスの変容をとらえ、社会学知の変容に迫ることを目指す。

（二）社会学を取り巻く社会状況の変化

社会学関連辞典の主な読者は、研究者と学生であると推測される。そこでまずは、一九五八年時の大学や学生の状況について確認する。文部科学省の『学校基本調査』によると、当時日本には二三四校の大学（短期大学を含めると五〇三校）が設置されていた。また、当時の大学進学率は八・六％（短期大学を含めると一〇・七％）であった。当時の大学は、いわゆる「象牙の塔」と呼ばれるような、専門的な知の研究機関という位置づけがより明確であったといえるだろう。また、一九五八年時に社会学部が設置されていた大学は全国で四校のみであった。法学部、経済学部を設置していた大学の数がそれぞれ三八校、五七校あったことを考えると、社会学という学問が日本のアカデミズムのなかで市民権を獲得するには至っていなかったことが窺える。

こうした状況下において、『社会学辞典』（1958 有斐閣）は刊行された。その執筆陣は、福武直、日高六郎、高橋徹の編者を含む総勢二九九名からなる。『社会学辞典』は、合計二二三七の独立項目から構成されている。さらにその内訳を確認してみると、事項項目が一八四〇項目、人名項目が三九七項目である。編者によると、「社会学者の数だけ社会学がある」と称されるこの学問を発展させるためには、これまでに蓄積されてきた諸概念の統一的理解が必要であるという動機に導かれ、本辞典は編纂されることとなった。それゆえ、本辞典は「新たな社会学の出発点ともなるべきシンボルの意味的統一」（福武他 1958：ii）を第一の目的としている。

一九九三年になると、全国に設置された大学の数は五三四校（短期大学を含めると一一二九校）に増加した。当時の大学進学率は二八・〇％（短期大学を含めると四〇・九％）に上昇し、かつて「象牙の塔」と呼ばれ、世間とは隔絶した場とされていた大学像は希薄になりつつあった。また、大学における社会学の扱い方にも変化がみられる。一九九三年時に社会学部を設置していた大学の数は、全国で二二校に増加した。当時、法学部、経済学部を設置していた大学はそれぞれ一一二校、一五三校あった。これらと比較すると些か少ないように思われるが、一九五八年から一九九三年にかけての社会学部の設置数の増加率は、その間の全国の大学設置数の増加率よりも急激なものであった。また、増加したのは学部数だけではなく、一九九〇年代には大学で開講される社会学関連講義も増加した（cf. 那須 2010：15）。これらの変化は、社会学が日本のアカデミズムのなかに浸透していったことを示す一つの指標といえるだろう。

そうした状況のなか、『新社会学辞典』（1993 有斐閣）が刊行された。『新社会学辞典』には、編集代表として森岡清美、塩原勉、本間康平が、編集委員として秋元律郎ら一八名が名を連ねており、さらに五二二名の執筆者が加わっている。掲載されている独立項目の数は、見よ項目も含めると、合計七三八八項目に及んでいる。(13) その内訳を確認してみると、事項項目が六七二一項目、人名項目が六六七項目である。執筆者の数も掲載されている独立項目の数も増加しており、ここから社会学という学問の射程の拡大と深化を読み取ることができるかもしれない。

一九五八年に刊行された『社会学辞典』との関係について確認すると、編集代表らは一九九三年の『新社会学辞典』を一九五八年の辞典の「現代版」と位置づけている（cf. 森岡他 1993：2）。当時、日本の社会学は、一方では専門分化し、他方では隣接諸科学との交流が増していた。こうした流れは、「ややもすると社会学のアイデンティティを薄める結果を招」（森岡他 1993：2）くことになりかねない。そうしたなかで、『新社会学辞典』は、現代社会学において用いられている「共通言語」を画定することを目的とし、編纂されることとなったのである。

（二）社会学関連辞典にみる「社会学」の変容

ここからは、実際に辞典の項目に焦点を当て分析していく。『社会学辞典』には掲載されていたが『新社会学辞典』では除外された独立項目は、五〇〇項目以上にものぼる。[14] また、『新社会学辞典』には、およそ五〇〇〇の独立項目が新たに追加されている。本章においては、連字符社会学を中心に分析を進める。[15] なお、読みやすさを確保するため、以降『社会学辞典』を「五八年版」、『新社会学辞典』を「九三年版」と表記する。

連字符社会学を取り上げる前に、「社会学」の項目を先に確認する。五八年版の「社会学」の項目は、当該辞典の編者の一人である福武が執筆を担当している。そこではまず、社会学の学問的性格の不明確さが指摘されたうえで、社会学の課題として、「社会科学の〝社会〟と社会学における〝社会〟とがいかに異なるかという問題」（福武他1958：333）が問われている。この問いに答える二つの方向として、「綜合社会学」と「形式社会学」が挙げられている。そのうえで、現代社会学には、形式社会学が認める社会学特有の観点と対象を認めつつ、形式社会学の「抽象的非生産性」から脱しようとする流れがあると、福武は指摘している。当時の社会学が、まずもって形式社会学をベースに構想されていたと推察できる。ただし、形式社会学一辺倒ではなく、「形式」に着目しつつも、「内容」を充実させることへの関心が高まりつつあったといえるだろう。

続いて、福武は、社会学は社会変動の問題を取り上げねばならず、その究明のためには、マルクス主義への着目が不可欠であると主張している。

これまで社会学は、マルクス主義からの「ブルジョア科学」という非難に反撥しすぎたきらいがあるが、マルクスもまた一人の偉大な社会学者とみるべきであって、社会学とマルクス主義との有害無益な対立は止揚されるべ

きである。（福武他 1958：336）

ここでは、マルクス以外の研究者への言及もみられるが、マルクスに関してはより詳細に記述されている。ここに、マルクス主義を社会学に取り入れようという福武の意思が明確に表れている。なお、ここでは、パーソンズには全く触れられていない。

九三年版においては、「社会学」の項目は、青井和夫が執筆を担当している。青井はまず、社会学が、綜合社会学から、形式社会学を経て、文化社会学へ向かうという歴史的変遷を辿ってきたと説明している。青井はそこで、文化社会学への関心が高まるとともに、「形式社会学時代に明確だった社会学と他の社会諸科学との違いが、どうしても不明確になって」（森岡他 1993：599）いったと指摘している。

九三年版では、新たにパーソンズやR・K・マートン（Robert King Merton）への言及がみられ、また構造＝機能主義も詳細に紹介されている。構造＝機能主義が、当時の日本の社会学界に多大な影響を与えていたことが窺える。一方、五八年版では積極的に扱われていたマルクス主義について確認すると、九三年版においては、「マルクス主義社会学も、ソヴェトをはじめとする社会主義圏の凋落により、往時の面影はない」（森岡他 1993：602）という評価を下されている。こうした学的状況を踏まえたうえで、当時の社会学界の動向について、青井は以下のように述べている。

通常科学として世界の社会学界を制覇するかにみえた「機能主義社会学」も、一九六〇年代の後半から七〇年代の前半にかけてさまざまな内外からの批判にさらされ、そのへゲモニーをしだいに失うに至った。そして……さ

まざまな学派が乱立し、まさに群雄割拠、百家争鳴の有様である。（森岡他 1993：600–602）

ここで述べられているさまざまな学派とは、たとえば現象学的社会学、象徴的相互作用論、エスノメソドロジーなどである。青井は、こうした状況を受けて、「現代社会学はいままさに昏迷期にある」（森岡他 1993：602）と診断している。

（三）社会学関連辞典における連字符社会学の変容

独立項目として選定された連字符社会学に着目すると、五八年版では五四項目が、九三年版では九二項目が掲載されている[16]。また、九三年版で除外された独立項目は五項目にとどまっているのに対し、新たに追加された独立項目は四二項目に及んでいる[17]。追加された項目を確認してみると、多様な連字符社会学が新たに登場していることがわかる。たとえば、「医療社会学」「災害社会学」「女性社会学」が挙げられる。また、「計量社会学」や「数理社会学」など、数量的なアプローチに関するものも新たに登場している。さらに、「批判的社会学」「ラディカル社会学」といった、社会学自体の見直しを迫るような視点も新たに現れている。

両辞典における各連字符社会学の項目の記述を比較すると、まず、両辞典におけるマルクスの扱いに顕著な違いがみられる。五八年版では、すでにマルクスの名が散見される。たとえば、「経済社会学」「歴史社会学」などといった項目において、マルクスに言及されている。また、直接はマルクスや彼の思想に言及していなくとも、その記述のなかにマルクスの影響を読み取れる項目もある。たとえば、浜島朗が執筆を担当している「経営社会学」においては、今日いうところの「疎外」について記述がなされている（cf. 福武他 1958：202–203）。しかし、その項目のなかには、マルクスの名もなければ、「疎外」ということばもない。また、当の「疎外」の項目をみると、マルクス主義に関しては一切言及されていない（cf. 福武他 1958：568）。一方の九三年版の「疎外」の項目においては、マルクス主義とその関連について詳しく記述されている。また、「マルクス主義」は両辞典に独立項目として掲載されているが、それを社会学に援用した「マルクス主義社会学」は九三年版にしか掲載されていない。以上のことから、五八年時においては、マルクス主義は、社会学へ導入されつつあったものの、完全に浸透したとは言い難い状況だったと考えられる。

また、両辞典のあいだには、パーソンズの扱いにおいても顕著な差がみられる。五八年版をみると、「理論社会学」「政治社会学」などいくつかの項目のなかで、パーソンズへの言及が確認される。とはいえ、彼が今日までに日本の社会学界に与えてきた影響の大きさと比較すれば、五八年版でのパーソンズへの言及は限定的であり、彼の理論は当時の日本の社会学界にほとんど浸透していなかったといえるだろう。実際、九三年版においては「構造＝機能分析」と「構造＝機能主義」はともに独立項目として掲載されているが、五八年版においては「構造＝機能分析」という独立項目はあるものの、「構造＝機能主義」という独立項目はない。つまりこの時点では、彼の理論は、学派として認知されるほどには、当時の社会学者にとってレリヴァントではなかったと考えられる。

こうした学的状況は九三年時には大きく変化している。九三年版では、「経済社会学」「宗教社会学」などといった項目にみられるように、パーソンズや構造＝機能主義への言及は大幅に増加している。たとえば、富永健一が執筆を担当している、九三年版の「経済社会学」の項目では、五八年版では言及がなかったシステム理論の視座からみた経済（システム）、ＡＧＩＬ図式における経済（システム）について詳細に述べられている（cf. 森岡他 1993：358-360）。

しかし、当時の社会学界が構造＝機能主義の一強状態であったとは言い難い。九三年版における構造＝機能主義への言及のなかには、それを批判的にとらえる見方も数多くみられるのである。たとえば、耳塚寛明が執筆を担当している「学校社会学」の項目においては、一九五〇年代末には構造＝機能主義の観点から学校を社会システムとしてとらえる研究が多くを占めていたが、一九七〇年代に入ると、構造＝機能主義に対する批判がわき起こり、現象学的社会学、エスノメソドロジーなどへの注目が高まったと指摘されている（cf. 森岡他 1993：205-206）。同様に、「新しい教育社会学」「家族社会学」などといった項目においても、構造＝機能主義への批判と現象学的な視座への注目の高まりが指摘されている。以上のように、五八年版ではきわめて限定的にしか言及されることのなかった現象学的な視座は、構造＝機能主義への批判という文脈から展開し、九三年時には広くさまざまな領域に影響を与えていることがわかる。[18]

さらに興味深いことに、両辞典のあいだには、知識社会学の扱いにおいても顕著な差がみられる。五八年版では、知識社会学は主にイデオロギーを研究対象とした一つの研究領域として説明されている。一方、九三年版の記述によると、知識社会学の研究対象はイデオロギーのみにとどまらず、広義の「知識」に及ぶ。それはたとえば、「新しい教育社会学」「女性社会学」「社会学の社会学」といった、他の連字符社会学の項目のなかで、知識社会学に言及されていることからも窺える。こうした変化の背後には、「知識」それ自体に対する見方の変化があると考えられる。五八年版では、「知識」について「ドグマや空想は知識ではない。科学とは、このような知識が論理的に体系化されたものにほかならない」（福武他 1958：606）と説明されている。ここで重要なのが、「知識」が真偽において判断される類いのものであり、その真偽を判断する役割を担うのが科学者であるということである。一方、九三年版においては、「知識」は、科学的な方法でもって獲得された知識に限定されず、「知ること」全般を含む。換言すれば、そこでいう「知識」は、「常識」、すなわち「相互主観的に自明で、まず問題化しない知識」（森岡他 1993：731 強調は引用者による）をも射程に入れているのである。このとき、日常生活における常識だけでなく、常識が「諸科学に対しては概念構成の基盤を与える」（森岡他 1993）という側面にも目が向けられているということは肝要である。つまり、知識社会学は、一方で、日常生活者によって自明視されている事柄を問題化する方向へと拡大し、他方で、科学者が科学的知識を産出する営為の背後で前提としている事柄を問い直す方向へと拡大したのである。

五　戦後日本における社会学「知」の変容

以上、戦後の日本における社会学の知の状況を、さまざまな視点から眺めてきた。富永によると、戦後間もなくから一九五〇年代初頭にかけては、社会学は一般理論の構築を目指す傾向にあり、一定のまとまりをもっていたが、五〇年代半ば以降の社会学は「バラバラ学」へと陥った。一方、飯田によると、戦後から五〇年代半ばまでの社会学は、その実情は社会科学と変わらず、社会学という確固たる学問領域は確立されていなかった。その後五〇年代後半になって、「〝社会学とは何か〟が具体的に示され」（飯田 2014：54）、戦後日本の社会学はようやく「出発点」（飯田 2014：50）に立った。一見すると、両氏の見解は対照的であり、同じ日本の社会学の趨勢について述べたものとは思えないかもしれない。しかし、両氏はやはり、「同じ」日本の社会学の趨勢について語っているのである。つまり、「形式」に重点を置くか、「内容」に重点を置くかによって、彼らは異なる現実を経験することとなったのである。「形式」に重点を置く富永は、さまざまな社会現象のなかに共通してみられる「社会化の形式」こそが社会学の研究対象であるとみなし、こうした「形式」面から研究対象を限定することに個別科学としての社会学の成立要件をもとめる。それゆえ富永にとっては、形式社会学への関心が衰退していく状況は、社会学が「バラバラ学」へと陥っていくようにみえたと考えられる。一方、「内容」に重点を置く飯田は、無味乾燥とした形式社会学から脱し、内容充実的な領域社会学へと向かっていく過程を、社会学が個別科学として確立していく過程としてとらえていたといえよう。

一方、社会学の学的状況をある意味で外側からとらえる編集者の視点からみると、当時の学的状況は異なった様相を示す。『社会学辞典』が刊行された一九五八年当時について、編集者は、社会学はまだ個別科学として独立していなかったとみなしている。ここで、編集者のいう「個別科学としての独立」とは、何を意味するのだろうか。おそらくそれは、社会学が日本のアカデミズム全体のなかで市民権を獲得していたか否かということに関わると考えられる。「市民権の獲得」ということもまた一義的には確定できない。ただし、当時の大学における社会学部の数が、他の社会諸科学の名を冠した学部の数と比して圧倒的に少なかったことや、当時社会学はその有意性を他のディシプリンから認知されるかどうかの狭間の時期にあったことを考えると、当時の社会学が日本のアカデミズムのなかで市民権を得ていたとは言い難いだろう。

一九六〇年代以降の学的状況の変化については、富永と飯田は同様の見解を示している。両者はともに、マルクス主義やリベラル社会学（特に、パーソンズの社会理論）が導入され、その後多様化が生じたと指摘している。ただし、こうした変化に対する両者の評価は対照的である。富永は、社会学の多様化について、それによって社会学内のイデオロギー対立が解消されたとして、肯定的にとらえている。一方、飯田はそうした状況を「なんでも社会学」として批判している。彼は、他の学問領域において扱われるべき研究が、社会学と称して一括されてしまうことを危惧しているのである。

一方、九〇年代の社会学について、編集者は「学問として自立できるようになった」とみなしている。九三年時の大学の状況を確認してみると、社会学部の数は五八年時より大幅に増加している。また、九〇年代には大学で開講される社会学関連講義の数も増加している。さらに、他のディシプリンからも、「社会学は、固有に社会学的な領域としての社会的なもの（the social）の専門的経験的な研究になっている」（杉村・天野 1991：480）と指摘されている。

内情はさておき、九〇年代になると、社会学は日本のアカデミズム全体のなかで一定の位置を占めるようになったといえるだろう。

社会学界の内外の視点を参考にすると、戦後日本の社会学は以上のような流れで描くことができる。では、社会学関連辞典を手がかりとすると、戦後日本の社会学はどのようにみえるだろうか。各辞典の執筆陣の構成に注目すると、五八年版では、社会学を専門とはしていない研究者が半数以上を占めていた。これは、五八年版の辞典が「社会学」辞典というより「社会科学」辞典という性格を帯びていたことを示している。一方、福武の記述からすると、当時はまだ、形式社会学の影響がまだ強く残っていたと考えられる。こうした状況は、まさしく富永と飯田が経験した状況に対応している。またこの頃には、パーソンズの理論よりも一足先に、マルクス主義の社会学への導入がはじまっていた。ただし、十分に浸透したとは言い難く、マルクス主義導入の過渡期だったと考えられる。

九三年版では、その執筆陣のなかで社会学を専門とする研究者の割合が増えており、五八年版と比較すると、九三年版は「社会学」辞典という性格が強くなったことがわかる。また、五八年から九三年のあいだには多様な連字符社会学が現れた。こうしたなか、九三年時にはマルクス主義の影響は小さくなり、その一方でパーソンズの理論がすでに本格的に導入されていた。ただし、そのパーソンズの理論もまた全盛の時代は過ぎ去り、現象学的社会学などといった、構造＝機能主義に批判的なパースペクティヴへの注目が高まりつつあった。

そうした状況のなかで／ゆえに、知識というものの扱いに変化が生じたと考えられる。知識は、単に真偽において判断される性格のものとしてだけではなく、われわれの実践を基層から支える、通常われわれによって自明視されているものとしても扱われるようになった。そうした変化にともない、知識社会学は、これまで問題化されることのなかった常識をも対象とするようになり、一方で日常生活世界の基盤にまなざしを向け、他方で「知の知」（森岡他

1993：998）として科学の世界を科学の対象とするようになったのである。

六　おわりに

本章は、主に辞典を手がかりとしつつ、さまざまな視角から戦後日本の社会学知の変容に迫った。しかし、本研究がこの限られた紙幅のなかで達成できたことは、本研究が残した課題に比べれば、微々たるものにすぎない。その課題の一つが、本章において最後に提示した、「知識」それ自体のとらえ方の変容に関するさらなる探究である。本章においては、その一端を掴むことはできたが、ここでの成果はその全貌を把握するには程遠いものである。そもそも、本章においては、連字符社会学を中心とした分析に限定していたため、辞典のもつ豊饒さを十分に生かし切れてはいない。本研究の試論的な性格に一定の意義を覚えつつも、今後さらなる探究に歩みを向けなければならない。

【注】

（1）「領域社会学」とは、「個別の諸領域に特化した社会学」を意味する富永による造語である（cf. 富永 1995：159）。なお、富永は「領域社会学」について、「かつてカール・マンハイムによって〝連字符社会学〟Bindestrichssoziologieと名付けられたもの」（富永 2004：96）と述べている。ただし、たとえば知識社会学について、K・マンハイム（Karl Mannheim）が連字符社会学の一つとして位置づけているのに対し、富永は領域社会学ではないと述べているなど、いくつかの相違がみられる。両概念の差異については、本章においては別段論じない。

（2）具体的には、「〝他者〟としてのペット」「インターネットを活用した講義改良実践」「書くことと主体性――戦後作文教育の実践記録分析」「銀行員の職務犯罪の研究」「タイ社会における女性の経済的役割と性産業」「生命倫理の社会哲学」が取り上げられている（cf. 飯田 2014：170）。

（3）いうまでもなく、法学が社会科学を代表しているというわけではない。法学以外の社会諸科学の辞典において社会学についてどのような記述がなされているのかについても、今後調査していく予定である。

（4）一九三九年に刊行された〔増補版〕にも、「社会学」という独立項目は設けられていない。

（5）一九五三年に刊行された〔追録（Ⅰ）〕および一九五四年に刊行された〔追録（Ⅱ）〕にも、「社会学」という独立項目は設けられていない。

（6）一九七四年に刊行された〔増補版〕および一九七八年に刊行された〔改訂増補版〕においては、記述の変化は確認されなかった。

（7）インタヴューは、二〇一七年九月八日に有斐閣の会議室にておこなわれた。インタヴュアーは、那須壽、柿沼涼平であり、半構造化インタヴューの形式でおこなわれた。貴重なお時間を割いてくださった池一氏ならびにインタヴューの場を提供していただいた有斐閣の方々に、厚く御礼申し上げたい。

（8）池氏へのインタヴューによる（二〇一七年九月八日）。ここでは、前者は『社会学辞典』を指し、後者は『新社会学辞典』を指している。

（9）池氏へのインタヴューによる（二〇一七年九月八日）。

（10）日本社会学会会員名簿については、日本社会学会事務局に保管されているものを閲覧し、照合した。現在事務局に保管されている会員名簿を以下に記しておく。一九三九年一二月、六六年六月、六八年六月、七〇年六月、七三年五月、七四年（追加版）、七六年五月、七九年五月、八二年六月、八五年七月、八八年七月、九一年七月、九四年七月、九八年九月、二〇〇二年八月、〇六年五月、一〇年五月、一四年七月、一八年四月に発行されたものである。事務局の担当者によると、会員名簿は、近年では四年に一度発行されているが、以前は不定期に発行されていた時期もあるとのことである。

（11）池氏へのインタヴューによる（二〇一七年九月八日）。

（12）池氏へのインタヴューによる（二〇一七年九月八日）。

（13）『社会学辞典』と『新社会学辞典』の独立項目の異同を確認するために、見よ項目も含め、算出した。

（14）その一つ一つをここで取り上げることは不可能であるためここでは省略するが、具体的な項目については那須（2016）の二〇五頁以下に掲載されている。

（15）「連字符社会学」という用語は、マンハイムが社会学の形態の一つを表すために用いたものであり、個別領域をもつ分科社会学を意味する。しかし本章においては、「〇〇社会学」のように社会学の名を冠するものはすべて、字義通り、連字符社会学に含むとする。

(16)「(国名)の社会学」は除外して算出した。

(17)九三年版では、「微視的社会学」と「巨視的社会学」は、それぞれ別個の独立項目として掲載されている。一方、五八年版では、「微視的社会学と巨視的社会学」という一つの独立項目として掲載されている。内容的に重視すると判断し、五八年度の「微視的社会学と巨視的社会学」の項目を二項目として勘定した。また、五八年版の「深層社会学」と九三年版の「深さの社会学」は同一内容を指示しているものとして扱った。

(18)「現象学的社会学」は、五八年版にも独立項目として掲載されている。ただし、そこでの記述には、今日現象学的社会学の代名詞ともいえるシュッツへの言及はない。

【引用・参考文献】

福武直・日高六郎・高橋徹編(1958)『社会学辞典』有斐閣
飯田哲也(2014)『現代日本の社会学史』学文社
三沢謙一(1988)「規範的パラダイムと解釈的パラダイム——現代アメリカ社会学のパラダイム革新」新睦人・三沢謙一編『現代アメリカの社会学理論』恒星社厚生閣、335-355.
森岡清美・塩原勉・本間康平編(1993)『新社会学辞典』有斐閣
那須壽(2010)『知の構造変動に関する理論的・実証的研究』(二〇〇七~二〇〇九年度文部科学省科学研究費補助金［基盤研究Ⓑ］研究成果報告書)
——(2016)『学知と社会の関係に関する理論的・実証的研究』(二〇一三~二〇一五年度文部科学省科学研究費補助金［基盤研究Ⓒ］研究成果報告書)
末川博編(1937)『新法學辭典』(上巻)日本評論社
——(1951)『法學辭典』日本評論社
——(1956)『新訂 法學辭典』日本評論新社

——（1971）『全訂 法学辞典』日本評論社

杉村敏正・天野和夫編（1991）『新法学辞典』日本評論社

富永健一（1995）『社会学講義——人と社会の学』中公新書

——（2004）『戦後日本の社会学——一つの同時代学史』東京大学出版会

友枝敏雄・山田真茂留（2005）「戦後日本における社会学の〈知〉の変遷——社会学テキストを素材にして」『社会学評論』56(3)：567-584.

Mannheim, K.（1932）*Die Gegenwartsaufgaben der Soziologie*, Verlag J. C. B. Mohr.（=1976, 朝倉恵俊訳「社会学の現代的課題——その教授形態」樺俊雄監修『マンハイム全集 三』潮出版社）

第十三章　ライフストーリー研究と複数の事実性
――学知と日常知を問い直す方法論としての可能性

関水　徹平

社会科学の大部分は、〝客観的なもの〟を得ようと努める。しかし生活史研究は、比類なく、主観的な領域(the subjective realm)を明らかにする。(Plummer 2001：20)

一　本章の目的――主観的な領域を探究するとはどのようなことか

桜井厚は、冒頭に掲げたK・プラマー(Ken Plummer)の「主観的な領域」の探究という課題を、ライフストーリー研究という形で引き受ける(桜井 1995, 2002, 2012)。だが、のちに対話的構築主義と名づけられた桜井のライフストーリー研究の方法論には、多くの疑問や批判が寄せられてきた(中野 1995：朴 2011, 2016, 2017, 2018：足立 2013；岸 2015)。

主要な批判の一つは、「主観的な領域」と研究者の客観的な視点との関係、とりわけ「主観的な領域」と客観的な事実性をどう関係づけるかに関わる問題である。「主観的な領域」を「客観的事実」に対して自律的な領域と位置づける桜井の方法論に対して、それは事実性の判断を放棄することであり、「歴史をめぐる闘争から撤退することである」という痛烈な批判もなされている(朴 2017：109-110)。

対話的構築主義を擁護する立場からは、対話的構築主義における対話への焦点化の重要性・意義が論じられているものの（桜井・石川編 2015）、この「主観的な領域」の位置づけについて、方法論のレベルで、朴らの批判に対して積極的に応答する議論はなされていない。本章は、ライフストーリー研究の方法論をめぐる、事実性の取り扱いに関する批判を検討し、ライフストーリー研究の方法論上の課題を明らかにしたうえで、批判に応答しうる「主観的な領域」の探究のための方法論を提示することを試みる。

二　対話的構築主義の方法論的特徴

まず、桜井の方法論の特徴を簡単に整理しておく。桜井は、自らのライフストーリー研究法を「対話的構築主義」と呼ぶ。対話的構築主義は、ライフストーリー（人生についての語り）を、「物語世界」（tale world）と「ストーリー領域」（story realm）という二つの位相に分け、その相互関係を分析することで、語り手の生に迫ろうとする。物語世界とは、人生についての語りの「内容」であり、ストーリー領域とは、語り手―聴き手の「関係」に関わる語りである。語られたストーリー（whats）だけでなく、その語られ方、語り手―聴き手の相互的な言語行為（hows）に注目することで、語り手―聴き手の社会関係や、それが語られた内容にどう影響しているのかを分析することができる（桜井 2002：126–127, 138）。

これは二正面作戦である。一方で、文書史料などの経験的《エンピリカル》データに基づいて歴史的現実にアプローチする「実証主義」に対しては、語り手―聴き手関係において対話的に構築されるという「語られた生」の構築性と自律性を主張する（桜井 2002：191–195, 201–203）。他方で、社会的現実の分析を言語の用いられ方（語り）の分析に置き換えようとする「構築主義」に対しては、「語られた生」は、インタビュー場面での相互的な言語行為には還元できない

「生きられた生」を根拠にしている、と主張する（桜井 2002：31-35；2012：74-77）。

桜井にとって、「語られた生」とその基となる「生きられた生」（経験された生）こそが「主観的な領域」であり、それは実証主義的アプローチだけではとらえられず、また言語的表象としてだけとらえることもできない。そのような語り手の「主観的な領域」あるいは「経験」の領域を探究するという目論見が、桜井のライフストーリー研究法の根底にはある（桜井 2012：171）。

三　ライフストーリー研究法への批判と再構成①——中野卓による批判に対して

（一）中野による批判と桜井の応答

対話的構築主義に寄せられる批判の核には、この「主観的な領域」を経験的《エンピリカル》データに基づく客観的な事実性に対してどう位置づけるか、いいかえれば、主観性と客観性をどう関係づけるかという問いがある。桜井の「主観的な領域」の位置づけ方に対する強力な批判者として、桜井の師である中野卓と、オーラルヒストリー研究を進める朴沙羅を挙げることができる。

中野卓は、ライフヒストリーは「私小説や歴史文学のような創作、つまり現実の人生や歴史に虚構を加え、芸術的に再構成されたフィクションからは厳密に区別される」（中野 1995：191）と指摘する。ライフヒストリーにおいて語られる生は、意図的な歪曲や創作としての「虚構」であってはならない。記憶違いや解釈の変化などは生じうるにしても、「架空の生についての想像にもとづく語り」ではなく、あくまで「そのとき経験された生」に基づく語りでなければならない、と強調する（中野 1995：204-211）。

とはいえ、実はこの点について、中野と桜井の見解に大きな相違はない。桜井もまた「自伝的真実」という言葉で、ライフストーリーは、語り手にとって「ほんとう」のこととして経験された生であることを強調している（桜井 1995：242-243；2002：202-203）。

では、中野と桜井の立場はどこが違っているのだろうか。それは、語り手の「主観的な領域」の探究と研究者による「歴史的現実」の再構成との関係のとらえ方である。中野は、歴史的現実について次のように論じる。

歴史記述もまた当然「絶対的に客観的な事実」の再現などではありえないが、歴史的現実を記述した作品として相対的に信頼できる確かさ（信憑性 authenticity）が要求される。個人史の場合、本人が自己の現実の人生を想起し述べているライフストーリーに、本人の内面からみた現実の主体的把握を重視しつつ、研究者が近現代の社会史と照合し位置付け、註記を添え、ライフヒストリーに仕上げる。（中野 1995：192）

中野にとっての「歴史的現実」は「呪術的体験」や「超自然的現実epiphanyの瞬間」を含みうる。それらの現実も「それぞれの個人が経験した多元的現実であり、それらを含む個人史の歴史的現実は、調査者である私自身が話者のライフヒストリーとして編纂し、話者にとってのパーソナルな多元的現実を、私のみる社会史、日本近現代史という歴史的現実の中へ位置付けてきたの」だからである（中野 1995：194）。中野にとって、「日本近代の歴史的現実は、このような人々の個人史にみる多元的現実を包み込んで成り立ってきたもの」である（中野 1995：194）。

中野は、研究者が構成する歴史的現実には、語られた生における「主観的現実」も含まれるのであり、「主観的な領域」を、「歴史的現実」から切り離された独自のリアリティとして位置づけるべきではない、と桜井の立場を批判する。中野は、研究者による「歴史的現実」の記述に、人びとの生きる多元的現実の記述を組み込むことができるし、そうすべきだと主張する。

だが「主観的な領域」を研究者が構成する「歴史的現実」の一部として組み込むべきだ、という主張に桜井は賛同しない。なぜだろうか。桜井が恐れたのは、語り手の「主観的な領域」が、研究者の実証主義的な「歴史的現実」の再構成によって――まさにそれが実証的ではないという理由で――消去されてしまうことだった。それゆえ、「物語世界」を、実証主義的にアプローチされる「歴史的現実」から相対的に独立した領域とみなすべきだ、と主張した(桜井 1995：245；2002：202-203)。

中野自身は、「歴史的現実」の記述にあたって「本人の内面からみた現実の主体的把握を重視」すると述べており、桜井が仮想敵とする素朴な実証主義の立場には立たない。それでも桜井は、中野の主張に対して、次のような危惧を表明する。(1) それは、研究者が「歴史的現実」を再構成する過程で、「生活状況につきまとっているあいまいさや矛盾や主体の開かれた可能性など」が失われることである。つまり、語りのリアリティが「社会科学的データへの変換作業によって統一的な世界像へ構成され、その過程で生の主観的意味は脱色されてしまう危険性」である(桜井 1995：241)。

桜井は、「相対的に信頼できる確かさ(信憑性)」であれ何であれ、研究者の側が何らかの基準を立て、語り手の「主観的な領域」を編集することによって、語り手の「主観的観点」が簒奪されることを危惧するのである。

(二) 二次的構成概念としてのライフストーリー

中野と桜井の立場の違いに、何らかの決着をつけうるのだろうか。中野による批判から問われるべき論点は、研究者の立場から――その意味で客観的な――「信憑性」という基準を立てて「歴史的現実」を再構成することと、語り手の「主観的な領域」を探究することとを、どのように関係づけるべきかにあるといってよいだろう。この問いに、ライフストーリー研究はどのような答えを提示できるだろうか。

ここで参照したいのが、A・シュッツ（Alfred Schutz）の議論である。シュッツの議論は、桜井のライフストーリー研究法にとって、理論的支柱のひとつである。中野の提起した問いを、シュッツの議論にさかのぼって検討することで、ライフストーリー研究の方法論を再構成する手がかりを得ることができると思われる。

シュッツは、人びとに経験される「社会的現実」を把握しようとするかぎり、あらゆる社会科学は、その起源たる行為者の「主観的意味」に言及しなければならない、と主張する。シュッツはこれを「主観的解釈の公準」と呼ぶ。経験されるものとしての「社会的現実」を探究する社会科学者は、「主観的な意味−構造についての客観的概念、ならびにそうした意味−構造についての客観的に検証可能な理論は、いかにして構成されうるのか」という問いに取り組まねばならない（Schutz［1954］1962：62=1983：127）。この問いは、語り手の「主観的な領域」の研究者による取り扱い方という問題とほとんど重なっている。

この問いに対するシュッツの答えは、社会科学とは、日常生活世界を生きる行為者の「一次的構成概念（the first level constructs）」についての「二次的構成概念（the second level constructs）」であり、社会科学者は二次的構成にあたって行為者の「主観的観点」を考慮する必要がある、というシンプルなものだ（Schutz［1954］1962：62=1983：127）。

「主観的観点」を考慮するといっても、その考慮の仕方には異なった立場がある。シュッツの立場と似て非なる立場として、T・パーソンズ（Talcott Parsons）の立場を挙げることができる。両者の立場の相違を明らかにしておくことは、ライフストーリー研究法の検討にとってもきわめて重要である。

那須壽は、「主観的観点」をめぐるシュッツとパーソンズの立場の違いを次のように整理する。パーソンズにとって、科学知と日常知は連続したものであり、科学知は日常知よりも「洗練度」ないしは「精巧度」が高いとみなされている。したがって、社会科学者としての彼にとって、行為者の「主観的観点」を導入するとは、「規範性」という科学的に洗練された「主観的カテゴリー」を導入することにほかならない（那須 1997：126–127）。

一方、シュッツにとって「主観的観点を採用するとはあくまで行為者本人の立場にたつこと」であった。「常識的思考と科学的思考は、決して一方を他方に還元することができない」からこそ、行為者に経験される「社会的現実」を対象とするかぎり、「規範性」のような科学者の「客観的観点」ではなく「行為者たち自身の『主観的観点』を採用しようと試みなければならない」（那須 1997：127–129）。

だが、社会科学者が行為者本人ではない以上、「行為者本人の立場にたつこと」は原理的に不可能である。だからこそ、二次的構成概念の形成にあたって、たえず行為者の「主観的観点」を参照し続けることを要請する「主観的解釈の公準」が提示されたのである（関水 2010）。

パーソンズは、「行為者の観点に立つことの不可能性」を指摘し、一次的構成概念をより洗練された科学的概念によって置き換えることを正当化する。それに対してシュッツは、一次的構成と二次的構成の間に優劣の関係を認めず、社会科学者は一次的構成についての適切な二次的構成を目指すべきであると主張する。

社会的・歴史的事象を研究するうえで当事者の「主観的観点」を採用することは不可欠ではない。シュッツ自身、「社会科学は、社会的現実のなかの人間行動とその常識的解釈を取り扱わねばならないとする立場」以外の見解が存在することを認めている（Schutz［1953］1962：34=1983：86–87）。

だが、ライフストーリー研究が「生きられた生」ないしは経験されたものとしての「社会的現実」を明らかにしようとする以上、当事者の「主観的観点」を参照することは必然である。語り手のライフストーリーを、研究者が論文に引用し分析を加える時、そこでは語りの置かれた文脈に変化が生じており、「主観的な領域」は研究者によって再構成（二次的構成）されている。「生きられた生」を、語り手の主観的な領域として再構成するのはあくまで研究者である。その意味で、中野が述べたように、ライフストーリーを「仕上げる」のは研究者である。

桜井は、「内面からみた現実」に信憑性を認めずそれを「歴史的現実」から排除する実証主義に対して、実証主義的な「歴史的現実」から独立した「主観的な領域」を置く。だが中野の批判とシュッツの議論をふまえれば、桜井が批判すべきは、研究者が「歴史的現実」を再構成することそれ自体ではなく、実証主義的な再構成の仕方であった。

別の言い方をすると、ライフストーリー研究法が強調するべきことは、「主観的な領域」を「歴史的現実」から独立させることではなく、両者がともに研究者による構成物であり、「主観的な領域」を、あくまでも当事者の主観的観点において経験される現実として、研究者が構成することの重要性である。[2]

（三）「主観的観点」を探究すること

中野は、「歴史的現実」の再構成に際して人びとの「主観的観点」を採るというアプローチに自覚的である。それは次のように明確に主張されている。

> 彼らの内面から生活史を聞くことを通して、それを人間的現実として共感をもって理解した結果、われわれが歴史的現実とみなしてきたことの意味を、柔軟に再構成する用意をもち、それらを組み入れた新たな認識のもとに、われわれの生きてきた歴史を解明していきたいのである。（中野 1995：216–217）

ここでは既存の社会学的研究を刷新する可能性をもつものとして「主観的観点」が見いだされている。だが、このような中野の立場も、桜井からみれば、研究者の視点による「主観的観点」の統制を許しており、不十分である。桜井の立場は、突きつめると、研究者による二次的構成の役割を否定し、研究者の視点からの二次的構成とは独立に語り手の「主観的な領域」が探究されうるという主張に至るように思われる。

だが、すでに述べたように、ライフストーリー研究は、語りを語り手自身の文脈から研究者の文脈へと移し替えており、その意味で「語り手の経験そのもの」の記述ではありえない。シュッツが論じたように、行為者の「主観的観点」はあくまで「極限概念」であり、それは研究者の視点から構成される。つまり、ライフストーリーの記述・分析において、語り手の視点と研究者の視点の区別は、研究者自身によってなされている。

したがって、研究者の「客観的観点」と語り手の「主観的観点」の関係は以下のようにまとめることができるだろう。ライフストーリーの記述と分析が、研究者によってなされるからこそ、調査者・研究者の視点と語り手の視点とを峻別することが重要なのだ、と。具体的には、語りの記述・編集の仕方や分析の方針を明示すること、どこまでが語り手自身の解釈で、どこからが研究者の解釈であるのかを研究者の視点から区別しながら記述することなどが挙げられる。

語り手本人の「主観的観点」と研究者の「客観的観点」とは互いに異なった文脈を背負っており、両者が一致したり融合したりすることはけっしてない。ライフストーリー研究者は、語り手のそれとは区別される研究者の立場から、しかしパーソンズのような科学的概念による「置き換え」ではない仕方でライフストーリーを記述・分析する。社会科学者が行為者の「主観的観点」を採用することは、「自明視された日常知の在り方を問うと同時にそうした日常知を前提にしたうえで構築されている科学知の在り方を問う試みに通じている」と那須はいう（那須 1997：140）。

語り手固有の「主観的観点」を真剣に採用しようとすることが、自明視された日常知とそれを前提とする科学知の問い直しにつながる。このように「科学と日常性との緊張関係のただなかに身を置き続ける」からこそ、両者の間に「開かれた創造的循環関係」（那須 1997：188）が成立するのだ。(3)

四　ライフストーリー研究法への批判と再構成②——朴沙羅による批判に対して

（一）　朴沙羅による批判

つづいて、朴沙羅による批判を検討したい。朴は、「事実性の判断を放棄し、過去や現在の事実とその理解のされ方の解明に資するものでない論考は、オーラルヒストリー研究としての価値を持たない」と桜井のライフストーリー研究法を厳しく批判する(4)（朴 2017：109–110）。

朴の批判は、実証主義の立場からの批判だと思われるだろうが、朴自身は「ごく平凡な社会問題の構築主義的なアプローチを採って」いるという（西倉・朴・岸 2018：54）。

だが、社会問題の構築主義が「語り（＝クレイム申し立て活動）」の水準に注目することで、「事実についての語り（知識）」と「事実それ自体」とをどう結びつけるのかという疑念を呼び起こしたことは周知のことである。彼女はこの点についてどのように考えており、どのような立場から対話的構築主義を批判するのだろうか。

朴によれば「事実についての語り（知識）」は、まず素朴に「事実」についての描写として扱いうる（朴 2018：73）。研究者は、それが実際に起きた「事実」についての語りであるかどうかを他の文書資料や口述資料などと照合して検討し、事実確定の手続きをするのだという。これは実証主義的な研究方針だと言えるだろう。

その一方で、「事実についての語り」は、「何が起きたのか」についての「クレイム・メイキング」とみることができる、とも言う（朴 2018：75）。「事実についての語り」は、語り手が何が起きたと考えているかについての、語り手の「知識」を表わす資料として扱うことができるということである。この点で、朴は自らが「社会問題の構築主義」の立場にたつと考えている。

以上を踏まえると、朴のいう「社会問題の構築主義」とは、「事実についての語り」を、人びとの「知識」としてのみ扱い、実際に何が起きたかという「事実」についての判断は保留するという立場ではない。朴は、人びとの語りを出来事についての人びとの「知識」を示す資料（データ）として取り扱い、データに基づいて人びとの「知識」を含めた「事実」の確定を積極的に行なうべきだと考える。朴にとって、文書資料や口述資料などの経験的（empirical）に利用可能な資料こそが「事実」を確定する土台である。この立場を、経験主義《エンピリシズム》と呼ぶことができるだろう。朴はこの経験主義の立場から、経験的な資料から独立した「主観的な領域」を認める対話的構築主義を批判する。

（二）「経験の形態」への着目

朴の提起する論点は、経験的に利用可能なデータから歴史的事実の探究を行なうべきというものだが、「主観的な領域」を探究するライフストーリー研究の立場にとって、語り手の「主観的な領域」は、「経験された生」や「生きられた生」をも含み、それらは経験的に利用可能なデータの範囲にはとどまらない。朴が主張するように、経験的に利用可能な資料の範囲に「主観的な領域」の記述を限定するべきなのかどうか。朴の批判に応えるためには、この「経験的《エンピリカル》な資料」という、朴が事実性の前提とするもの自体を検討する必要がある。

ここで再びシュッツの議論を参照しよう。社会科学が、経験されるものとしての「社会的現実」を探究するのであれば、「経験的《エンピリカル》な観察」という用語の意味を拡張する必要があるとシュッツは論じる。経験的な観察には、「外的世界の諸対象と出来事についての感覚上の知覚」だけではなく、「日常生活の常識的思考が、人間の行為とその所産を、その基層にある動機と目的との関係において理解する」という「経験の形態（experiential form）」も含まれる（Schutz［1954］1962：65=1983：130）。

シュッツの議論は「経験的《エンピリカル》な資料」の位置づけに再考を迫るものとみることができる。発達心理学が明らかにしているように、「見る」ことや「聞く」ことといった感覚上の知覚にも学習が必要である。たとえば、重度の難聴の子どもは、補聴器をつければすぐさま「聞く」ことができるわけではない。補聴器をつけただけで聞こえるのは「ほとんどノイズに近い音の断片」でしかない。補聴器をつけたうえで、対話している相手の表情や身振りや会話の文脈によって、補聴器でとらえた「音の断片」に意味を与える（理解する）訓練をしなければならない。「見る」ことも同じである（麻生 1992）。

このように考えると、「経験的《エンピリカル》な領域」は「人びとが日常生活のなかで自らの経験、とりわけ社会的現実についての経験を組織化する際に依拠する一般原理」（Schutz［1954］1962：59=1983：123）としての「経験の形態」の一部として位置づけられる。つまり、誰にでも利用可能な資料として、事実判断の前提となる「経験的《エンピリカル》な資料」自体が、人びとの社会的現実の中で、言い換えれば「経験《エクスペリエンス》」の領域において構成されるということである。シュッツはこのことを「視界の相互性の一般定立」に関する議論のなかで、より根源的な水準において考察している。

（三）経験的《エンピリカル》な領域の構成

シュッツの「視界の相互性の一般定立（the general thesis of the reciprocity of perspectives）」という考えの概略は以下のようなものである。この一般定立は、二つの理念化からなる。ひとつは「立場の相互交換可能性の理念化」

であり、もうひとつは「レリヴァンス体系の相応性の理念化」である。第一の理念化は、「私とあなたは、おたがいに違う場所に立っているが、同一の対象を経験している」という想定である。第二の理念化は、「私とあなたはそれぞれの生活史的状況に由来する異なったレリヴァンス体系をもっているが、実践上の目的にとっては十分に同一といえる仕方で、対象を選定し、解釈している」という想定である（Schutz [1953] 1962 : 11-12=1983 : 59-60）。

この二つの想定によって、「視界の相互性の一般定立」が構成され、「私は他の人びとと共通の世界を生き、コミュニケーション可能である」と信じることができる。そこでは、私とあなたのレリヴァンス体系に実質的に相即するレリヴァンス体系をもつ人すべてが「われわれ」とみなされる。そして「われわれ」が共通に経験する諸対象は、私個人の主観的な解釈からは「独立している」とみなされ、「客観的で匿名的な」性格を帯びる（Schutz [1953] 1962 : 12=1983 : 61）。

これらの理念化は、アプリオリではなく、他者との対面的相互作用の経験を通じて確立される。客観的にアクセス可能な領域としての経験的《エンピリカル》なデータや諸対象は、この経験《エクスペリエンス》の形式があってはじめて成り立つ。個々人の主観的解釈の恣意をまぬかれた、誰にとってもアクセス可能な領域としての客観的実在の世界もまた、人びとの相互作用の経験を通じて確立される。シュッツは次のように言う。

> 社会的現実は、すでにW・I・トマスが明らかにしたように、その成員が現実であると定義するがゆえに現実である、諸々の信念や確信といった要素を含んでいる。だが、そうした諸要素もまた、感覚上の観察によっては把えることができない。たとえば、十七世紀のセーレム住民にとって、妖術は妄想ではなく、彼らの社会的現実を構成するひとつの要素であった。したがって、それはそのようなものとして、社会科学者の研究に開かれてい

る。（Schutz [1954] 1962 : 54=1983 : 117）

「主観的な領域」を探究する立場からすれば、経験主義《エンピリシズム》という研究方針を可能にする「経験的《エンピリカル》なもの」もまた、人びとの経験《エクスペリエンス》の領域において成り立つものとして、それ自体が探究の対象となる。何が経験的《エンピリカル》で何がそうでないのかの境界づけについて、人びとの経験の領域にさかのぼって問うことが必要なのである。人びとの経験は「主観的観点」から探究される必要がある。またそれゆえに、「主観的観点」を重視する社会学の立場からみると、経験的な資料を所与とする探究は不十分なのである。そして、この経験主義の問い直しは、前述した語り手固有の「主観的観点」を採用することによる、自明視された日常知と科学知の問い直しの一例である。

五　ライフストーリー研究における記述対象の複数性

ここまでの議論を踏まえると、ライフストーリー研究法が記述する対象として、四つの領域を区別できる。第一の記述対象として、研究者が、語り手当人にとっての「主観的な領域」として、語り手の「主観的観点」を参照して記述する領域がある。これは、二次的に構成される「社会的現実」であり、対話的構築主義の用語法でいえば「物語世界」である。(5)

第二の記述対象として、語り手—聴き手の社会関係、相互作用のあり方がある。これは、対話的構築主義の用語法では「ストーリー領域」である。ここで記述されるのは、インタビュー場面でのやり取りやインタビュー関係についての語り手—聴き手双方の理解・解釈についての分析である。

第三の記述対象は、経験的な文書資料・口述資料に基づいて、研究者が——かならずしも語り手当人の「主観的観

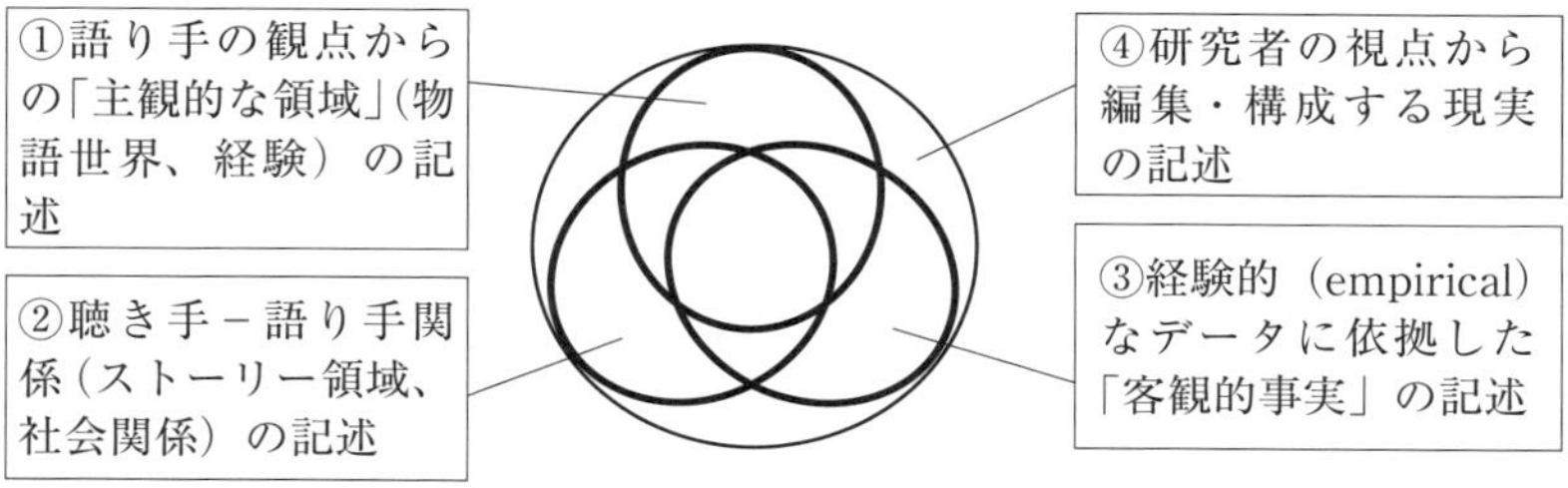

図13－1　ライフストーリー研究における複数の記述の領域

点」を参照せずに——記述する客観的事実ないしは歴史的現実の領域である。これは「何年にどこで何が起きたか」といった事実に関する記述であり、ライフストーリー研究においてもこのような領域が存在しないわけではない。

第四の記述対象は、第一から第三までの記述対象を総合して記述される、研究者にとっての歴史的・社会的現実である。中野が個々人の「多元的現実」を含み込むものと位置づけた「歴史的現実」の領域である。

これらの四つの記述対象の関係は、図のように描くことができる。[6] 中野や朴の批判が示すように、いずれの領域を重視するかによって、社会学的記述のあり方は大きく異なる。とりわけ重要なことは、事実性についてのとらえ方が、それぞれの領域で異なっていることである。③の領域では、経験的な資料が探究の前提になっており、記述の事実性は経験的な資料によって根拠づけられる。それに対して、①の領域では、あくまでも語り手の「主観的観点」にとっての「社会的現実」を記述することが目指されており、そこには虚構と事実の区別はあるがそれもまた語り手にとっての区別として構成される。②の領域について、本章では十分な検討をしていないが、社会関係をとらえる視点を、語り手の側に置くのか、聴き手の側に置くのか、そのいずれでもないのかによって、関係性についての記述の事実性の基準は変わってくる。

そして、これらの諸領域を関係づけ、全体としての記述の方針を打ち立てるのが、

④の視点である。朴の経験主義の立場からすれば、③の領域こそが、④を規制する原理であり、①の領域は、経験的《エンピリカル》な資料に基づき、あくまで研究者の視点から構成される。これはパーソンズの立場に近い。中野は、①の領域の自律性を認めた上で、④において「相対的に信頼できる確かさ」である「信憑性」という基準を立て、それに基づいて①を含めた「歴史的現実」を記述するべきだと主張した。

これらの立場に対して、桜井のライフストーリー研究は、やはり①の領域の探究を、何よりも重視するという姿勢において際立っている。②の領域への着目も、確かに対話的構築主義の特徴であり、研究上の意義も大きい（桜井・石川 2015）。だが、方法論上、論争的でありかつ重要なのは、やはり①の領域であろう。「主観的な領域」を語り手の「主観的観点」を真摯に検討することから、③や④の記述に刷新をもたらすことが、人びとの「経験」に着目するライフストーリー研究の目指すところの一つだと言えるのではないだろうか。

中野が指摘していたように、歴史的現実をどのようなものとして描くかという点に、社会学者の了見が示される。

> 「現実」を再構成して提示することにより、また、その記述提示の仕方自体によって「現実」をどう解釈したかが示されており、またそれを分析する理論的枠組みをもあらかじめ示してさえいるのである。（中野 1995：196）

「主観的な領域」を取り扱う研究が単一の立場に収斂する必要はないだろうが、語り手固有の「主観的観点」に徹底してこだわるライフストーリー研究法は、本章で論じてきたように、自明視された日常知のとらえ返しと社会学知の刷新という二側面から、那須のいう「開かれた創造的循環関係」の展開に今後も寄与するものと考える。

六　結語

本章では、ライフストーリー研究が記述する事実性の領域は複数あることを指摘し、そのなかで「主観的な領域」を分析することがどのようなことであるのかを論じた。ライフストーリー研究は、人びとの「経験（experience）」あるいは「主観的な領域」についての二次的構成を試みる。「主観的な領域」を重視する立場からすれば、「経験」の領域は、「経験的（empirical）なもの」の意味もそこにおいて構成される根源的な領域である。

「主観的な領域」を探究する社会学には、「経験」に注目することの真っ当さとラディカルさがあるように思われる。真っ当というのは、「社会的現実」が私に経験されるものとして現れていることは否定しがたく、この事態を探究の起点とすることは適切なことに思われるからだ。その一方で、この「経験」の領域はそのなかで「現実」がその意味を獲得する領域であり、その探究において、研究者は自らの依って立つ足場（経験主義を含め）を見失いかねない。ここにおいて「経験」の構造を探究し、事実性の成立根拠それ自体を問う現象学的な思考が求められる。

ライフストーリー研究は、語りという一定の構造を手がかりにこの「社会的現実」を探究する方法論である。今後も批判に応答しながら、経験主義的な事実性を否定するのではなく、その成立根拠にさかのぼって経験の領域（主観的な領域）の探究を続け、その方法論を練り上げてゆくことが必要であろう。(7)

【注】

（1）桜井は、中野が「内面からみた現実」に「信憑性」を見いだすのは彼の社会学的・社会人類学的背景のためであり、他の研究者にとってそのような信憑性は成り立たないと考えた（桜井 1995：240）。

（2）倉石一郎は、ライフストーリー研究にとって「『けれども』という逆接的関係で当事者とつながっていることの自覚が、私にはきわめて重要であるように思える」と述べる（倉石 2017：109）。研究者は、研究者の観点からの社会を描く（再構成する）。その際、当事者の観点を採用する必要は必ずしもない。それにもかかわらず、ライフストーリー研究者は、当事者の「主観的観点」というアプローチを採らざるを得ない。これが倉石のいう「逆接」である。

（3）ただし、日常知と科学知の境界については、「当事者研究」や研究者と市井の人との共同研究など、境界づけの困難さが顕在化している局面があるように思われる。この点については稿をあらためて検討したい。

（4）岸政彦もライフストーリー研究における事実性の判断を批判する（岸 2015）。桜井自身が言及するように、岸の論述には対話的構築主義の方法論の曲解だと思われる箇所もある（桜井・西倉 2017：76-77）が、岸は「事実についての語り」を事実から切り離し、「言説」として（鍵括弧をつけて）扱う方法論では、一向に鍵括弧のつかない事実にたどり着くことができない、と批判する。そのような研究は「実態を調査してそれを書く」ことを不可能にする、と指摘する（岸 2015：108）。岸は続けてD・デイヴィドソン（Donald Davidson）の「概念枠そのものという考え方について」を参照する。そして、桜井の方法論は「他者の語りは全面的に翻訳不可能」とするものであり、この方法論に基づくかぎり社会学者は語りについて何か書くことを禁じられるのだとする（岸 2015：204）。この行論はやや強引に思われる。桜井は、語りの翻訳不可能性を主張しているわけではないからだ。とはいえ、岸のこの批判は、前節で検討した中野による批判と重なる部分も大きいように思われる。

（5）桜井がそうしたように、この「主観的な領域」をフィクションという誤解を招きやすい表現で形容すべきではないと考える。それは「経験された生」「生きられた生」の領域であり、ライフストーリーはそれらについての語りだからである。

（6）谷富夫は、ライフヒストリー研究について「実証主義的方法と解釈学的方法を統合する立場こそが経験科学のめざす道である」（谷 2008：17）と主張する。この立場はライフストーリー研究の方法論を検討した本章の主旨と共通する点も多いが、谷の主張にもやはりパーソンズ流の科学的な「主観的カテゴリー」による主観的観点の置き換えという危険がつきまとうように思われる。

（7）本章で提示した分析枠組みからは、語りよりも経験の分析を重視するD・ベルトー（Daniel Bertaux）のライフストーリー分析の枠組み（Bertaux 1997=2003）を（桜井による「解釈的客観主義」という位置づけとは違った仕方で）読み直すことができるように思われる。この点については別の機会に論じたい。

【引用・参考文献】

足立重和（2013）「生活史研究と構築主義――『ライフストーリー』と『対話的構築主義』をめぐって」『社会科学論集』（40・41）：219-231.
麻生武（1992）『身ぶりからことばへ――赤ちゃんにみる私たちの起源』新曜社
Bertaux, Daniel（1997）*Les récits de vie : perspective ethnosociologique*, Paris : Nathan.（＝2003, 小林多寿子訳『ライフストーリー――エスノ社会学的パースペクティブ』，ミネルヴァ書房）
岸政彦（2015）「鉤括弧を外すこと――ポスト構築主義社会学の方法論のために」『現代思想』43（11）：188-207.
倉石一郎（2017）「蟷螂の斧をふりかざす――社会調査における『向真実の時代』への抵抗」『現代思想』45（5）：100-111.
中野卓（1995）「歴史的現実の再構成――個人史と社会史」中野卓・桜井厚編『ライフヒストリーの社会学』弘文堂
那須壽（1997）『現象学的社会学への道――開かれた地平を索めて』厚生社恒星閣
西倉実季・朴沙羅・岸政彦（2018）「二〇一六年度先端社会研究所第六回先端研セミナー（共催：社会調査協会）講演録　ライフストーリーとライフヒストリー――「事実」の構築性と実在性をめぐって」『関西学院大学先端社会研究所紀要』15：43-85.
朴沙羅（2011）「物語から歴史へ――社会学的オーラルヒストリー研究の試み」『ソシオロジ』56（1）：39-54.
――（2016）「生活史における『事実』のために」『Atプラス――思想と活動』（28）：28-42.
――（2017）「幻の『転回』――オーラルヒストリー研究の対象と方法をめぐって」『現代思想』45（20）：100-111.
――（2018）「オーラルヒストリーと社会問題の構築――実証主義的歴史学との比較を通じて」『COSMOPOLIS』12：67-76.
Plummer, Ken（2001）*Documents of Life 2*, London : Sage.
桜井厚（1992）「会話における語りの位相――会話分析からライフストーリーへ」好井裕明編『エスノメソドロジーの現実』

世界思想社
――――（1993）「方法論としての生活史」松平誠・中嶌邦編『講座生活学第三巻 生活史』光生館
――――（1995）「生が語られるとき」中野卓・桜井厚編『ライフヒストリーの社会学』弘文堂
――――（2002）『インタビューの社会学――ライフストーリーの聞き方』せりか書房
――――（2012）『ライフストーリー論』弘文堂
桜井厚・石川良子編（2015）『ライフストーリー研究に何ができるか――対話的構築主義の批判的継承』新曜社
Schutz, Alfred（[1953] 1962）“Common-sense and Scientific Interpretation of Human action,” M. Natanson ed., *Collected Papers I : The Problem of Social Reality*. Martinus Nijhoff.（=1983, 渡部光・那須壽・西原和久訳「人間行為の常識的解釈と科学的解釈」『アルフレッド・シュッツ著作集 第1巻 社会的現実の問題［I］』マルジュ社）
――――（[1954] 1962）“Concept and Theory Formation in the Social Sciences,” M. Natanson ed., *Collected Papers I : The Problem of Social Reality*. Martinus Nijhoff.（=1983, 渡部光・那須壽・西原和久訳「社会科学における概念構成と理論構成」『アルフレッド・シュッツ著作集 第1巻 社会的現実の問題［I］』マルジュ社）
関水徹平（2010）「社会的死の構図――現象学的社会学の視点から」『早稲田大学文学研究科紀要』55（1）：105-118.
谷富夫（2008）「ライフヒストリーとは何か」谷富夫編『新版 ライフヒストリーを学ぶ人のために』世界思想社

終章　A・シュッツと知の社会学
――知の社会学の新たな展開のために*

那須　壽

一　はじめに――シュッツとマンハイム

A・シュッツ（Alfred Schutz）の社会学的および／または哲学的探究は、その多くの部分が、絶えずその精緻化が目指されていた「レリヴァンス」に関する彼の考え方に支えられている。レリヴァンスという観念は、彼の研究生活のごく初期の頃から終生、変わらず彼の関心を惹き続けたテーマであり、しかもそれは、彼のほぼすべての諸著作の根底に横たわっている鍵概念でもあると私には思える。彼は「レリヴァンス」というタイトルの付された初期の手書き草稿に、「レリヴァンスという概念は、社会学と文化科学の中心的概念である。だがこのレリヴァンスという基本的現象は、社会学と文化科学を超えて日常生活にまで及んでいる。その現象は、われわれが存在し生き認識するという経験にまで浸透している」（Schutz 1927-1928/1929：3-4）と書き記しており、また後期の手書き草稿では、「生活世界における企図された行為と決定に関する理論は、その基層に在るレリヴァンス体系の分析を必要とする。そうした理論がなければ、人間行為に関する科学のいかなる基礎づけも可能ではない。それゆえレリヴァンスについての理論は、社会科学の理論にとって基本的な重要性をもっている」（Schutz 1957b：131＝1998：202）とすら明言しているのである。

シュッツの考える「レリヴァンス問題」とは、「思考にとってばかりでなく生にとってもまたあらかじめ与えられている世界の全体性からの選定と関係している」(Schutz 1927–1928/1929：4)。その意味でレリヴァンスは、述語的領域における経験の組織化だけでなく前述語的領域における経験の組織化にもまた関わっている。このことは観方を変えて言えば、レリヴァンスは、対象や出来事の構成に関わっており、意識の流れの組織化に関わっており、それゆえにまた状況の定義にも関わっているということである[1]。そうであるならレリヴァンスは、対象や出来事を知り経験する際の規制原理であり、だがそればかりでなく、対象や出来事を知り経験するその当の主観を知り経験する際の規制原理でもあり、その意味で、現実を構成する際の規制原理であり、また同時に対象、出来事、主観がそのなかに位置づけられる状況を定義する際の規制原理でもあると言うことができる(cf. Srubar 1994：那須 1997, 1999)。

以上で概述した考え方は、社会学的探究のためのひとつのパースペクティヴ、すなわち諸個人とその社会的行為、諸個人間の社会関係、諸個人の社会的行為と社会関係に基礎づけられた社会現象について、それらを知という観点から探究するためのパースペクティヴを導くことになろう。そうしたパースペクティヴのことを、ここで広義の「知の社会学」と呼んで差し支えないだろうし、シュッツの仕事の社会学的位相に着目すれば――のちに明らかになるだろうように――彼のことを知の社会学者と呼ぶことすら可能であろう。

だがシュッツは、知の社会学という表題のもとで自らの議論を展開してはいない。とはいえ彼は、時おり「知の社会学」について、しかも異なった二つの知の社会学について語っている。そのひとつは、「誤ってそう称されている知の社会学」であり、もうひとつは、「自らの真の課題に気づいている知の社会学」である(cf. Schutz 1946：121＝1991：172；1953a：15＝1983：105；1955：347＝1985：187；1957a：249＝1991：333；1957b：121＝1998：191)。シュッツによれば、前者は知の社会的配分を自明視しているか、あるいはそれを取り上げているとしても、ただ単に、真理は社会的、とりわけ経済的条件に依存しているとする真理のイデオロギー的基盤という視角から、あるいは教育の社会的含意という視角から、または知識人の社会的役割という視角から、知の社会的配分という現象にアプローチしているにすぎない（cf. Schutz 1946：121=1991：172；1953a：15=1983：63）。他方、後者は、自らの議論自体もそれに基づけられている知の社会的配分という問題に対して、それが値するだけの注意を払いながら、他の人びとを理解することに関係した常識的な構成概念の分析を試みようとする、「知の社会学という名称を与えるに真にふさわしいであろう理論的、経験的な研究の新しい分野」（Schutz 1953a：15=1983：105）のことを指している。

シュッツは、誰が展開している知の社会学が前者に当てはまるのか特定してはいないし、そうした社会学に対する批判を取り立てて展開してもいない。だが、すぐ前で確認した「誤ってそう称されている知の社会学」に関する彼の論述から判断すると、それは、なかでもK・マンハイム（Karl Mannheim）の知の社会学であろうと推測できる。マンハイムの知の社会学では、思想と思惟を、存在しているそれらの社会的諸条件にそれらを「関係づける」ことを通して説明すること、あるいは解釈することが目指され、そしてそこでのマンハイムの関心は、たしかに知のイデオロギー的な「歪曲」に向けられており、しかも教育と知識人（いわゆるインテリゲンチア）に多大な関心を払っているからである。(2)

知の社会学というパースペクティヴそれ自体については、「自ら知の社会学という名称を名乗り、学問体系上の位置づけを与え、自覚的にこの仕事に取り組んだ」（徳永 1976：17）という意味で、その創始者はM・シェーラー（Max Scheler）であると言うことができるだろうが、少なくとも我が国の社会学者が知の社会学について語ろうとするとき、つねに、そしてまず問題にしてきたのは――マンハイムによる特徴づけ（cf. Mannheim 1925：333ff.=1973：96ff.）を踏襲してのことだと推測できるが――「現象学的知の社会学」という名を冠されて語られることさえあるシェーラーのそれというよりもむしろ、たしかにマンハイムのそれであった（cf. 秋元 1997：269；1999：

120）。

マンハイムを知の社会学へと導いていったであろう彼の着想は、一九二八年にチューリッヒで開催された第六回ドイツ社会学会大会で彼が報告した論稿のなかにみることができる。彼はこう述べている。

哲学的にみれば物事は別様にみえるかもしれないけれども、社会科学の観点からみれば、あらゆる歴史的、世界観的、社会的な知は――たとえそれが絶対的な正当性と真理性そのものであるべきだとしても――自分たちの世界解釈を公的な世界解釈たらしめようとする特定の具体的集団の権力と妥当性とへの欲求に根ざしており、またそれによって担われてもいる。（Mannheim 1929：173＝1975：148：傍点原著者）

知について哲学的にではなく社会科学的に問おうとすれば、知一般というよりもむしろ歴史的、世界観的、社会的な知という位相に照準したうえで、しかもそれらの知が「特定の具体的集団の権力と妥当性とへの欲求」に根ざしており、またそれによって担われてもいるという事情に着目し、その「根ざし」「担われている」――あるいはここで「拘束されている」と言い替えても良いと思うが――具体的な有り様を明らかにすることが目指されねばならない、という着想である。のちに彼は「知の社会学」を以下のように簡潔に定式化している。

知の社会学とは、……理論としては知のいわゆる「存在拘束性」についての学説を樹立、建設し、また歴史―社会学的研究としては、そういう「存在拘束性」を、過去や現在の種々の知識内容に即して明らかにしようと努めるものである。（Mannheim 1931：227＝1973：152）

こうした定式のもとで営まれるマンハイムの知の社会学は、すでにこれまでにもいくつかの批判にさらされてきた。たとえば、彼の知の社会学は、認識論的混乱に陥っているといった批判や、社会構造と知との関係を明確に記述・分析することに失敗しているといった批判、あるいは彼の知の社会学にとって鍵概念のひとつと言って良い「存在拘束性」をめぐる彼の議論は根本的に多義的であるといった批判、また相対主義のパラドックスを解決することに失敗しているといった批判、さらには彼の知へのアプローチは意識を欠いた存在と存在を欠いた意識という想定に基づく還元主義に陥っているといった批判などである（cf. Merton 1941；Elias 1971；澤井 1992；1995a；Psathas 2003）。シュッツに関して言えば、先に述べたように、彼は取り立ててマンハイムの知の社会学に関して批判的議論を展開してはいないが、F・フォン・ハイエク（Friedrich von Hayek）の知の理論に関する――のちに確認するような――彼の批判（cf. Schutz 1936）や、先に確認した「誤ってそう称されている知の社会学」に関する彼の記述から判断すると、彼は、マンハイムの知の社会学が知に対して還元主義的な接近をしていることに失望していたであろうことは容易に推測できる（cf. Nasu 2008）。

二　マンハイムの知の社会学を解釈学的に再解釈する試み

一九七〇年代後半、マンハイムの知の社会学を再解釈することによって、かつて投げかけられていた「還元主義」とか「発生論的誤謬」といった批判からそれを救い出して復活させようとする試みが、研究者たちのあいだでなされ始めた。それらの人たちは、マンハイムのテキストを注意深く研究し、彼の議論のなかから多くの解釈学的な論述を拾い出すことによって、彼の知の社会学は還元主義的であるというよりもむしろ解釈学的であることを明らかにしようと試みている。

たとえばA・P・サイモンズ（A. P. Simonds）である。彼は、多くのトピックを取り上げて自らの議論を展開しているけれども、ここではそのうちの四つのトピックに目を向けてみよう。第一に、彼がマンハイムの知の社会学に関して、それは「歴史的事実と出来事を本来の形で（authentically）、すなわちそれらのもつ意味という観点から把握することに関心を向けている」（Simonds 1978 : 37 : 傍点筆者）と主張している点である。マンハイムはそれゆえに還元的な方法ではなく解釈的な方法を第一義的に採用している、というのが彼の主張である。彼によればそうした課題は――マンハイムもそう信じていたとのことであるが――異なった二つの方向での探究によって適切に達成できる。そのひとつは、個々の作者が自らの作品に意味を付与する際の個々の意図的行為を捉えようとする探究であり、もうひとつは、そうした意図的行為が反映し、また前提にしてさえいる、より広範ではあるが依然として歴史的に個別的で社会的に構成され共有されている、相互主観的な意味の連関（コンテクスト）を捉えようとする探究である（cf. Simonds 1975 : 83 ; 1978 : 21, 37, 112）。

サイモンズは、マンハイムが知の社会学について、それは有意味的な社会的行為をひとつのテクストとして探究すべきであり、そしてそうした探究は、それが内属する意味連関が把握されたのちに初めて可能になると考えているとみなしている（cf. Simonds 1978 : 113）。それゆえに彼は、マンハイムの知の社会学は還元論的な社会学ではなく解釈学的な社会学として特徴づけることができると結論づけることになる。

第二に、マンハイムは、階級には意見や思想が付随していると語ったことは決してないし、どんな社会集団にも意見の不一致が存在することを否定してもいない、とサイモンズは主張する。彼によれば、マンハイムの構想する知の社会学にとって重要なのは、ある社会集団（あるいはある社会的位置）のメンバーの表出に共通している内容を当の社会集団に帰属させることと、それらのメンバー間で共有されている共通の意味連関を当の社会集団に帰属させることとを区別することである。マンハイムの知の社会学にあっては、「共有されている意味」という観念と「コンセンサス」という観念とは同義ではない。マンハイムは、共有されている意味を「共通の意味」としてではなく、思惟と表出において前提にされている事柄からなる「概念枠組」として捉えており、彼が用いる「ドキュメント的意味」「思考スタイル」「世界解釈」もまたそうした概念枠組である、とサイモンズは主張している（cf. Simonds 1978 : 18, 25–32, 123)。

第三に指摘しておきたいのは、サイモンズがマンハイムの知の社会学を再帰性という文脈で特徴づけている点である。彼はこう述べている。知の社会学は、理解されるべき表現の著者の社会的コンテクストを問うばかりではなく、理解しようとしている観察者の社会的コンテクストをもまた問わねばならない、というのがマンハイムの知の社会学にとっての本質である。さらにマンハイムの立場からすれば――とサイモンズは主張しているが――社会的コンテクストに関する観察者の理解が適切に成し得るのは、そのコンテクストを絶対化することによってではなく、それを批判的探究の対象にし、観察者が理解したと主張したい「他者」との対話的関係へと開くことによってである。それゆえサイモンズによれば、知の社会学についてのマンハイムの考え方は、H・G・ガダマー（Hans-Georg Gadamer）が「影響作用史的意識」の課題とみなした「地平の融合」という考え方と異なるものではない（cf. Simonds 1975 : 100-101 : 1978 : 92)。

最後に、サイモンズがマンハイムの知の社会学を解釈的方法として特徴づけたことから帰結する、文字通りの解釈替えについて指摘しておこう。彼は、そのような特徴づけに基づいて、マンハイム自身は実際、知の社会学を経済社会学、宗教社会学などと同じひとつの連字符社会学とみなしていた（Mannheim 1932 : 15=1978 : 284）にもかかわらず、「知の社会学は連字符社会学としてではなく、社会科学の性格それ自体を尊重しようというひとつの主張とみなされるべきである」(Simonds 1975：99) とまで主張することになった。

以上で確認してきたサイモンズによるマンハイムの再解釈は、たしかに一定程度、説得的である。また彼自身がそれを「解釈学的」な再解釈であると称するその所以も、意味の解釈を、しかも再帰性という文脈での意味解釈を探究のための最重要なプロセスとみなしている点に着目してみれば、たしかに納得することができる。だが、サイモンズの再解釈によって描き直されたマンハイムの知の社会学は、はたして還元主義を乗り越えていると言えるだろうか。マンハイムの知の社会学は歴史的事実や出来事の意味を解釈する試みであると解釈され得るにしても——すぐ前で確認したように——個々の有意味的な行為が内属する社会的な意味連関が把握された「のちに初めて」それらの有意味的行為は探究され得るとみなされている以上、また社会集団への帰属が問われるのは、当該集団のメンバーの表出に共通する「内容」ではなく、「共有された意味のつくる共通のコンテクスト」であると解釈されるにしても、いずれにせよそれらの「社会集団（あるいは社会的位置）」への帰属が問われるとみなされている以上、さらに、解釈されるべき表現の著者に対してだけでなく、それを解釈する観察者（知の社会学者）にも眼差しを向けるべきであるという立場に立つと解釈され得るにしても、そこで問われるのは社会的コンテクストであると、何の注釈も加えられないままにあらかじめ限定されている以上、サイモンズの再解釈を経て提示されているマンハイム流の「解釈学的知の社会学」は、依然として、先に確認した第六回ドイツ社会学会大会でマンハイムが表明した知の社会学の嚮導理念の枠内に留まっており、それゆえにまた還元主義への道も開かれたままであると言わざるを得ない、と私には思える。

たしかにサイモンズの再解釈によって、マンハイムが知の社会学の中心テーマとして問おうとしていた知の「存在拘束性」は、「規定性ないし決定性という意味での存在拘束性ではなく、〝対応〟(Entsprechung / correspondence) として特徴づけられる存在拘束性であった」(cf. 秋元 1973：386) という事情が、しかもそれが「意味」という位相での「対応」であるという事情が、説得的な形で明らかにされてはいる。だが、ここで改めて確認しておかねばならないのは、第一に、「規定性」「決定性」から「対応」へと、さらに意味の位相へと視点を移すことによって、知と存在の関係の実際的な在り方、すなわち作用・被作用の実質的な在り方をあらかじめ想定することから解放されることになったとしても、その「対応」の実質的な在り方の特定はすべて経験的探究に委ねられると想定されているわけではなく、そこでの探究は依然として、現存している要素としての社会集団（ないしは社会的位置）を起点にした一方方向での意味的な関係、すなわち知の社会集団への意味的な帰属を問うことへと、あらかじめ方向づけられ枠づけられているという点である。第二に、知と社会集団の「対応」関係を明らかにしようという知の社会学の問いは、そこでその関係が問われることになる二つの項、すなわち「知」と「社会集団」は、すでに出来上がって現存していると、あらかじめ想定することによって初めて成り立つ問いであるという点である。

　だがはたして知と存在との関係は、そうした枠組のなかにある問いへの回答を模索することによって十全たる形で解明することができるのだろうか。日常知であれ科学知であれ、或る知は、それを知たらしめる契機、その知が知として立ち現われてくる契機ないし過程を経てはじめて知たり得るのではなかろうか。存在もまた同様に、知がいま関係している対象としての存在であれ、知がかつて関係していた対象としての存在であれ、いずれにせよすべて自存的存在としてすでにそこに在る、あるいは在ったと想定するだけで事たりるのだろうか。或る存在は、知という契機を経てはじめて私の前に立ち現われてくると考えることはできないのだろうか。すなわち、従来のように知を存在にではなく、それとは逆に存在を知に帰属させるという方向性をもって両者の関係を問うことはできないのだろうか。そして何よりも、すでに出来上がっていま目の前に存在している知、それゆえ自存的存在という資格を無根拠のままで与えられている知から探究を開始する場合、その道をひたすら突き進むその先にあるのは、実体化されていま在る知だけを知であるとみなし、知が本質必然的に伴っている地平構造を切り詰めてしまうという誤った道なのではなかろうか。

知と社会的存在との関係を問おうとする知の社会学が自らの課題を十全たる形で遂行するためには、これらの問いかけを念頭に置きながら、それゆえ知の社会学の展開可能性を探るという枠組のなかで、知が知であることそれ自体について、あるいは知の在り方それ自体について考えてみるべきだろう。

三　知の理論――シュッツとハイエク

シュッツは、知の社会学に関するまとまった論稿を残してはいない。だが彼にとって知の問題は、レリヴァンス問題に向けられた関心と手を携えながら、彼の研究生活のごく初期の頃から終生、変わることなく彼の関心を惹き続けた。一九二八年一二月のミーゼス・セミナーで報告するために書かれた草稿のなかですでに、「人間行為についての知、とりわけ社会的に方向づけられた行為についての知が社会学の主題である」と言い切り、さらに「われわれが他者についてもっている知は、自らの行動にとってレリヴァントな知だけである」とも明言している（cf. Schutz 1928 : 75-76）。そして最晩年、彼が二冊目の書物のために一九五八年に書き記したメモ、ノートをもとに、彼の高弟T・ルックマン（Thomas Luckmann）が最終原稿を仕上げて刊行した『生活世界の構造』（Schütz and Luckmann 1975/1984=2003）をみれば明らかなように、彼がその書物で論じようとしていたのは、まさしく「知」と「レリヴァンス」と「生活世界の構造化」というテーマだったのである。

知とレリヴァンスをめぐるシュッツの探究を導き支えたのは、いうまでもなくE・フッサール（Edmund Husserl）やH・ベルクソン（Henri Bergson）といった哲学者たちとの「対話」であった。だが、彼が知の問題に関する探究を進めていったいまひとつの、しかもきわめて重要な経路は、経済学者F・フォン・ハイエクとの「対話」であったと私には思える。

一九三六年一〇月、当時ロンドン・スクール・オブ・エコノミクスの教授であったハイエクは、生まれ育ったウィーンで「知と経済」をテーマにした講演を行い、ミーゼス・セミナー以来の友人であったシュッツも他の友人たちと一緒にその講演会に出席していた。ハイエクはその講演原稿の写しをシュッツに手渡し、そしてシュッツは、それに関するコメントをハイエクに送ることを約束した。だが、その約束が果たされることはなかった。しかしシュッツは、ハイエクのそのウィーン講演をきっかけに書いたと思われる、「国民経済学――社会生活における人間の行動」というタイトルの付された手書きの草稿を残している。(3)

たしかにシュッツはその論稿のなかで、ハイエクのその講演を引き合いに出しながら議論を展開しているわけではない。だがその草稿でのシュッツの議論を支えているひとつの柱は、その内容から判断して、ハイエクのそこでの議論にあると言って間違いない。そこでまず、ハイエクはいかなる問題関心のもとに知を取り扱っていたのか、また彼は知をどのように概念化していたのかを、彼の講演原稿に基づきながら、また関連する彼の別の論稿をも合わせて参照しながら確認しておこう。

(一)知と「社会秩序」

限界効用理論に連なる経済学者としてのハイエクにとって、「市場」を「知の利用システム」と捉えたうえでその「均衡」の在り方を問うことが彼の中心的な課題のひとつであった(cf. Hayek 1994 : 80＝2000 : 72)。そうした問題関心に支えられていた彼のウィーン講演は、「それぞれの個人が、自分たちの行為を調整し均衡を実現するには、どのくらい多くの知を、またどのような種類の知をもっているべきなのか」という問いへの回答を模索することに向けられることになる。それはひと言でいえば、知という観点からなされる市場の組織化をめぐる探究であり、そしてそこでは知は、人と人とを結びつける媒体とみなされているということである。

実際、ハイエクのその講演における目論見のひとつは、「社会の様ざまな成員が知についてもっている想定や命題が経済分析に当たって果たす役割」について「主題的に」論じ（Hayek 1937 : 33＝1990 : 49）、それを通して、「完全市場」を――L・フォン・ミーゼス（Ludwig von Mises）がそうしたように――あらかじめ想定するというのは、「均衡」がすでに存在し、人びとのあいだの行為の「調整」問題もすでに解決されていると想定することの別の言い方であり、それゆえ「純粋な均衡分析の同義反復的な諸命題それ自体は、社会の諸関係を説明することに直接、適用することはできない」（Hayek 1937 : 35＝1990 : 52）と主張すること、すなわちミーゼスの「市場の理論」を特徴づけている――とハイエクには思えた――アプリオリズムを批判することでもあった。

そうした関心から取り扱われる彼にとっての知の問題とは、市場における個人間の行為の調整に関わる問題であると言うことができる。ただしウィーン講演の射程は、市場という局面に限定されているわけではなく、市場もそのなかに含まれる実際の「社会過程」へと拡大され一般化されている（cf. Hayek 1937 : 41, 47＝1990 : 59, 64）。彼は、市場に視点を定める経済学の領域での研究は、他の社会諸科学における研究に比べて、「個々人のもっている知の断片をどのように結び合わせれば、単一の個人ではもつことのできない知がそのためには必要とされる諸帰結をもたらすことができるのだろうか」という「社会科学の中心問題」により接近できたと語り（cf. Hayek 1937 : 52＝1990 : 72）、さらにその講演で提起した自らの構想を引き継ぎ発展させることによって、「市場における知の利用」ではなく「社会における知の利用」を主題にした論稿を発表してさえいる（Hayek 1945）。I・K・ヘリング（Ingeborg K.

Helling）が、ハイエクはこのウィーン講演によって「知の社会学」を呈示しているのも（cf. Helling 1988 : 60）、いま述べた事情に目を向けてみれば十分に納得できる。

　ただしここで指摘しておかねばならないのは、ハイエクが、「人びとは、いかにして自分たちの行為を調整して期待される事態をもたらすのか」という問いに答えようとする際には、人びとの行為の調整を媒介する個々人の「知」のあいだの調和ないし一致はいかにして達成されるかと問うことは――その問いの射程が「知」だけに限定されている限り――「何の役にも立たない」と述べている点である。「個々人が利用しなければならない環境についての知はすべて、個々の個人がもっている不完全でしばしば矛盾する知の切れ切れの断片としてのみ存在する」という考え方に立脚しているハイエクにとって、人びとのもっている知は、それゆえに両立することもしないこともあると言わざるを得ないからである（cf. Hayek 1937 : 43＝1990 : 61 : 1945 : 519, 530＝1990 : 110, 127）。

　もしそうであるなら、そしてそれにもかかわらず、社会過程の「均衡」を達成、維持するための基盤を――ハイエクがそうであるように――人びとが自らのもっている知を媒介にしながら行為を調整していくことに求めようとするなら、そうした人びとの知が行為を調整するのに十分な程度に「対応」すること（correspond）は何によって担保されるのかが問われなければならないことになる。このことに関してハイエクは、人びとがそれぞれにもっている知は、それが「同一の客観的な諸事実」ないしは「外的な諸事実」についての経験に依っているのでない限り、「対応」することはあり得ないと明言している（cf. Hayek 1937 : 43＝1990 : 61）。このことは逆に言えば、ハイエクは、人びとがそれぞれにもっている知は、同一の外的・客観的な諸事実についての経験に基づく限り「対応」しているはずだと考えているということになる。実際、彼は、社会過程について説明しようとする際には、「個人の思惟の外的世界との関係に対して、また知はどの程度、またいかに、外的世界に対応している（correspond）のかという問いに対して、関心を向けねばならない」(Hayek 1937：46＝1990：64) と述べている。

これまでハイエクの論述を辿りながら確認してきた、知に関する彼の考え方の特徴を、ここで本章との関連で改めていくつか要約的に再確認しておこう。第一に、ハイエクは、「知の利用システムとしての市場」における諸個人間の行為の調整について論じるために、人と人とを媒介するものと彼が考える知について論じようとしていたということ、そして第二に、人びとのもっている知は不完全でしばしば矛盾していると考えていたということ、それゆえ第三に、実際の社会過程について探究しようとすれば、人びとのあいだの行為の「調整」問題はすでに解決されている、それゆえ人びとのもっている知は相互に対応して人と人とを実際に媒介していると――ミーゼスがそうしたように――あらかじめ想定することから探究を開始してはならないと考えていたということ、そして最後に、人びとがそれぞれにもっている「不完全な知」が、それらの人びとの行為を調整するのに十分な程度の対応関係にあることを担保するのは、それらの知が同一の客観的・外的事実に「対応」しているという事情であると考えていたということ、以上である。

(二) 知の「不完全性」

いま確認したハイエクによる知の捉え方を念頭におきながら、知についてのシュッツの考え方に目を向けてみれば、両者の知の捉え方は一見、類似しているようにもみえる。たとえば、シュッツが知の探究へと向かっていったのは、ハイエクが「市場」という実際の社会過程において「均衡」が達成されるという事情について探究するために「知」の問題を取り上げたように、生活世界が組織化され構造化されているという事情を明らかにするためであった (cf. Nasu 2008)。このことは、シュッツが一九五二年のニュースクールで開講していた「知の社会学の諸問題」という講義の学期末レポートのテーマのひとつとして、「知の類型と社会秩序」を指示していることのなかにも端的に現われている（Schutz, 1952）。またシュッツは、「われわれは、生活世界のすべての次元を知の光をもって見通すことはできない」（Schutz 1970：148＝1996：208）と断言しているが、そうした彼の主張は、われわれのもっている生活世界についての知は「不完全」であるという主張に通じている、あるいは基づいていると言うことができ、もしそうであるなら、われわれのもっている知それ自体に関するシュッツの見解は、先に確認したハイエクによる「知の不完全性」に関する主張と類似しているようにもみえる。

だがそれらは、単に類似しているようにみえるだけである、と私には思える。実際の「社会過程」における人びとの行為の調整について知との関連で議論することと、「生活世界」の組織化と構造化について知との関連で議論することとの類似点と相違点に関しては、本章の射程をはるかに超える議論が必要であり、それゆえにここでは、本章のテーマと直接的に関係する「知の不完全性」に関する両者の主張に限定して議論を進めることにしたい。

ハイエクは――先に確認したように――「われわれが利用しなければならない環境についての知は、それぞれの個人がもっている不完全な知（incomplete knowledge）の切れ切れの断片としてのみ存在する」と断言している。では彼は、どのような考え方を背景にそのように断言するのだろうか。また、どのような知を「不完全な知」と考えているのだろうか。それに対する回答は、彼が個々人の知の「不完全性」について述べたその直前と直後で、「社会全体（the whole society）についてのデータが一人の人間知性に対して与えられるということは決してない」と述べ、「社会にとっての経済問題とは、誰に対してもその全体性（totality）においては与えられていない知をいかに利用するかという問題である」（cf. Hayek 1945：519-520＝1990：110；傍点引用者）と述べていることから得ることができるように思える。

まず、ハイエクは「完全な知」という知の在り方を想定したうえで、それとの対比のもとで「不完全な知」について語っていることに注目しよう。「社会全体」についての知、あるいは「関連する知の総体」を「完全な知」と想定したうえで、実際にそれぞれの個人がもっている知はすべて「不完全な知」であるとみなしていたということである。それゆえに彼が言及している「不完全な知」とは、第一に「社会全体」を視野に収めてはいない知のことであり、第二に、「任意の社会に存在する知の総体がその社会の成員のあいだに分断され分散されている」(cf. Barry 1979 : 10 =1984 : 14 : 傍点引用者)知のことである。

このことを確認したうえで指摘しておきたいのは、第一に、ハイエクが「社会全体」についてのデータないし知といったものの存在を想定し、また「ある社会に存在している知の総体」といったものを想定しているという点である。彼は実際、「諸個人が、自分の追求している結果を得るためには持っていなければならない知の量(amount)を定義することは可能である」(Hayek 1937 : 51 = 1990 : 71)とも明言している。そうであるなら、彼にとって「不完全な知」とは「制限・限定された知」(limited knowledge)のことであり、「完全な知」とはまさしく、「社会全体についての知」あるいは「社会に存在している知の総体」のことであるということになる。[4] とはいえ彼は、そのいずれかの意味での「完全な知」が人びとによって実際に獲得され得ると想定しているわけではない。そしてそれが、人びとのもっている知は実際にはすべて「不完全」であると彼が断言したその所以である。

第二に、もしそうであるなら、そうした意味での「知の不完全性」は、可能性としては解消可能であるということにもなる。「全体」ないし「総体」を想定したうえで、その「一部分」だけに関わっているという意味で「制限・限定されている」ことが「不完全」であることの謂であるなら、たとえばそれぞれの個人がもっている「切れ切れの断片」としての知を寄せ集め、あるいは新たな知を積み上げていくことを通して、その「一部性」を徐々に縮小させせながら次第に限りなく「全体性」へと近づけていく、すなわち「完全な知」を獲得していく可能性について語ることが可能になってくる。というよりもむしろ、それについて語り得ることこそが、「知の利用」というハイエクの議論を成り立たせる根拠でもある。

そのことの系として、第三に、ハイエクの言う「知の不完全性」は、まさしくそれゆえに、われわれ人間が手にする知に伴っている本質必然的な性格であるわけではない、ということを指摘しておかねばならない。彼が取り上げようとしている知は、一方の「完全な知」の極と、他方の「不完全な知」の極とからなるスペクトラムのどこかに必ず位置づけられ得る知であり、したがって知の不完全さの程度あるいは段階について語ることができるといった類の知なのである。こうした発想に基づくことによってはじめて、すぐ前で述べた、ハイエクにとってはもっとも重要なテーマである「不完全な知」から「完全な知」への漸次的移行について語ることができるようになる。

最後に、ハイエクが照準しているのは、すでに出来上がって「知」として存在し、伝達されるために蓄積されている「知」に限定されているという点を指摘しておきたい。たしかにハイエクは、均衡を実際の社会関係として説明しようとすれば、「知はいかにして獲得され伝達されるのか」について明瞭にしておかねばならないと述べている（cf. Hayek 1937 : 33=1990 : 49）。だがそこで言われている「知の獲得」とは、すでに出来上がって伝達する・されることの可能な知を獲得することであり、経験を通して知が知として立ち上がってくる、いわば知の生成ないし発生をめぐる諸事情、すなわち「実際の経験がレリヴァンスと類型性に従って、それ自体が実際の状況の規定と実際の経験の解釈に入り込んでいる意味構造のなかに沈澱していく」（Schütz and Luckmann 1975/1984=2003 : 173=2015 : 254）という諸事情がそこで意味されているわけではない。ハイエクの論述のそこ・ここで、「知」と「情報」とが相互に交換可能な形で用いられているように思える個所に出会うのは、まさしくそのためであろうし、彼が市場の均衡について論じる際には、「知の利用」(utilization of knowledge) というトピックがきわめて重要になってくるのもまた、そのためであろう。[5]

(三) 知の「空隙」

以上のような「知の不完全性」に関するハイエクの考え方を念頭におきながら、シュッツの「知の不完全性」に関する議論に目を向けてみれば、何よりもまず第一に気づくのは、シュッツの議論にあっては、「知の不完全性」が「生活世界の本質的な不透明性」との関連で語られており、それゆえにその「知の不完全性」もまた、人間にとっては本質的なものとみなされているという点である。ハイエクにとっては焦眉の問題のひとつであった「不完全な知」から「完全な知」への漸次的移行は、それゆえシュッツの議論にあっては——少なくとも本章での関心に照らしていえば——必ずしも第一級の重要性をもったテーマではあり得ない。シュッツにあっては、そもそも知の在り方に関して、「社会全体に関わる知」とか「知の総体」といった観念は成り立ち得ず、それゆえハイエクの意味での「完全な知—不完全な知」といった二分法は成り立ち得ない。というのも、シュッツの立場から言えば、第一に、或る対象についてわれわれがもっている「知にはムラがあり、知られているもののなかに知られていないものが存在している」(Schutz 1970 : 151-152＝1996 : 212) からであり、第二に、「あらゆる多様性のなかに在るこの世界の全体性は、人間にとって根本的に理解不可能」(傍点原著者) であり、そしてそうであることは、「世界内にいる人間の存在論的条件の実存的な系」と言えるからである (cf. Schutz 1970 : 130-131＝1996 : 184-185)。

われわれがいつもすでにそのなかで、それに対して、またそれに基づいて自らの日常生活を営んでいる日常的な「生活世界」は、「本質的に不透明」(opacity) である。われわれは、生活世界のすべての次元を知の光をもって見通すことはできないということである。しかもわれわれは、そうであることを知っており、また確信してもいる。そうした確信は、シュッツもそう断定しているように、「人間のあらゆる知に備わっている実存的要素」なのである（cf. Schutz 1970：148＝1996：208）。

ただし、「知の光をもって見通すことができない」すなわち「知られていない」という言い方で指示されている事態は様ざまである。私は、たしかに明日、自分の身辺で何が起きるか知らない。私の故郷にいる古くからの友人がいま何をしているのか、東京にいる私は知らない。私がいまここで生きている生活世界を——それらに私が注意を向けているにせよ自明視しているにせよ——共に作り上げている「明日」という次元、遠く離れた私の故郷でいま起こっていることという次元などは、いまここにいる私には知られていないのである。だがそれらの事柄について、その精確さや正確さの度合いは様ざまであるとしても「知る」ことはできる。それらの事柄に関する知は、何らかの仕方で手にすることができるのである。それらは、いまは不透明であるが半透明に、あるいは明快にすることさえできる生活世界の次元ないし領野を成している。シュッツは、実際には知られていないが潜在的には知ることができる、そうした領野のことを「達成可能な知の領野」と名づけている（cf. Schutz 1970：149ff＝1996：208ff and passim）。

だが「知られていない」ということが含意している事態はそれだけではない。いまは私に知られていないけれども潜在的に知ることができる事柄のなかには、かつてそれについての知をもっていたけれども、いまは完全に失われてしまっている、あるいは廃棄はされていないまでも関連している別の事柄が知られることによって隠蔽されている、そうした事柄もまた含まれている。[6] そうした領野のことを、シュッツは「回復可能な知の領野」と名づけている（cf. Schutz 1970：150–151＝1996：210–211）。

生活世界に含まれているそれら二つの「知られていない」次元ないし領野は、われわれが世界内にいる身体的存在であることの存在論的条件に由来する必然的な帰結であるには違いない。だがそれらは、すでに明らかなように、いまは知られていないが可能性としては「知ることのできる」領野である。したがってそれらの領野に起源する「知の不完全性」は——全的な意味ではないにしても——「完全性」へと次第に移行していく可能性に開かれている。それらはいずれも、ハイエクが視野に収めていた「知の不完全性」と類似した位相にある「不完全性」であると言うことができる。

だが「知られていない」ことからなる領野には、先の二つの領野とはまったく異質の第三の領野が含まれている。シュッツが、われわれの知のなかにある「真正な空隙」（genuine vacancy）という用語で指示している領野である（cf. Schutz 1970 : 151-152＝1996 : 211-212）。たとえば、私が或る問題を解決することに関心をもっていると仮定してみよう。その問題は私にとって主題的レリヴァンスをもっている。私がその問題を解決したいと思うのはそのためである。私は、それを実際に解決しようと試みる。すなわち解釈的レリヴァンスが作動し始め、その問題を私の実際に利用可能な知の集積に関係づけようと試みる。その関係づけが成功した場合、その問題は解決したことになる。ただしその解決は、その問題の或る側面、いま私にとって主題的レリヴァンスをもっている側面に関する限りでの解決である。だがその問題には、「私の実際に利用可能な知の集積といかなる形であれ関係づけることのできない、それゆえいかなる解釈にも抵抗する別の側面」もまた、いつもすでに「主題」に対する「地平」として自明視された形で存在している。まさしくそれゆえに、いま自明視されているその側面を明らかにすることが動機的レリヴァンスをもってくる場合、それはまさしく「真正な空隙」として私の前に立ち現われてくる。それは、当面の問題に本質必然的に伴っている、いまだ十分には境界づけられておらず、輪郭さえもはっきりしていない「没類型的」な側面である。そうした意味での「不完全性な知」は、それゆえ「完全な知」へと漸次的に移行していく可能性には開かれていない。

以上で概述してきた知に関するシュッツの考え方、とりわけ「知の不完全性」に関する彼の考え方は、ハイエクのそれとは決定的な点で違っていることが明らかになったであろう。シュッツにおける「知の不完全性」は、人間にとってあくまでも本質必然的なものであり、そしてそれは、世界が人間に対していつもすでに、レリヴァンスによって規定されているパースペクティヴのもとに現われているという定理のひとつの系なのである。さらに補足して言えば、この定理は、「いかなる種類の知も、われわれがあるレベル以上の探究を当面の目的にとってはレリヴァンスでない、取るに足らないこととして打ち切る、そのレベルによって規定されている」(Schutz 1970：124＝1996：178)という見解を導き、また「事実とはすべてはじめから、能動的また受動的な諸活動によって選定され構成された事実である」という見解をも導く。

そうした立場からすれば、ハイエクが問うべきだと主張した、外的世界に現存している対象と知との「対応」(correspondence)関係をめぐる問いは、根底からその意味を失う。そうした問いは、「知覚された対象は外的世界に現存している具体的な対象とは異なっている」(Garfinkel 1953：3)という「主観―客観」図式に依拠した想定に基づく問いである。だが、これまでに述べてきたことから明らかになっているように、シュッツの知に関する考え方からすれば、「知覚された対象こそが、外的世界に現存している具体的な対象」であり、「或る人がそこに在る何かを経験した場合、その何かは、その人が経験したような仕方でそこに在る」(Garfinkel 1953：5, 6)ということになる。「知覚された対象」と「現存している対象」とは「一致」(congruence)している、というわけである。そうした考え方が、「現実の統一はすべて意味の統一である」(Husserl 1950：120＝1979：238)というフッサールの公理と同じ地平に立っているということは、ここで改めて指摘するまでもないだろう。

四　新たな知の社会学をめざして

ハイエクの考え方と対照させながら先の節で確認してきた知に関するシュッツの考え方と、解釈学的に解釈替えされたマンハイムの知の社会学を支えている（とされる）考え方とのあいだに一定の類似性を見出すことは――それらをいちいち取り上げて論証する余裕はここにはないけれども――たしかに可能ではあろう。もしそうであるなら、そしてマンハイムの知の社会学を特徴づけている「還元論」的性格だけが、彼の理論に対してシュッツが批判の矛先を向ける論点であったなら、シュッツの考え方に基づく知の社会学は、解釈学的に解釈替えされたマンハイムの知の社会学へと収斂していく可能性に開かれているのではなかろうか。それに対する私の回答は「否」である。両者のあいだには、無視することのできないいくつかの違いが存在していると考えるからである。[7] ここでは、シュッツの見解に基づく知の社会学を構想する際に重要になると思える二つの点だけを指摘することに留めたい。

マンハイムは、知の在り方に着目しながら「知と存在の関係」について探究しようとしていた。その際、彼の第一の関心は「知」に、より精確に言えば「知の産出」に、さらに精確に言えば、存在している社会と実存的な諸要素との関連で「歪曲された知の産出」に向けられていた。マンハイムの知の社会学を新たに解釈し直そうとしている昨今の研究者たちが、還元論的であるというこれまでのマンハイム批判に対して持ち出してくるのが、まさしくこの点であった。

それらの研究者たちは、マンハイムの知の社会学は解釈学的であり、それは知をテクストとして、しかも存在している具体的な諸要素との関係にあるテクストとしてではなく、諸想定からなるひとつの概念枠組としての共有された意味の作るコンテクストとの関係にあるテクストとして解釈しようと試みている、と主張していた。だがそこでは、そうした概念枠組としてのコンテクストは、ただ単に所与のものとして想定されているだけであって、それ自体に探究の目が向けられているわけではない。もしもマンハイムの知の社会学が、コンテクストそれ自体についての探究を欠いたままで知をテクストとして取り扱っている場合には、そうした知の社会学の前には、現存している具体的な諸要素に知を還元していく道ではないとしても、たとえば或る世界観に知を還元していくといった（cf. Mannheim 1929）還元論への道が依然として開かれていると言わざるを得ない。

他方、シュッツは、ハイエクがそうであったのと同じように、生活世界の組織化・構造化という事情を明らかにするために、人と人とを媒介するものとしての「知」に着目した。彼は、現勢的なレリヴァンスの諸体系によっていつもすでに導かれている、知覚し知り行為するという経験について、そしてまたそれらの経験が知の集積へと継続的に沈澱していく動的な過程について丹念な記述を試み、それらの経験と知の集積には、それらを導くレリヴァンスによって規定された「主題―地平」構造がいつもすでに伴っているということ、すなわち「知られているもの」のただなかに「知られていないもの」からなる「空隙」がいつもすでに存在しているということ、それゆえ生活世界は本質必然的に不透明であるということ、これらのことを説得的な仕方で明らかにしている[8]。さらにまた彼は、翻って、「われわれの知の歴史に備わっている発生的な諸特徴は、われわれがそのなかで生きている世界の構造化にとって、すなわち自然的態度のうちにいるわれわれが当面の目的にとって十分な程度に知っている世界の構造化にとって、決定的な重要性をもっている」（Schutz 1970 : 97＝1996 : 142-143 : 傍点引用者）とも明言している。まさしくそれゆえに、知に関するシュッツの理論は「真正な知の社会学」（Schütz and Luckmann 1984 : 222）であると言うことができる。彼は、知と生活世界の構造との関係を、経験を通した相互の基づけ関係において捉えており、しかもいま述べたように、知に関する彼の考え方は「相対主義の本質化」（Barber 1986 : 63）へと行き着くからである。

彼の描く知と経験にはいつもすでに伴っている、レリヴァンスの諸体系によって規定された「主題」と「地平」の関係は、いま述べたことから明らかなように、ピレネーのいずれの側にいるかによって違ってくるだけではない。その関係は、(a)経験の内在的な時間構造との関係で、(b)単定立的に把握された複定立的な諸段階の所産として、(c)ゲシュタルトの布置として、(d)意識の脈動の飛行区間と休息地点として、(e)行為の企図に由来する単位としてもまた、変化し得るのである（Schutz 1970：86-97＝1996：132-143）。経験と知の構成を導くレリヴァンスは、R・J・サリバン（Robert J. Sullivan）も言っているように（Sullivan 1974）、シュッツにおける知の社会学の基盤をなしているカテゴリーである。もしそうであるなら、彼の知の社会学にあっては、内在的なものと外在的なものという二分法の乗り越えが目論まれ、それゆえにまた主観と客観の二分法の乗り越えが目指されていたと言うこともできるだろう。

シュッツの知の社会学が解釈学的に解釈替えされたマンハイムのそれに対して際立っている第二の特徴は、前者が知の社会的配分という現象に対して特別な関心を寄せているという点にある。「シュッツの仕事は、その全体が〝知の社会学〟とみなされてきたと言っても、あながち間違いではない」（Hekman 1986：27）というS・J・ヘックマン（Susan J. Hekman）の考え方に、私も同意することができる。そしてまた私は、そこでヘックマンが用いている「知の社会学」という用語は、先に確認したサイモンズが解釈学的に解釈替えされたマンハイムの知の社会学についてそう言っていたように、社会学のひとつの下位領域を指示しているわけではなく、むしろ社会科学におけるひとつのパースペクティヴそれ自体を指示しているということも理解している。とはいえシュッツは「知の社会学」という名前を、「知の社会的配分」を取り扱う研究のために留保し、知の社会学という名のもとで通常なされている探究は、知の社会的配分を自明視しているか、それを適切には取り扱っていないという理由で、「知の社会学という名には値しない」と批判している。

知の社会的配分とは、世界についての私の知は社会化されているという事情を支えている三つの位相のうちのひとつであり、(9) それは、私が世界について知っていることと、あなたが世界について知っていることとは決して同じではないということを指示しており、だがそればかりではなく、私とあなたが世界における「同一の事実」について「知っている」としても、その知り方において、すなわち明晰性、判明性、精確性、親近性などの程度に関しては決して同一ではない、ということをも指示している。まさしくそれゆえに、この知の社会的配分という位相は、われわれの生活世界の構造化を直接的に指示していると言って良い（cf. Schutz 1953a : 14-15=1983 : 62-63 ; 1954 : 61-62=1983 : 126)。

知の社会的配分それ自体について理解しようとすれば、以上の記述だけで十分であろう。だがシュッツがこの位相に付与している特別な意義について十分に理解しようとすれば、これで十分であるとは言えない。彼は「知の社会的配分に関する一試論」という副題が付された論稿「見識ある市民」のなかでこう書いているのである。

> 社会生活の多くの現象は……知の社会的配分という基底的な一般構造に関係づけられてこそ十分に理解され得る。この知の社会的配分という源泉によってのみ、専門職、威信と権限、カリスマと権威に関する社会学理論が可能になる。またパフォーマンスをしている芸術家とそれを享受している公衆とその批評家のあいだ、製造業者と小売業者と宣伝業者と消費者のあいだ、あるいはまた政府の閣僚と彼の専門上の顧問と世論のあいだにあるような複雑な社会関係の理解も、この知の社会的配分という源泉によってはじめて理解できるようになる。(Schutz 1946 : 123=1991 : 175)

ここで指摘しておかねばならないのは、シュッツが、知の社会的配分という想定、ならびにそうした知の配分をコミュニケーションによって克服しようとする試み、これらはいずれも、有限な人間にとってこの世界は根本的に不透明であるということ、それゆえこの世界には未知のものからなる領域がつねに残されているということの、すなわち――先に何度も確認した――いかなる知もすべて本質必然的に「不完全」であるということの、労働の世界における対応物であると明言していることである（cf. Schutz 1970：130-131＝1996：184-185）。シュッツにとっては知の社会的配分こそが、類型化機能をもつ構成概念それぞれの構造を規定している。すなわち個人的役割の匿名性と行為経路パターンの標準化ならびに動機の仮定される恒常性それぞれの想定される度合いは、知の社会的配分によって規定されていると考えられているのである。

それゆえシュッツの意味での知の社会的配分は、すでに出来上がってそこに実体として在る知が配分されるという意味で理解されてはならない。先に述べたような考え方に基づく限り、知の社会配分はそれ自体、「或る具体的な歴史的状況における或る具体的な集団の具体的な社会的環境との相関性とレリヴァンス」がそうであるのと同様に、常識的経験のひとつの要素である利用可能な知識集積の不均質な組成によって左右されると考えられねばならないからである（cf. Schutz 1953a：38-39＝1983：91-92；1959a：149＝1983：235）。世界の本質的な不透明性、常識的思考に伴う類型化の構造、具体的な歴史的状況にある具体的な集団の具体的な社会的環境と知の社会的配分とのあいだの相互反映的な関係を注意深く探究することによってはじめて、知の社会的配分と生活世界の構造とのあいだの一般的な、そして個別的な関係を指示することができるようになり、それと同時に、なにゆえにシュッツは、知の社会的配分を彼の知の社会学のトピックとしてとりわけ重要であるとみなしていたのかを十分に理解することができるようになるだろう。知の社会的配分を第一義的に扱うことこそが、「知の社会学」を社会科学それ自体のパースペクティヴとしてだけではなく、社会学の個別領域としても確立できることに通じているのである。

五　むすびにかえて

シュッツはたしかに、「知の社会学」という表題のもとで自らの議論を展開してはいない。だがこのことは、彼が「知の社会学」の領域内での議論はいっさい展開していないということを意味してはいない。実際、彼は「知の社会的配分に関する一試論」という副題の付された理論的な論稿を刊行している（Schutz 1946）。また「平等と社会的世界の意味構造」という表題の付された論稿（Schutz 1957a）は、明らかに「知の社会学」の領域に属する理論的かつ経験的な探究であると言ってよい。さらにまた彼は、最晩年、K・マンハイムと人的にも学的にも直接、連なっているK・ヴォルフ（Kurt H. Wolff）の招待に応じて、「知の社会学」をテーマにした論稿を「国際社会学会」での報告用に書く準備も進めていた[10]。これらのことを併せ考えれば、シュッツの仕事を他からとりわけ際立たせている社会科学方法論に関する彼の議論に着目することによって、彼の仕事はその全体を見通して「現象学的社会学」と呼ばれることが多く、そしてそれは的を射ているとは思うけれども、シュッツの純粋理論的探究と経験理論的探究とに着目して言えば、彼の仕事を「知の社会学」に属するものと考えることも、あながち間違いではないだろう。

シュッツの知の社会学は、解釈学との関連で解釈し直されたマンハイムの知の社会学とはまったく異なっている、というわけではない。だがシュッツはマンハイムと違って、経験とそれが知の集積へと沈澱していく過程について、すなわち知それ自体について、生活世界の諸次元と関係づけながら、そして「レリヴァンス」という現象に関わる彼自身の考え方を引き合いに出しながら、真剣かつ集中的に探究し、生活世界の「本質的な不透明性」と知に本質必然的に伴っている「真性の空隙」という根本定理を十分な根拠をもって導き出している。

これらの根本定理は、社会学の領域で探究を進めようとする場合、とりわけ重要である。たとえば社会学のもっとも重要な基礎概念のひとつである「社会的役割」について、いま述べた根本定理に基づきながら議論を進めるシュッツはこう述べている。社会的役割とは、「一定の類型的な輪郭をもつ諸要素のみを適正であると考えようという決断」のことであり、それは「ひとつの〝約束事〟である。……だがこの意味での〝約束事〟はそれ自体の歴史と社会的動機をもっている。すなわち約束事はそれ自体、輪郭であると同時に補填されるべき空隙でもある」(Schutz 1970：162＝1996：222)。もしこうした観点から社会的世界に関する議論を展開しようとするなら、社会的役割は、「社会体系に対して行為者が果たすと期待されている機能的な意義」(cf. Parsons 1951：25 ＝1974：32；Parsons and Shils 1951：190＝1960：299) との関連ではなく、また「存在が／に内属する諸秩序」との関連でもなく、「相互主観性の領域と結びついている知の社会化」という観点から (Schütz and Gurwitsch 1985：248-249＝1996：271-272)、より特定的には知の社会的配分との関連で探究されねばならないということになろう。

知の社会学にとってシュッツの議論がいかに重要であるかは、すでにP・L・バーガー (Peter L. Berger) とT・ルックマンの記念碑的著作『現実の社会的構成』(Berger and Luckmann 1967) によって明らかにされている。本章における議論は、彼らが十分には取り扱っていない、だがきわめて重要であると私には思えるいくつかの論点に限定して、それらに適切に取り組むための方向性を指示したにすぎない。知の社会学が、より十全たる「地平の融合」に到達すべきであるなら、一方でシュッツとの真摯な対話をさらに試みながら、また他方で、様ざまな歴史的・社会的要因によって引き起こされ、引き起こされつつある知の在り方・有り様の変容をも視野に収めながら、堅実な理論的ならびに経験的な探究を着実に積み上げていかねばならない。知の在り方・有り様（の変容）を手掛かりに社会の在り方・有り様（の変容）を見定めようとする「知の社会学」的な取り組みは、自らの日常的な生活世界を他の人びとと共に自分で考えながら生きていこうとする人たちにとって、その重要性をますます高めつつある。

＊本章は、"A Continuing Dialogue with Alfred Schutz" (*Human Studies*, vol. 31, 2008：87-105) と"Alfred Schutz and a Hermeneutic Sociology of Knowledge" (M. Staudigl and G. Berguno eds., *Schutzian Phenomenology and Hermeneutic Traditions*, Dordrecht: Springer, 2014, pp. 55-67) という二つの既刊の論稿それぞれのうちの、ここでのテーマと関連する諸節をもとに、それに大幅な加筆・修正を施し、また新たな論点に関わる議論を付け加えてなったものである。それらの論稿を、その草稿の段階で、あるいは公刊された後に丹念に読み、的確で貴重なコメントをお寄せいただいた故T・ルックマン（コンスタンツ大学：独）、故G・サーサス（George Psathas）（ボストン大学：米）、故L・エンブリー（Lester Embree）（フロリダ・アトランティック大学：米）、故F・カーステン（Fred Kersten）（ウィスコンシン大学：米）、ならびにI・スルバール（Ilja Srubar）（エアランゲン-ニュルンベルク大学：独）、F・ワクスラー（Frances Waksler）（ウィーロック大学：米）、T・エバレ（Thomas Eberle）（サンクトガレン大学：瑞）、M・バーバー（Michael Barber）（セントルイス大学：米）の各氏に、ここで改めて心よりのお礼を申しあげたい。いただいたコメントのいくつかには本章で応えたつもりであるが、まだ応えきれていない論点がいくつか残されており、それらに関しては次稿以降で応えていきたい。

【注】

（1）この三者の関係に関しては、稿を改めて論じる予定であるが、その際、とりわけ真剣に取り組まねばならないのは、『生活世界の構造』（Schütz and Luckmann 1975/1984=2003）の第三章と第四章においてシュッツ―ルックマンが積み上げている議論であろう。

（2）マンハイムの「知の社会学」に関する本章での論述は、とりわけ秋元（1997）、秋元（1999）、秋元・澤井（1992）、澤井（2004）から得た多くの示唆に基づいている。

（3）本章では、ハイエクが一九三六年一〇月にウィーンで行った講演を「ウィーン講演」と呼んでいるが、以下でその「ウィーン講演」の内容として引き合いに出しているのは、同年一一月に彼がロンドン・エコノミック・クラブで行い、その翌年、『エコノミカ』誌上に「会長講演」として収められた「経済学と知識」（Hayek 1937）である。ハイエクがシュッツに手渡したウィーン講演の草稿とロンドンでの講演が細部にわたって同一のものであるのかどうか確認はできていないけれども、講演のタイトルが同一であるということ、そして両講演の行われた時期が一ヵ月しか離れていないということ、この二つの点から、内容上、両者はほぼ同一であるとみなして差し支えなかろうと判断した。

(4)「全体」と「総体」とは区別すべきであると思うが、それはこの文脈ではレリヴァントでないと思えるので、これに関する議論は別稿に譲ることにしたい。

(5)「知は情報以上のものである」(Schutz 1953b : 114) という考え方からみれば、両者を同一視することは知の「切り詰め」に通じていると言わねばならない。この点に関しては、手短にではあるが、かつてJ・F・リオタール (Jean-François Lyotard) の所論をも引き合いに出しながら論じたことがあるので、那須 (2016) の一七ページ以下を参照願いたい。

(6)知の「喪失」に関わるこの二つの事情は区別して論じる必要があるだろうし、「完全に失われた知」の再構成に関しても、区別して論じなければならない二つの事情がそこには含まれているけれども、それらはいずれも本章の文脈ではレリヴァントではなく、それゆえ、それらに関する議論もまた別稿に委ねることにしたい。

(7)マンハイムとシュッツそれぞれの知の社会学を比較しようという試みは、すでにEndress (1999) とPsathas (2003) によってなされているが、前者はその類似点に、後者はその相違点に着目した議論を展開しているという点で対照的である。

(8)シュッツがそこ・ここで用いている「知の集積」(stock of knowledge) という用語は、それゆえ、彼のウィーン時代からのもっとも親しかった友人の一人、F・マッハルプ (Friz Machlup) が「流動する知」(flow of knowledge) と対比的に用いている「集積された知」(stock of knowledge) とはその含意を異にしている (cf. Machlup 1979)。

(9)「世界」について人びとがもっている知は、それらの人たちそれぞれの私的な事柄ではなく、はじめから相互主観的であるという性格をもっている、すなわち社会化されているという想定は、そうした知は「社会的に配分されている」といういま指摘した想定、それらの知の大部分は他者たちから伝えられたものである、すなわち「社会的に獲得されたものである」という想定、そしてまたそうした知は、個々人のあいだで必然的に異なっている視界が「立場の相互交換可能性」と「レリヴァンス体系の相応性」という二つの理念化から構成される「視界の相互性」という理念化によって乗り越えられるところに在る、すなわち「構造的に社会化されている」という想定、以上の三つの想定ないしは事情によって支えられている（cf. Schutz 1953a : 11-15 = 1983 : 58-63; 1954 : 61-62 = 1983 : 125-126）。

(10) シュッツは、この学会用原稿を書くための「資料はすべて準備し終えましたが、体調がすぐれず、論文を書くことができません」と書き記した一九五九年四月一七日付けの手紙を、彼の高弟M・ネイタンソン（Maurice Natanson）に送っている（Schutz 1959b）。またH・ワグナー（Helmut Wagner）は、この学会大会に関してシュッツと直接、やり取りをしたK・ヴォルフから直接、伝えられた話として、シュッツは、「見識ある市民」（Schutz 1946）で展開した考え方をもとに、それをさらに発展させた論稿をそこでの報告のために準備する予定であったということを紹介している（cf. Wagner 1984/1985 : chap. 31, pp. 40-42）。

【引用・参考文献】

秋元律郎（1973）「解説 Ⅱ マンハイム」秋元律郎・田中清助訳『マンハイム シェーラー 知識社会学』現代社会学体系八、青木書店、369-393.

——（1997）『市民社会と社会学的思考の系譜』御茶の水書房

——（1999）『知識社会学と現代——K・マンハイム研究』早稲田大学出版部

秋元律郎・澤井敦（1992）『マンハイム研究——危機の理論と知識社会学』早稲田大学出版部

Barber, M. D. (1986) Alfred Schutz's Methodology and the Paradox of the Sociology of Knowledge, *Philosophical Today*, 30: 58-65.

Barry, N. P. (1979) *Hayek's Social and Economic Philosophy*, London and Basingstoke: The Macmillan Press. (=1984, 矢島鈞次訳『ハイエクの社会・経済哲学』春秋社)

Berger, P. and T. Luckmann (1967) *The Social Construction of Reality: A Treatise in the Sociology of Knowledge*, New York: Doubleday & Company. (=2003, 山口節郎訳『現実の社会的構成——知識社会学論考』新曜社)

Elias, N. (1971) Sociology of Knowledge: New Perspectives, *Sociology*, 5(2): 149-168; 5(3): 355-370.

Endress, M. (1999) Alfred Schutz and Karl Mannheim - Antipodes in the Sociology of Knowledge? a paper read at the conference, *The Legacy of Alfred Schutz: International Conference on his Centennial*, held at Waseda University, Tokyo, Japan, on May 26-28.

Garfinkel, H.（1953）A Comparison of Decisions Made on Four "Pre-Theoretical" Problems by Talcott Parsons and Alfred Schutz（unpublished）.

Hayek, F. von（1937）Economics and Knowledge, *Economica*, New Series, 4（13）: 33-54.（=1990, 嘉治元郎・嘉治佐代訳「経済学と知識」『個人主義と経済秩序』ハイエク全集Ⅰ-3、春秋社）

———（1945）The Use of Knowledge in Society, *The American Economic Review*, 35(4): 519-530.（=1990, 嘉治元郎・嘉治佐代訳「社会における知識の利用」『個人主義と経済秩序』ハイエク全集Ⅰ-3、春秋社）

———（1994）*Hayek on Hayek: An Autobiographical Dialogue*, S. Kresges & L. Wenar eds., London: Routledge.（=2000, 嶋津格訳『ハイエク、ハイエクを語る』名古屋大学出版会）

Hekman, S. J.（1986）*Hermeneutics and the Sociology of Knowledge*, Cambridge: Polity Press.

Helling, I. K.（1988）Alfred Schutz, Felix Kaufmann, and the Economists of the Mises Circle: Personal and Methodological Continuities, in E. List and I. Srubar eds., *Alfred Schütz: Neue Beiträge zur Rezeption seines Werkes*, Amsterdam: Rodopi, pp. 43-68.

Husserl, E.（1950）*Ideen zur einer reinen Phänomenologie und phänomenologischen Philosopie*, Erstes Buch, *Husserliana* Bd. 3, The Hague: Martinus Nijhoff.（=1979, 渡辺二郎訳『イデーンⅠ-Ⅰ』みすず書房）

Machlup, F.（1979）Stocks and Flows of Knowledge, *Kyklos*, 32: 400-411.

Mannheim, K.（1925）Das Problem einer Soziologie der Wissens, *Archiv für Sozialwissenschft und Sozialpolitik*, 53(3): 577-565（引用は K. Wolff ed., Karl Mannheim *Wissenssoziologie: Auswahl aus dem Werk*, Berlin & Neuwied: Herman Luchterhand, 1964: 308-387).（=1973, 秋元律郎訳「知識社会学問題」『マンハイム シェーラー知識社会学』現代社会学体系8、青木書店、pp. 151-204）

———（1929）Die Bedeutung der Konkurrenz im Gegiete des Geistige, *Verhandlung des sechsten deutschen Soziologentages*, vom 17 bis 19, September 1928 in Zurich, Tübingen: J.C.B. Mohr, 35-83.（引用は K. Wolff ed., Karl Mannheim *Wissenssoziologie: Auswahl aus dem Werk*, Berlin & Neuwied: Herman Luchterhand, 1964, pp. 566-613.（=1975, 田野崎昭夫訳「精神的領域における競争の意義」樺俊雄監修『知識社会学』マンハイム全集2、潮出版社、pp. 137-197）

———（1931）Wissenssoziologie, In A. Vierkandt ed., *Handworterbuch der Soziologie*, F. Enke, pp. 659-680（引用はK. Mannheim, *Ideologie und Utopie*, fünfte Aufl. Frankfurt am Main: Verlag G. Schulte-Bulmke, 1969, pp. 227-267).（=1973, 秋元律郎訳「知識社会学」『マンハイム　シェーラー　知識社会学』現代社会学体系8、青木書店、pp. 151-204）

———（1932）*Die Gegenwartsaufgaben der Soziologie*, Tübingen: J.C.B.Mohr.（=1978, 朝倉恵俊訳「社会学の現代的課題」樺俊雄監修『社会学の課題』マンハイム全集3、潮出版社、pp. 269-329）

Merton, R. K.（1941）Karl Mannheim and the Sociology of knowledge, *Journal of Liberal Religion*, 2, 1941（引用はR. K. Merton, *Social Theory and Social Structure*, enlarged edition, New York: The Free Press, 1968, pp. 543-562).（=1961「カール・マンハイムと知識社会学」森東吾他訳『社会理論と社会構造』みすず書房、pp. 446-465）

那須壽（1997）『現象学的社会学への道――開かれた地平を索めて』恒星社厚生閣

———（1999）「レリヴァンス現象の解明に向けて――シュッツ理論継承のために」文化と社会編集委員会『文化と社会』第1巻、マルジュ社、pp. 60-85.

Nasu, H.（2008）A Continuing Dialogue with Alfred Schutz, *Human Studies*, 31(2): 87-105.

那須壽（2016）「我が国における大学の『危機』と学知の変様」那須壽編『学知と社会の関係に関する理論的・実証的研究』文部科学省科学研究費補助金研究（課題番号 25380645）成果報告書、pp. 7-24.

Parsons, T.（1951）*The Social System*, New York: The Free Press.（=1974, 佐藤勉訳『社会体系論』現代社会体系14、青木書店）

Parsons, T. and Shils, E.（1951）*Toward a General Theory of Action*, New York: Harper & Row.（=1960, 永井道雄・作田啓一・橋本真訳『行為の総合理論をめざして』日本評論社）

Psathas, G.（2003）Reflections on the Sociology of Knowledge: Mannheim, Schutz, Berger, Wolff, a paper read at the colloquium at Waseda university, March 7, 2003（unpublished）.

澤井敦（1992）「マンハイムのパラドックス――知識社会学の認識論的問題」秋元律郎・澤井敦『マンハイム研究――危機の理論と知識社会学』早稲田大学出版部、pp. 89-140.

――――（1995a）「相対主義とリフレクシビティ――知識社会学の展開とポストモダン」『社会学史研究』17: 37-53.

――――（1995b）「マンハイムとエリアス」笠原清志・西原和久・宮内正編『社会構造の探究』新泉社、pp. 338-356.

――――（2004）『カール・マンハイム――時代を診断する亡命者』東信堂

Schutz, A.（1927-1928/1929）Outline of a Theory of Relevance, in H. Wagner and G. Psathas eds., in collaboration with F. Kersten, Alfred Schutz *Collected Papers*, vol. IV, Dordrecht: Kluwer Academic Publishers, 1996（以後 *CP IV* と表記)pp. 3-4.

――――（1928）Toward a Viable Sociology, in *CP IV*, pp. 75-83.

――――（1936）Political Economy: Human Conduct in Social Life, in *CP IV*, pp. 93-105.

――――（1946）The Well-Informed Citizen: An Essay on the Social Distribution of Knowledge, *Social Research*, 13: 463-478（引用は A. Brodersen ed., Alfred Schutz *Collected Papers*, vol. II, The Hague: Martinus Nijhoff, 1964, pp. 120-134（以後 *CP II* と表記).（=1991「見識ある市民――知識の社会的配分に関する一試論」渡部光・那須壽・西原和久訳『社会理論の研究』アルフレッド・シュッツ著作集第三巻、マルジュ社（以後『シュッツ著作集第三巻』と表記)、pp. 171-189)

――――（1952）Concerning Term Papers for Problems of a Sociology of Knowledge Class, Schutz Nachlass, 14338.

――――（1953a）Common-Sense and Scientific Interpretation of Human Action, *Philosophy and Phenomenological Research*,14: 1-37.（引用はM. Natanson, ed., Alfred Schutz *Collected Papers* vol. I, The Hague: Martinus Nijhoff, 1962, pp. 3-47（以後 *CP I* と表記))（=1983「人間行為の常識的解釈と科学的解釈」渡部光・那須壽・西原和久訳『社会的現実の問題（[I])』アルフレッド・シュッツ著作集第一巻、マルジュ社（以後『シュッツ著作集第一巻』

と表記)、pp. 49-108)

―――(1953b) The Scope and Function of the Department of Philosophy within the Graduate Faculty, in *CP IV*, pp. 112-117.

―――(1954) Concept and Theory Formation in the Social Sciences, *Journal of Philosophy*, 51: 257-274.(引用は*CP I*, 48-66).(=1983「社会科学における概念構成と理論構成」『シュッツ著作集第一巻』、pp. 109-133)

―――(1955) Symbol, Reality, and Society, In L. Bryson, et al. eds., *Symbol and Society*, New York: Harper(引用は*CP I*, pp. 287-356).(=1985「シンボル・現実・社会」渡部光・那須壽・西原和久訳『社会的現実の問題〔II〕』アルフレッド・シュッツ著作集第二巻、マルジュ社)

―――(1957a) Equality and the Meaning Structure of the Social World, in L. Bryson, et al. eds., *Aspects of Human Equality*, New York: Harper & Brothers, pp. 33-78(引用は*CP II*, pp. 226-273)(=1991「平等と社会的世界の意味構造」『シュッツ著作集第三巻』、pp. 305-364)

―――(1957b) Some Structures of the Life-World, in Ilse Schutz ed., Alfred Schutz *Collected Papers*, vol. III, The Hague: Martinus Nijhoff, 1966, pp. 116-132.(=1998「生活世界の構造」渡部光・那須壽・西原和久訳『現象学的哲学の研究』アルフレッド・シュッツ著作集第四巻、マルジュ社、pp. 185-204)

―――(1959a) Husserl's Importance for the Social Sciences, in H. L. van Breda ed., *Edmund Husserl, 1859-1959*, The Hague: Nijhoff, pp. 86-98(引用は*CP I*, pp. 140-149).(=1983「社会科学に対するフッサールの重要性」『シュッツ著作集第一巻』、pp. 225-237)

―――(1959b) Letter to Maurice Natanson, 4 April, 1959.

―――(1970) *Reflections on the Problem of Relevance*, R. Zaner ed., Yale University Press.(=1996, 那須壽・浜日出夫・入江正勝・今井千恵訳『生活世界の構成――レリヴァンスの現象学』マルジュ社)

Schütz, A. and Gurwitsch, A.(1985) *Alfred Schutz Aron Gurwitsch Briefwechsel 1939-1959*, R. Grathoff ed., München: Wilhelm Fink Verlag.(=1996, 佐藤嘉一訳『亡命の哲学者たち』木鐸社)

Schütz, A. and Luckmann, T.(1975/1984 = 2003) *Strukturen der Lebenswelt*, Konstanz: UVK

Verlagsgesellschaft. (=2015, 那須壽監訳『生活世界の構造』筑摩書房)

Schütz, A. and Luckmann, T. (1984) *Strukturen der Lebenswelt*, Bd. 2, Frankfurt am Main: Suhrkamp.

Simonds, A. P. (1975) Mannheim's Sociology of Knowledge as a Hermeneutic Method, *Cultural Hermeneutics*, 3: 81-104.

——— (1978) *Karl Mannheim's Sociology of Knowledge*, Oxford: Clarendon Press.

Soeffner, H.-G.. (2004) *Auslegung des Alltags - Der Alltag des Auslegung: Zur wissenssozioloischen Konzention einer sozialwissenschaftlichen Hermeneutik*, Konstanz: UVK Verlagsgesselschaft.

Srubar, I. (1994) Wertbeziehung und Relevanz: Zur Alfred Schutz' Weber-Rezeption, in G. Wagner, H. Zipprian eds., *Max Webers Wissenschaftslehre*, Frankfurt am Main: Suhrkamp, pp. 259-277.

Sullivan, R. J. (1974) The Formation of Alfred Schutz's Category of Relevance: The Fundamental Category of the Sociology of Knowledge, Doctoral Dissertation submitted to Boston College.

Tänzler, D. (2007)「文化分析としての知識社会学」『社会学年誌』48: 5-24.

徳永恂（1976）「知識社会学の展開」徳永恂編『知識社会学』社会学講座11、pp. 17-43.

Wagner, H. (1984/1985) The Unpublished Manuscript for a Revised and Enlarged Version of *Alfred Schutz: An Intellectual Biography* from the University of Chicago Press in 1983.

あとがき

序に書いたように、本書は那須壽先生のご退職をきっかけとして編まれた。那須先生のこれまでの研究・教育の道筋を、編者の所感を交えて紹介し結びに代えたい。

那須先生が新潟大学の専任講師として着任されたのが一九七九年、早稲田大学に助教授として赴任されたのが一九八八年、その教員歴は四〇年におよぶ。その間、数多くの学部生、大学院生を指導してこられた。

いま「指導」と書いたが、那須先生は「指導」という言葉を好まれなかったように思う。学生に影響を与えることを極力避けたいとさえ思われていたようである。邪推すれば、それは学生運動の盛んな時期を大学生として過ごした「団塊の世代」のひとりとしての姿勢であるようにも思われた。大学院ゼミでも、各自の研究テーマに関して「指導」されることはなく、内容に関して「ああした方がよい、こうした方がよい」といった言い方もされず、「この部分はこういうことなのだろうか」と論旨の明確化を求める質問をされるのが常であった（本書第七章の草柳論文も注のなかで大学院ゼミのそうした雰囲気について言及している）。

院生の立場からは「もっとはっきり言ってほしい、指導してほしい」という思いをもつ者もあっただろう。だが他方で、投稿予定の草稿へのコメントをお願いした際には、原稿が赤ペンで染まって返ってきた。（その場合でも主題や主張に関して何かを言われることはなかったが）文章表現の細部にまでこだわる先生の姿勢を垣間見ることになった。「一度言い出すと切りがないから言わないようにしているだけなのかもしれない」と思ったものである。

大学周辺の喫茶店や居酒屋で先生が学生たちに費やして下さった時間と金額も膨大なものであった。それらの談話の中でふと耳にした言葉が記憶に残り、後の人生の指針となったというような体験をした者も少なくないであろう。

情に厚く、学生たちを大事になさりながら、たゆむことなく学問・研究に向かい続ける那須先生の背中から学んだことは計り知れない。

那須先生とアルフレッド・シュッツとの出会いは、大学院生時代にさかのぼる。林三郎先生・佐藤慶幸先生の下で、マックス・ウェーバーの理解社会学を主題とする修士論文を書いた二〇代前半の先生は、その執筆過程でシュッツの名を知り、博士課程進学以降、本格的にシュッツと向き合うようになったという（このあたりの事情については、那須先生の著書『現象学的社会学への道——開かれた地平を索めて』（一九九七年、厚生社恒星閣）の「あとがき」に言及がある）。その後、シュッツの理論研究を続けられる一方で、一九八〇年代から一九九〇年代にかけては、シンボリック相互作用論や社会運動論の理論的研究にくわえ、佐藤先生らとともに生活クラブ生協の経験的研究も手掛けられている。

一九九四年の米・ボストン大学での研究休暇の折、ジョージ・サーサス氏、レスター・エンブリー氏らの知遇を得て、ＳＰＨＳ（the Society for Phenomenology and the Human Sciences）に深く関わるようになり、早稲田大学へのシュッツ文庫設置の実現に努められた（早稲田大学へのシュッツ文庫設置の経緯については、エンブリー氏の追悼文(Hisashi Nasu, 2017, "In Memoriam: Lester E. Embree", *Human Studies*, 40: 1-6, Springer）に詳しい）。同時に、トーマス・ルックマン氏、イルヤ・スルバール氏ら、ヨーロッパの研究者たちとの交流も深められた。こうした交流を背景に、一九九〇年代後半以降、那須先生はシュッツに関する研究成果のほとんどを国外で発表されるようになる。

一方、国内では、シュッツの社会理論や現象学的社会学に関わる研究を志す大学院生たちが那須研究室に集うようになり、先ほど述べたような研究室の雰囲気のなかで学び合い、切磋琢磨しながら、多くの研究者が育ち、そこから巣立っていった。本書の寄稿者の多くがそうした研究者たちである。この論集がそうした学恩への感謝を表すものになっていればと願う。

最後に、本書の出版を引き受けていただいた学文社の田中千津子社長に心からの感謝を申し上げたい。田中社長に本論集の出版を打診したところ、「那須先生への感謝の気持ちを示すためにも、よい本をつくりましょう」と快諾していただいた。聞けば編集者として駆け出しの頃より、故秋元律郎先生をはじめ早稲田の社会学教室の先生方に大変お世話になったとのこと。そうした経緯もあって、本書のみならず、早稲田社会学会の機関誌『社会学年誌』の出版など、早稲田大学関係者の社会学研究を出版の立場から支えていただいている。

研究者、編集者、様々な人たちとのつながりやその歴史の中で、いまの自分たちの研究があるのだということをあらためて感じる。先生の学恩に感謝しつつ、社会学研究の火をつないでゆくために、それぞれの持ち場で社会の探究をたゆまず続けていきたい。

編者一同

デニサ・ブトゥナル（第４章）
コンスタンツ大学研究員
博士（社会学）（ストラスブール大学：フランス）
主要業績：*Medial Bodies between Fiction and Faction: Reinventing Corporeality*（編著，2019, Bielefeld: Transcript），*Corps abîmés*（共編著，2013年, Québec：PUL）

鳥越 信吾（第11章）
慶應義塾大学訪問研究員
博士（社会学）（慶應義塾大学）
主要業績：『作田啓一 vs. 見田宗介』（分担執筆，2016年，弘文堂），アルフレッド・シュッツ，トーマス・ルックマン『生活世界の構造』（共訳，2015年，筑摩書房），「A. シュッツにおける時間論」『社会学史研究』35号（2013年）

矢部 謙太郎（第９章）
名古屋商科大学経営学部教授
早稲田大学大学院文学研究科社会学専攻博士後期課程満期退学
主要業績：『多様化する社会と多元化する知――「当たり前」を疑うことで見える世界』（分担執筆，2017年，ナカニシヤ出版），「U 理論に基づいた関係コンディショニングワーク――ある父子の関係変化を事例に」『名古屋商科大学論集』59-１（2014年），『消費社会と現代人の生活――分析ツールとしてのボードリヤール』〔早稲田社会学ブックレット―現代社会学のトピックス５〕（2009年，学文社）

ヤン・シュトラースハイム（第３章）
慶應義塾大学文学部非常勤講師
博士（哲学）（ベルリン自由大学：ドイツ）
主要業績：*Relevance and Irrelevance: Theories, Factors and Challenges.*（共編著，2018年，De Gruyter），"Type and spontaneity, Beyond Alfred Schutz's theory of the social world." *Human Studies,* 39(4)(2016年)，*Sinn und Relevanz. Individuum, Interaktion und gemeinsame Welt als Dimensionen eines sozialen Zusammenhangs.*（2015年，Springer VS）

栗原　亘（第６章・編者）
早稲田大学文学学術院助手
早稲田大学大学院文学研究科社会学専攻博士後期課程満期退学
主要業績：「政治とモノ――B. Latourのアクター・ネットワーク理論とコスモポリティクスについて」『年報　科学・技術・社会』27号（2018年），「B. Latourのアクター・ネットワーク理論の射程と意義――『一つの共通世界』の探求と構成」『社会学年誌』59号（2018年），「権力のインフレーションについて――1970年代におけるM. フーコーの射程」『社会学年誌』53号（2012年）

櫻井　龍彦（第８章）
名城大学人間学部准教授
慶應義塾大学大学院社会学研究科社会学専攻後期博士課程単位取得退学
主要業績：「回復者の沈黙――『生活の発見会』のある会員の事例から」『東海社会学会年報』９号（2017年），「『生活の発見会』における共同体の物語と個人の物語――回復の条件に関する社会学的考察」『年報社会学論集』28号（2015年），『希望の社会学――我々は何者か，我々はどこへ行くのか』（分担執筆，2013年，三和書籍）

関水　徹平（第３章翻訳・第13章・編者）
立正大学社会福祉学部准教授
博士（文学）（早稲田大学）
主要業績：「ひきこもり経験者による当事者活動の課題と可能性――当事者概念の再検討を通じて」『福祉社会学研究』15号（2018年），『「ひきこもり」経験の社会学』（2016年，左右社），『独身・無職者のリアル』（共著，2013年，扶桑社）

高艸　賢（第４章翻訳）
東京大学大学院人文社会系研究科社会文化研究専攻博士課程在学中
主要業績："Inconsistency Between Solitary Ego and the Social World?: Becoming and Meaning in Alfred Schutz." *Schutzian Research* 9（2017年），「シュッツの社会科学基礎論における生の諸相――体験次元と意味次元の統一としての主観的意味」『現代社会学理論研究』11号（2017年），「体験と認識のはざまで――初期草稿におけるシュッツの問題関心と意味生成」『ソシオロゴス』40号（2016年）

柿沼 涼平（第12章）
早稲田大学大学院文学研究科社会学コース修士課程修了
主要業績：「A. シュッツにおける“主観的意味”と“客観的意味”——責任現象の社会学をめざして」『社会学年誌』60号（2019年），ハンス - ゲオルク・ゼフナー「禅と“断定的接続法”」（翻訳）『社会学年誌』60号（2019年）

河野 憲一（第１章）
早稲田大学文学学術院非常勤講師
博士（文学）（早稲田大学）
主要業績：『自明性と社会——社会的なるものはいかにして可能か』（2016年，晃洋書房），*The Interrelation of phenomenology, Social Sciences and the Arts*（共著，2014年，Springer），*Alfred Schutz and His Intellectual Partners*（共著，2009年，UVK）

木村 正人（第10章）
高千穂大学人間科学部准教授
早稲田大学大学院文学研究科社会学専攻博士後期課程満期退学
主要業績：「共同行為と期待の循環——草創期ドイツ社会学における現象学の位置」『現象学年報』34号（2018年），「死刑廃止のシナリオ——実験計画法にもとづく態度変容の研究」『社会学年誌』58号（2017年），アルフレッド・シュッツ，トーマス・ルックマン『生活世界の構造』（共訳，2015年，筑摩書房）

草柳 千早（第７章）
早稲田大学文学学術院教授
博士（文学）（早稲田大学）
主要業績：『日常の最前線としての身体——社会を変える相互作用』（2015年，社会思想社），『希望の社会学——我々は何者か，我々はどこへ行くのか』（共編著，2013年，三和書籍），『「曖昧な生きづらさ」と社会——クレイム申し立ての社会学』（2004年，社会思想社）

【執筆者一覧】

那須　壽（終章）
早稲田大学文学学術院教授
博士（文学）（早稲田大学）
主要業績：*Interaction and Everyday Life*（共編著，2012年，Lexington Books），*Alfred Schutz and his Intellectual Partners*（共編著，2009年，UVK Verlags-gesellschaft mbH），『現象学的社会学への道』（1997年，恒星社厚生閣）

芦川　晋（第５章）
中京大学現代社会学部准教授
早稲田大学大学院文学研究科社会学専攻博士後期課程単位取得満期退学
主要業績：「『自己』の『社会構築』――昔から社会学者は『自己の構成』について語り続けているが一体どこが変わったのか？」『社会学評論』68(1)（2017年），「自己に生まれてくる隙間――ゴフマン理論から読み解く自己の構成」『触発するゴフマン――やりとりの秩序の社会学』（2015年，新曜社）

飯田　卓（第２章）
東京情報大学総合情報学部助教
早稲田大学大学院文学研究科社会学専攻博士後期課程満期退学
主要業績：「同時性と時間意識――社会的時間の解明に向けて」『東京情報大学研究論集』22(1)（2019年），「『見かけの現在』の再検討――A. シュッツの行為論の観点から」『東京情報大学研究論集』21(1)（2017年），「行為と時間――生活世界的時間の解明に向けて」『早稲田大学大学院文学研究科紀要』54(1)（2009年）

大黒屋　貴稔（第11章・編者）
聖カタリナ大学人間健康福祉学部准教授
早稲田大学大学院文学研究科社会学専攻博士課程単位取得満期退学
主要業績：『地方発　外国人住民との地域づくり――多文化共生の現場から』（共著，2019年，晃洋書房），『共生の社会学』（共著，2016年，太郎次郎社エディタス），アルフレッド・シュッツ，トーマス・ルックマン『生活世界の構造』（共訳，2015年，筑摩書房）

知の社会学の可能性

2019年3月15日　第一版第一刷発行

編著者――栗　原　　亘
関　水　徹　平
大黒屋貴稔

発行者――田　中　千　津　子
発行所――㈱学　文　社
〒153-0064　東京都目黒区下目黒3－6－1
電話　03（3715）1501
振替　00130-9-98842
印刷――東光整版印刷㈱

ISBN　978-4-7620-2886-1〈検印省略〉